문명연구 총서 4

# 인공지능과 포스트휴먼

문명연구 총서 4

# 인공지능과 포스트휴먼

이한구·신중섭 편

경희대학교 출판문화원

# 발간사

이 책은 2014년 3월부터 지금까지 열리고 있는 미래문명원의 월례 세미나의 결과물이다. 월례 세미나의 대주제는 '인류 문명의 새로운 패러다임에 대한 탐구'였고, 매번 대주제에 포섭되는 소주제를 다루었다. 소주제는 정치, 경제, 사회, 문화 등 다방면에 걸쳐 당시의 사회적 관심사와도 연결해서 선정했다.

'인류 문명의 새로운 패러다임에 대한 탐구'는 2013년 한국연구재단의 일반 공동연구 과제로 출발했다. 처음에는 각 분야 전문가 10명이 공동연구원으로 구성되었다가 중간에 몇몇 연구원들이 추가로 참여해 모두 15명이 되었다. 공동연구원은 경희대학교를 비롯한 국내 유명 대학의 교수들로 구성되었다. 연구를 시작할 때는 공동연구원들만 모여 토론 위주의 세미나를 진행했지만 조금 지나면서 이 분야의 전문가를 초빙해 진행하는 본격적인 세미나를 개최했다. 2014년부터는 경희대학교 미래문명원이 세미나 개최에 관한 업무를 주관했다.

그동안 60여 회에 걸쳐 세미나를 개최했으며, 특수한 경우 한 번을 제외하고는 모든 세미나를 영상물로 만들어 유튜브(YouTube)에 올렸다. 누구든 '인류 문명'이나 '새로운 패러다임'으로 검색해 영상을 찾아볼 수 있다.

세미나의 소주제는 다양했지만, 꽤 오랜 시간이 지나면서 비슷한 주제로 묶이는 논문들이 축적되었다. 지난《과학기술 문명에 대한 성찰》에 이어 이번에 출간하는 책《인공지능과 포스트휴먼》역시 그동안 세미나에서 발표된 논문 중에서 비슷한 주제의 논문을 모은 것이다. 이 중에는 세미나 발표 후에 전문 학술지에 이미 게재한 논문도 포함되어 있다.

이 세미나는 대주제가 암시하듯이 문명의 전환 시기에 논의할 수 있는 다양한 주제들을 다루면서, 특히 세 가지 차원에 초점을 맞추었다. 첫 번째는 농업혁명과 산업혁명에 이은 세 번째 혁명인 정보통신혁명이 진행되면서 인류 문명이 어떻게 변화하고 있는지를 밝히는 것이고, 두 번째는 이런 문명의 전환이 어떤 새로운 문제점들을 야기하고 있는가를 규명하는 일이며, 세 번째는 이런 문제점을 해결하기 위해 방책을 제시하는 것이다. 말하자면, 인류 문명에 대한 해석, 문제점 진단, 새로운 패러다임의 제시를 통한 처방 등 세 영역이라 할 수 있다.

문명에 관한 저서는 꽤 많이 출간됐지만, 지나치게 전문적이거나 거대 담론에 치우친 경우가 많다. 이 책은 이런 부류와는 다른 특색을 갖는다. 너무 전문적인 수준도 아니지만, 너무 거대 담론에만 치우쳐 실증적 근거가 약한 상태도 아니다. 어느 정도 수준의 전문성을 가지면서도 일반인이 읽을 수 있는 담론을 담았다.

이번 총서를 출간하는 미래문명원은 지구 협력사회와 인류 공동사회의 이념을 구현하기 위해 2005년 당시 경희대학교 NGO 대학원 원장이던 조인원 박사의 주도로 설립되었다. 경희대학교 총장을 거쳐 현재는 경희학원 이사장인 조인원 박사는 대학다운 미래 대학을 추구하는 교육 철학자이며, 인류 문명의 지속가능성과 인류가 나아갈 길을 개척하는 세계 지성의 한 사람이다. 설립 이념에 따라 미래문명원은 세계적인 지성인들과의 공동 협력을 통해 당면한 지구적 문제들을 해결하기 위해 노력하고 있다.

'인류 문명의 새로운 패러다임에 대한 탐구' 세미나는 앞으로도 계속될 것이며, 그 결실이 쌓이는 대로 '문명연구 총서'도 연속해서 출간할 예정이다. 이 문명연구 총서의 출간이 인류 문명이 처한 위기 극복에 다소나마 도움이 되기를 바라 마지않는다.

2022년 8월

인류사회재건연구원장 이한구

# 목차

## 제3부 포스트휴먼 경계론

# 서문

## 포스트휴먼에 대한 수용론과 경계론*

신중섭**

다이슨의 통찰처럼 기술은 신의 선물이다. 신은 인류에게 생명을 선물로 주고 그다음에 기술을 주었다. 기술은 문명과 예술의 어머니다. 현대 기술의 혁명적인 특성은 이동성이다. 기술은 언어와 인종, 국경의 경계를 넘어 빠르게 이동할 수 있다. 기술의 이동성은 빠른 속도로 증가하고 있다. 마이크로칩과 컴퓨터 기술을 배우는 것은 석탄과 철의 기술을 배우는 것보다 훨씬 빠르다. 이제 우리는 한 세대 만에 새로운 기술을 배워 생활 조건을 변화시킬 수 있다. 새로운 기술은 가난한 나라가 부강한 나라로 나아갈 수 있는 지름길을 제공하고, 고된 노동에 의해서가 아니라 지력에 의해 부를 획득할 방법을 제공하였다. 첨단기술의 본질적인 요소는 정보다. 정보기술은 철과 석탄의 기술과 달리 명석한 두뇌를 가진 사람만 있으면 쉽게 이동하고 이용된다. 정보기술은 세계 모든 나라에게 부와 좀 더 편리한 삶을 영위할 수 있는 조건을 제공한다. 우리나라도 이러한 기술의 최대 수혜자 가운데 하나이다.

인공지능은 프리먼 다이슨이 1985년에 지목한, 21세기에 발전할 새

* 각 글에서 제시한 요약문을 참조하여 작성한 글이다.

** 강원대학교 윤리교육학과 명예교수.

로운 기술 3가지 가운데 하나다. 그는 기존의 지식이 아직 기술로 충분히 발전하지 않은 영역으로 유전공학, 인공지능, 우주 식민지를 언급했다. 오늘날 이 세 영역은 서로 영향을 주면서 빠른 속도로 발전하면서 기술혁명을 주도하고 있다.

세 가지 혁명적인 기술 가운데 우리가 체감할 수 있을 정도로 일상화된 기술이 바로 인공지능이다. 인공지능은 우리 생활 속으로 이미 깊숙이 들어왔다. 그것이 초래할 미래 사회에 대한 기대는 엇갈리지만, 그와는 별개로 급속도로 발전하고 있다. 인공지능은 생활가전에서부터 의료, 취업, 교육, 문화, 경제에 깊이 침투해 있다. 사람들은 암의 진단과 처방에서 의사보다 인공지능을 더 신뢰한다는 연구결과도 있다. 기업들은 공정성과 정확성을 확보하기 위해 면접에 인공지능을 도입하였다. 식당에서도 인공지능이 주문을 받고 음식을 배달한다. 가까운 미래에 무인자동차도 상용화될 것이다.

인공지능은 경제, 사회에 영향을 미치면서 심리적, 문화적 충격을 주고 있다. 의식과 의지를 갖춘 초지능이 출현하면 인류는 자주성을 상실하고, 궁극적인 판단은 초지능이 내리게 될 것이라는 우울한 예측을 하는 전문가도 있다. 이 전문가들은 그러한 초지능이 지구 생태계의 복지를 최고의 가치로 여길 것이기 때문에, 지금처럼 인류가 지구 생태계에서 독재적 종으로 군림하는 상황을 허용하지 않을 것이라고 추론하기도 한다. 그렇지만 우리 사회에서는 인공지능 연구를 통제할 수도 없고, 통제해서도 안 될 것이라는 주장이 우세하다.

과학기술은 인간의 삶과 문명을 변화시키고 인간의 본질과 정체성에 영향을 미친다. 기하급수적으로 발전하는 생명공학이나 인공지능과 같은 과학기술의 시대에 우리는 그것이 인간과 인간의 삶에 줄 영향에 관심을 갖는다. 이러한 관심은 자연스럽게 우리를 '포스트휴먼'이라는 담론으로 인도한다. 닉 보스트롬은 포스트휴먼을 "그 기본 능력이 지금의 인간 능력을 과도하게 넘어서서, 현재의 기준으로는 더 이상 인간이라 부를 수 없는 미래의 가능한 존재"로 정의했다. 포스트휴먼은 현재 인간과 본질적으로 다른 본성을 갖는 미래의 인류를 지칭하는 개념이다. 포스트휴먼은 기존의 인간 개념에 대한 도전이다. 우리는 이 도전에 어떻게 대응해야 하는가? 이 책은 이러한 문제의식에서 출발하였다.

이 책은 철학, 정치학, 사회학, 법학, 교육학 전공자들이 쓴 10편의 글을 3부로 나누어 묶었다. 제1부에는 포스트휴먼을 정의하고 전반적으로 설명하는 글 3편, 제2부에는 포스트휴먼을 대체적으로 수용하는 입장의 글 4편, 제3부에는 포스트휴먼을 대체적으로 경계하는 입장의 글 3편으로 구성되어 있다.

제1부의 첫 번째 글인 〈포스트휴먼이라는 유령이 현대 문명 주위를 배회하고 있다〉(이한구)는 "포스트휴먼이라는 새로운 유령이 현대 문명을 배회하고 있다"는 선언에서 출발한다. 이 선언은 "공산주의라는 하나의 유령이 유럽을 배회하고 있다"는 마르크스와 엥겔스의 〈공산당 선언〉(1848)을 연상하게 한다. 이 공산주의 유령은 러시아를 시작으로 현실 공산주의 국가로 구체화되었다. 이한구는 초창기에 공산주의가 그러했듯이 포스트휴먼도 우리에게 꿈과 두려움을 주고 있다고 말한다.

이한구는 포스트휴먼이라는 신인간 또는 탈인간의 길을 두 갈래로 나눈다. 하나는 〈프랑켄슈타인〉의 길이고 다른 하나는 〈터미네이터〉

의 길이다. 〈프랑켄슈타인〉의 길은 인간을 인공지능 로봇같이 만드는 길이다. 현대의 생명공학 기술을 활용하여 현재 인간의 젊음과 수명을 연장하고, 능력을 증가시키면서, 인간의 몸에다 기계를 접목시켜 반인간 반기계의 사이보그를 만드는 길이다. 인공지능 로봇을 닮아가는 초인간의 길이기도 하다. 두 번째는 반대로 인공지능을 더욱 고도화시켜, 감성과 의지의 능력까지 부과하여 인간과 비슷한 로봇을 만드는 길이다. 인간을 닮아가는 인공지능 로봇을 만드는 초지능의 길이다. 두 길을 바라보는 인간의 시선은 일치하지 않고, 비관과 낙관으로 갈린다.

우리는 현존하는 인간보다 탁월한 능력을 가진 포스트휴먼이라는 초인이 나타나면 그것의 노예가 될 수도 있다는 두려움을 갖는다. 이런 상황에서 우리는 로봇에 대한 의존성을 줄이고, 마지막 결정을 인간의 영역으로 남겨두려고 노력해야 하는가. 특이점을 예방해야 하는가. 특이점이 실현될 가능성에 대해서는 전문가들에 따라 입장이 갈리지만, 많은 사람은 특이점을 예감한다. 전 세계의 노동자가 단결해야 올 공산주의 사회와는 달리 특이점은 가만히 두어도 올 것이다. 인공지능 연구는 국가나 기업의 명운을 결정하는 요소가 되었기 때문이다. 이렇게 전통적인 휴머니즘이 포스트휴머니즘의 도전을 받게 된 상황에서 우리의 선택은 무엇이어야 하는가. 이한구는 포스트휴머니즘을 받아들일 것인가 아니면 거부할 것인가를 결정해야 할 기로에 섰다는 말로 끝을 맺는다.

〈포스트모던 세계와 포스트휴먼 그리고 트랜스휴머니즘〉(최민자)은 분석적 고찰을 통해 포스트모던 세계와 포스트휴먼 그리고 트랜스휴머니즘에 대한 우리가 처한 역사적 조건과 한계적 상황을 살펴보고, 호모사피엔스의 미래를 전망하며, 나아가 포스트휴먼으로의 성공적인 이행을 위한 조건을 동학의 사상적 특성에서 추출하려고 하였다. 그에 따르면 오늘날 인공지능의 급속한 발달로 인류는 자연선택을 지적설계로 대체하고 있다.

포스트모던 담론은 근대 서구의 세계관과 가치체계의 근본적인 변화를 함축하고 있으며 공존의 대안사회 마련에 주안점을 둔다. 트랜스휴머니즘은 과학기술의 발전으로 지능적, 육체적 한계가 극복되고 인체가 강화된 포스트휴먼의 등장과 접합된 개념으로 포스트휴먼에 의한 호모사피엔스의 대체를 현재진행형인 '사건'으로 이해한다.

그는 호모사피엔스가 인류 진화의 종착역은 아니며 진화는 지금도 계속되고 있다고 주장한다. 우리가 비의식적 지능과의 게임에서 살아남으려면 의식의 패턴 자체를 바꾸고 마음을 업그레이드하는 일에 적극적으로 나서야 한다는 것이다. 그는 동학의 통섭적 사유체계는 포스트휴먼으로의 성공적인 이행과 더불어 새로운 계몽의 시대로 안내할 수 있을 것이라면서, 진정한 의미에서 '호모 데우스'로 가는 길을 제시한다고 믿는다. 서구 근대의 태생적 한계를 극복하고 포스트휴먼으로 성공적으로 이행하기 위해서는 인류의 의식 자체가 변해야 하는데, 여기에서 동학의 통섭적 사고가 결정적인 역할을 할 수 있다는 것이다.

〈인공지능 시대를 보는 이론적 관점들〉(김환석)은 인공지능 기술의 도래와 더불어 4차 산업혁명과 포스트휴머니즘에 대한 논의가 뜨겁게 전개되고 있는 상황에서 인공지능 기술과 사회의 만남을 어떤 이론적 관점에서 볼 것인가를 사회학적으로 고찰한다. 그는 세 가지 곧 네오-러다이즘, 포스트휴머니즘, 행위자-연결망 이론의 관점에서 인공지능의 미래를 살핀다. 네오-러다이즘의 관점에서는 인공지능 기술을 일자리 상실 등 인간의 세계를 침범하고 파괴하는 심각한 위협으로 여긴다. 따라서 네오-러다이즘은 미래 사회가 비관적인 디스토피아가 될 것으로 전망한다. 반면에 포스트휴머니즘 특히 그것의 한 종류인 트랜스휴머니즘은 인공지능 기술이 기존의 생물적 인간이 지닌 한계(수명, 지능, 고통 등)를 넘어서 초인적인 포스트-휴먼들로 진화를 이루어줄 것이라는 유토피아적 전망을 제시한다. 행위자-연결망 이론은 이러한 두 관점을 모두 기술결정론에 기초한 양극단의 비현실적인 전망이라고 보면서, 기술의 사회적 결과는 기술 자체가 결정하는 것이 아니라 해당 기술과 연결되는 수많은 인간 및 비인간의 행위에 따라 달라진다는 새로운 관점과 전망을 제시한다.

제2부의 첫 번째 글인 〈체계적인 인공지능 윤리〉(목광수)에 따르면, '인공지능'이라는 명칭 아래 연구가 활성화되기 시작한 것은 20세기 중반이지만, 두 번의 침체기를 경험하였던 인공지능 과학기술이 급속하게 발전하고 사회적 관심이 고조된 것은 최근이다. 스마트폰의 대중화로 인해 빅데이터가 가능해지면서, 공상과학 소설이나 영화에서나 볼 수 있었던 인공지능 비서가 현실에서 광범위하게 사용되고, 기술적으로는 자율주행 자동차가 가능해지는 등, 인공지능과의 상호작용이 최근 들어 빈번해지고 일반화되고 있기 때문이다. 더욱이 2016년 이세돌 9단이 인공지능인 알파고와의 바둑 대결에서 4대 1로 패했던 사건을 계기로 한국 사회에서는 인공지능이 사회적으로 강하게 각인되었다.

인공지능 과학기술의 발전에 대한 사회적, 경제적 관심이 고조되는 가운데, 이와 관련된 윤리의 필요성 또한 대두되고 있다. 이런 상황에서 이 글은 인공지능 시대에 적합한 인격 모델을 제시하여 체계적인 인공지능 윤리의 토대를 마련하고, 이렇게 마련될 수 있는 체계적인 인공지능 윤리의 대략적인 모습을 단계별로 제시한다. 이러한 논의는 인공지능 윤리가 경험 연구와의 협업을 통해 체계적이며 구체적이고 실질적인 모습을 갖추게 되는 데 기여할 것이다.

〈존엄에 관하여〉(오홍명)는 인간이 존엄하다는 것은 역사적 사실도, 경험적 현실도 아니라고 전제한다. 그런데도 우리는 인간이 존엄하다고 믿는다. 인간은 과연 존엄한 존재인가?

이 물음에 답하기 위해 오홍명은 첫째, 인권 혹은 존엄(이라는 개념)에 대한 역사적, 경험적 고찰을 시작으로, 존엄의 기원과 의미를 철학적 관점에서 해명한다. 둘째, 존엄과 인권의 문제를 역사적 차원에서 고찰한 후, 존엄을 인간 존재의 내재적 속성으로 간주하는 대표적 논변으로 흔히 소환되는 칸트의 입장을 비판적으로 재론한다. 인간 존엄의 실현에 있어 자유 혹은 자율적 이성과 감정의 역할에 대한 고찰이 수행되는 이 과정에서, 존엄의 근거를 자율적 이성에서 찾는 칸트적 사유의 결정적 한계가 적시되고, 감정이 존엄의 가능성을 뒷받침하는 데 왜 없어서는 안 될 계기인지가 해명될 것이다. 셋째, 이상의 논의를 바탕으로, 탈인간적 주체로서 포스트휴먼의 존엄성 문제를 논구한다. 이를 위해, 오홍명은 포스트휴먼의 존엄에 관한 논의 전체의 이론적 토대로서 '포스트휴먼'의 구체적인 개념규정과 인격 및 존엄의 상호연관에 대한 비판적 성찰을 우선적으로 수행한다. 그러한 예비 작업을 완료한 후에 그는 인간에게 배타적으로 적용돼왔던 존재론적 특성으로서 존엄이, 과연 포스트휴먼과 인공적인 사물주체로까지 확대, 적용될 수 있는지를 검토한다.

〈포스트휴먼 시대의 예술〉(최병학)은 알파고 충격 이후 등장할 미래 사회인 포스트휴먼 시대 예술의 가능성을 살펴보는 글이다. 최병학은 인간의 형상이 기술적으로, 또는 탈생물학적으로 다시 그려질 때 기존 인간(휴먼 시대)의 예술과 포스트휴먼 시대의 예술은 어떤 차이가 있을까? 하고 묻는다. 사실 예술의 역사는 부친 살해의 역사였다. 기존 전통을 해체하고 늘 새로움을 추구한 것이 예술사였다. 그렇다면 포스트휴먼 시대에도 휴먼 시대의 예술과 같이 부친 살해의 전통을 따르는 새로움이 있을 것인가? 그 새로움은 휴머니즘 예술에 기초한 것일까? 아니면 전혀 새로운 차원의 예술인가? 혹은 예술의 개념이 전혀 달라지는 것인가?

최병학에 따르면 포스트휴먼 시대의 예술은 인공지능이라는 기술을 말하지 않고 서술될 수 없다. 인공지능은 다층 퍼셉트론과 오차역전파법으로 과오를 줄이는 방식으로 발전하였다. 그는 슈퍼컴퓨터상의 인공두뇌와 인간두뇌를 연결한다면 인공두뇌는 인간의 의식을 발전시키고, 무의식의 영역을 기계적으로 파악할 수 있을 것이며, 예술의 지평에서는 예술의 의미를 확장시키며 예술적 '인간향상'을 꾀할 수 있다고 말한다.

최병학은 먼저 예술에 대한 기본적 이해와 포스트휴먼 시대의 조망을 통해 개념의 지도를 펼쳐 본다. 이후 포스트휴먼 시대의 예술을 첫째, 인간의 능력에서 기술적 상상력으로 재편되어 공간에서 시간의 예술로 변화되는 것, 둘째, '인공지능의 딥드림'을 통해 기존 초현실주의와 관련이 되는 것으로서 포스트휴먼의 예술, 마지막으로, 최근 신경과학 발전의 영향을 받은 인공지능 예술을 기존 개념 예술과 연관된 '새 개념 예술'의 출현으로 살펴본다.

〈포스트휴먼 시대의 교육과 학습의 변화〉(박휴용)는 최근 4차 산업혁명이라는 첨단과학기술적 발전과 그에 따른 사회적 환경의 변화라는 시대 상황에서 출발한다. 이러한 변화는 인간과 기술적 도구들의 관계성을 근본적으로 변화시키고 있다. 그에 따라 인간의 학습과 소통의 방식에도 질적인 변화가 이루어지고 있다. 박휴용은 이러한 과학기술적 변화로 인한 인간의 사고, 소통, 학습의 변화를 설명하기 위한 철학적 인식론을 포스트휴머니즘으로 보고, 포스트휴머니즘의 관점에서 학교교육과 학습의 성격이 어떻게 변하고 있는지에 대해 논의한다. 이러한 포스트휴머니즘의 관점에 따른 학습 패러다임은 첫째 포스트휴먼적 학습자란 어떤 존재이며, 둘째 포스트휴먼 학습이란 무엇이고, 그 실제적 모습은 어떻게 구현될 수 있는가를 통해 이해될 수 있다고 말한다.

박휴용은 첫 번째 질문인 포스트휴먼 학습자에 대해 설명하기 위해 포스트휴머니즘의 네 가지 하위 이론인 신물질주의, 행위자-연결망 이론, 객체지향존재론, 포스트현상학을 소개한다. 그리고 이러한 이론들을 통해 포스트휴먼적 세계와 그 속에서 인간이 어떻게 포스트휴먼적 학습자가 되는지 설명한다. 그에 따르면 포스트휴먼적 기술 중심의 사회에서는 지식과 정보의 생태계가 과거와는 비교할 수 없을 정도로 급변할 것이고, 그러한 미래에서 살아가야 할 학습자의 학습 형태와 성격이 변한다. 다음 두 번째 질문과 관련하여 박휴용은 과거의 인본주의 학습이론과 포스트휴먼 학습이론이 어떤 차이가 있는지 살펴보고, 포스트휴먼 학습이론의 사례로 포스트휴먼-행동주의, 연결주의, 관계주의 학습이론의 개념과 성격에 대해 논의한 후, 마지막으로 포스트휴먼적 학습의 양상들을 소개한다.

제3부 포스트휴먼 경계론의 첫 번째 글인 〈강한 인간척도주의에서 약한 인간척도주의로〉(유헌식)는 우선 '강한 인간척도주의'와 '약한 인간척도주의'의 구분에서 시작한다. 그에 따르면 '강한 인간척도주의'와 '약한 인간척도주의'라는 용어는 지능적인 인공물로서의 '생각하는 기계'가 인간적 특성에 의존하는 정도에 따른 구분이다.

유헌식은 지금 행해지고 있는 '강한 인공지능'과 '약한 인공지능'의 구별과 대비하여 '강한 인간척도주의'와 '약한 인간척도주의'에서 '강한'과 '약한'의 의미가 달라진다고 주장한다. 인간척도주의에서 볼 때 '약한 인공지능'에서의 '약한'은 '기계가 인간에 도달하고 싶지만, 아직 미흡한/부족한', 그래서 '기계가 인간에 미치지 못하는'이라는 뜻이다. '강한 인공지능'에서의 '강한'은 '기계가 상당한 정도 인간의 지능에 도달해 있는'이라는 의미이다. 두 경우 모두 '인간의 능력'을 기준으로 기계의 능력을 평가한다. 이러한 점에서 두 경우 모두 '강한 인간척도주의'의 관점에서 인공지능을 파악한 결과라 할 수 있다.

이와 달리 '약한 인간척도주의'에서 '약한'은 생각하는 기계를 제작하는 데에서 '인간'을 기준으로 삼는 정도가 '상대적으로 적은'이라는 뜻과 더불어, 그럼으로써 오히려 '기계가 인간을 넘어서는'이라는 뜻까지 함축한다. 뒤에서 밝히겠지만 현행 '강한 인공지능' 가운데에는 '강한 인간척도주의'의 산물과 '약한 인간척도주의'의 산물이 섞여 있다. 현행의 강한-약한 인공지능의 구분은 현재 출현하고 있는 '생각하는 기계'의 존재론적 특성을 설명하는 데 한계가 있어서 '약한 인간척도주의'에 대한 확장된 이해가 요구된다고 할 수 있다. 유헌식은 그 이유를 이 글에서 설명하고 있다.

〈인공지능과 법인격〉(이상용)은 오늘날의 인공지능 기술이 단순한 자동화 기술을 넘어 인간의 판단과 의사결정 과정에 개입하여, 상당한 수준의 자율성과 일정 범위에서 인간과의 유사성을 보이는 현실에서 시작한다. 이러한 상황은 인공지능이 일종의 주체성을 지녔다고 인정할지 하는 여부에 관한 담론이 생겨나는 계기가 되었다. 법학의 관점에서 보자면 이러한 논의는 인공지능에 법인격을 부여할지 하는 여부의 문제가 된다.

이상용에 따르면 이 문제는 속성 기반 접근법과 관계 기반 접근법이라는 두 가지 방식으로 접근해볼 수 있다. 먼저 속성 기반 접근법은 인간에게 법인격이 인정되는 근거가 되는 속성을 인공지능 역시 지니는지 하는 여부에 관심을 둔다. 관계 기반 접근법은 무언가에게 법적 주체성이 인정되는지 하는 여부를 그것이 지닌 속성보다는 다른 주체와의 관계에 따라 판단하려고 한다. 역사를 돌아보면 인간임에도 법인격이 인정되지 않는 경우도 있었고 반대로 인간이 아니지만 법인격이 인정된 경우도 있었다.

인간이 아닌 존재에게 법인격을 부여하기 위해서는 사회적 현실과 법적 편의성이 인정되어야 한다. 먼저 사회적 현실의 측면을 보자면 현 단계의 인공지능이 기존의 법인격 주체들에 의하여 하나의 법적 주체로 받아들여지고 있다고 보기는 어렵다. 책임의 적정한 귀속은 다른 법리에 의하여도 가능한 반면, 인공지능에 법인격을 부여하려면 제도적·물적 기반을 갖추기 위하여 상당한 비용이 들고, 혁신을 위축시킬 위험이 있으며, 무엇보다 기존 법질서에 미치는 충격이 상당할 것이기 때문이다. 따라서 이상용은 인공지능에 대한 법인격 부여는 현 시점에서는 시기상조라고 판단한다. 그에 따르면 장차 강한 인공지능이 도래할지 하는 여부는 알 수 없지만, 만약 그런 날이 온다고 하더라도 인공지능에 대한 법인격 부여에는 매우 신중할 필요가 있다.

이 책의 마지막을 장식한 〈인공지능 시대와 미래 리터러시의 방향〉(원만희·김종규)에서는 AI 글쓰기의 실용화가 눈앞에 다가온 시점에서 AI 글쓰기에 대한 윤리적 결단의 필요성을 주장한다. AI 기술은 인간을 닮아가는 방향으로 전개되고 있으며, 실용화를 눈앞에 두고 있는 AI 글쓰기 역시 이 흐름의 일환이다. 이 흐름 속에서 AI 기술은 그동안 인간이 수행해온 고유의 활동, 특히 정신적 활동까지도 대체 가능한 수준으로 전개할 가능성이 있다. 이런 가능성은 인간 존재로서의 고유한 삶을 위협할 수 있으며, 이에 기술과 인간의 올바른 관계가 정립되어야 한다.

이 글의 주장에 따르면 리터러시는 인간의 실존적 조건이라는 점에서 관계 설정과 이를 위한 윤리적 결단이 적극적으로 요청된다. 이와 같은 논의를 위하여 저자들은 현대 AI의 기술적 흐름 분석과 더불어 인간과 기술의 관계를 규정해온 윤리선언들의 취지 및 AI 윤리 헌장들을 분석하고, 미래 리터러시 교육을 위한 결단으로 '리터러시와 인권에 관한 교육선언'의 필요성이 정당화된다고 말한다.

여기 실린 10편의 글은 모두 이미 우리 생활 속으로 깊숙이 들어와 있고 앞으로 더 깊고 넓게 들어올 인공지능과 포스트휴먼에 대해 이야기하고 있다. 이 책이 인공지능과 포스트휴먼의 특성을 이해하고, 개인적으로나 공적 차원에서 논의하고 대비해야 할 무엇인가를 모색하는 데 올바른 길잡이 구실을 할 수 있을 것이다. 우리는 포스트휴먼에 대한 수용론과 경계론을 깊게 숙고하여, 과학기술의 발전이 인간에게 미치는 긍정적인 효과를 극대화하고 부정적인 영향을 최소화하는 길을 모색해야 한다.

---

신상규 외, 《포스트휴먼이 몰려온다》, 아카넷, 2020.
프리먼 다이슨, 신중섭 옮김, 《무한한 다양성을 위하여》, 범양사, 1991.

제1부

# 포스트휴먼이란 무엇인가?

# 포스트휴먼이라 불리는 유령이 현대 문명의 주위를 배회하고 있다*

이한구**

포스트휴먼이라 불리는 유령이 현대 문명의 주위를 배회하고 있다. 환상적인 세상이 펼쳐지려 한다. 두려운 세상이 다가오고 있다. 이러한 세상은 우리가 오랫동안 꿈꾼 세상이기도 하지만 동시에 그 실현을 두려워한 세상이기도 하다. 이런 세상의 주인공이 바로 포스트휴먼(post-human)이라 불리는 새로운 유형의 인간이다.

이 '신인간(혹은 탈인간)'은 먼저 불로장생과 초능력을 추구한다. 장생은 어쩌면 영생을 의미할 수도 있다. 영생에 대한 추구는 인류 최초의 서사시 〈길가메시〉에서부터 시작된다. 그렇지만 지금까지는 사멸이 인간의 본질인 반면, 영생은 항상 신의 영역이었다. 이제 이 신인간은 신과도 같은 위치를 노리고 있다. 신을 죽인 인간은 이제 스스로 신의 옥좌에 앉으려 한다.

신인간을 향해 질주하는 길은 두 갈래다. 첫 번째는 인간을 인공지능

* 이 글은 《학술원 통신》 제348호(대한민국학술원, 2022)에 게재된 것을 수정·보완하였다.

** 경희대학교 석좌교수, 인류사회재건원장, 대한민국학술원 회원.

로봇같이 만드는 길이다. 현대의 생명공학 기술을 활용하여 현재 인간의 젊음과 수명을 연장하고, 능력을 증가시키면서, 인간의 몸에다 기계를 접목해 반인간 반기계의 사이보그(cyborg)를 만드는 길이다. 두 번째는 인공지능(artificial intelligence)을 더욱 고도화시켜, 특히 감성과 의지 능력까지 부과하여 인간과 비슷한 로봇을 만드는 길이다.

영화나 드라마 속 인물로 비교한다면, 첫 번째 길은 〈프랑켄슈타인〉이나 〈6백만 달러의 사나이〉로, 두 번째 길은 〈터미네이터〉나 〈바이센테니얼 맨〉으로 우리에게 잘 알려져 있다. 길의 종착지는 모두 신인간이다. 이런 신인간을 향해 수많은 연구자가 몰려가고 있다. 흡사 미국의 서부 개척 시대 캘리포니아의 황금 광산을 향해 일확천금을 꿈꾸면서 수많은 사람이 달려갔던 상황과 비슷하다.

이런 질주를 바라보는 시선도 다양하다. 인류가 꿈꾸던 새로운 유토피아가 펼쳐질 것으로 보는 입장이 있는가 하면, 위험한 게임을 당장 중지하지 않으면 인류 문명의 종말이 올지도 모른다는 입장도 있다. 이런 세상을 환영하는 사람들은 "이 멋진 새로운 세계여, 어서 오라"를 외친다. 반면 이를 반대하는 사람들은 포스트휴먼을 두려운 눈으로 바라보면서 "위험한 불장난을 멈추라"라고 소리친다.

이런 상황에서 우리는 사태를 어떻게 바라보는 것이 합리적일까? 우리는 신인간을 어떻게 대우할 준비를 해야 할 것인가? 포스트휴먼이란 무엇인가?

## 두 갈래 길로 달려오는 포스트휴먼

포스트휴먼을 향한 두 갈래 길이 뚫리고 있다. 현재로서 어느 길이 빠를지 예측 불허지만, 모두 나름대로 최고 속도로 추진하는 상황이다.

[1-1] 현존인간 → 포스트휴먼 ← 인공지능 로봇

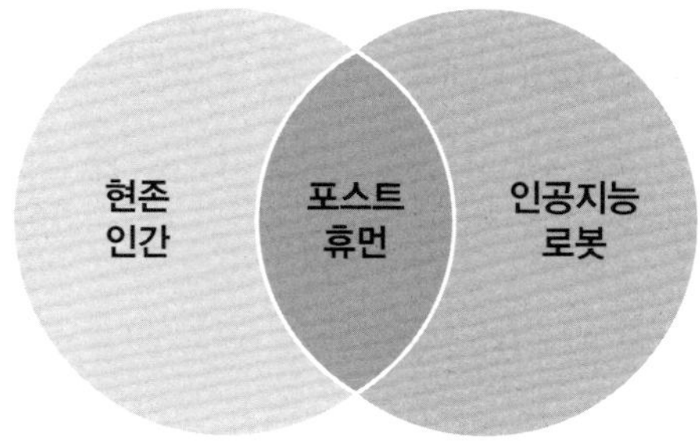


## 1. 인공지능 로봇을 닮아가는 인간: 초인간

영화 〈프랑켄슈타인(Frankenstein)〉([1-2] 참조) 이야기부터 시작하는 것이 좋을 것 같다. 영국 작가 메리 셜리(Mary Shelly)가 약 200년 전에 발표한 괴기소설 《프랑켄슈타인》(1818)을 모르는 사람은 거의 없을 것이다. 소설의 정식 제목은 《프랑켄슈타인; 혹은 근대의 프로메테우스》이다. 제네바의 물리학자 프랑켄슈타인은 죽은 자의 뼈로 244센티미터의 인형을 만들어 생명을 불어넣는다. 여기서 괴물이 탄생한다. 이 괴물은 엄청난 힘을 발휘하고 추악한 자신을 만든 창조주에 대한 증오심에서 온갖 악행을 저지른다. 이 괴물은 처음에는 그냥 '괴물'로 불렸지만, 나중에 사람들은 이 괴물을 만든 과학자의 이름으로 대체해서 부르게 되었다. 프랑켄슈타인은 영화나 뮤지컬로도 제작되어 크게 히트를 쳤다.

프랑켄슈타인에 대한 평가는 다양하다. 페미니즘적 관점에서 이해하려는 입장도 있고, 신의 영역인 생명의 창조를 시도하는 인간의 오만함과 그 징벌로 보는 입장도 있다. 그중에서도 오늘날 우리의 관심을 끄는 관점은 프랑켄슈타인을 포스트휴먼의 원조로 보는 입장이다. 이런 관점에서 프랑켄슈타인은 이제 괴물이 아니라 우리가 추구하는 포

[1-2] 영화 〈프랑켄슈타인〉 포스터

[1-3] 드라마 〈6백만 달러의 사나이〉 포스터

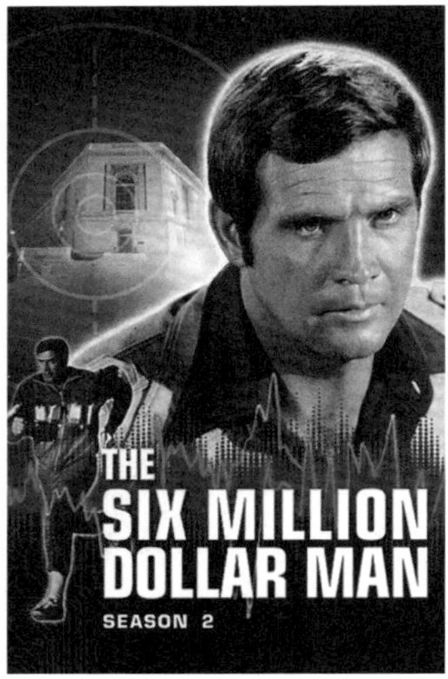


스트휴먼이 된다.

한때 어린이들에게 인기 있었던 〈은하철도 999〉도 인간이 영생을 위해 기계인간이 되는 이야기다. 이것은 일본의 만화작가 마츠모토 레이지가 소년만화 잡지 《소년 킹》에 1977년부터 1979년까지 연재했던 만화를 원작으로 하는 애니메이션이다. 우리나라에서는 1981년에 상영되었다. 이야기의 시간대는 2221년으로 설정되어 있다.

여기서 우주의 부유한 사람들은 기계의 몸체에 정신을 옮겨서 기계인간이 되어 영생을 누린다. 그렇지만 가난한 사람들은 비용 때문에 기계의 몸을 구할 수가 없어 보통 인간으로 살면서, 기계인간으로부터 온갖 천대와 박해를 받는다. 이런 상황에서 '안드로메다' 별에서 무료로 기계의 몸을 제공한다는 소문을 듣고 주인공 호시노 데츠로(철이)가 어머니와 함께 은하철도 999에 탑승하려는 과정에서부터 이야기는 시작된다.

이야기는 매우 복잡하게 전개되지만, 포스트휴먼과 관련하여 관심의 대상이 되는 장면은 이렇다. 주인공 철이는 기계화 모성의 여왕인 프로메슘의 야욕과 기계인간들의 행태를 목격한다. 특히 기계 백작의 죽음과 함께 시간 장치의 작동이 중단되자 그 성의 모든 기계인간의 몸이 급격히 녹슬기 시작하여 파괴되는 것을 보고 나서, 짧은 기간이지만 육신을 가진 인간으로 살기를 결심하고 기계인간이 되기를 스스로 포기한다.

〈6백만 달러의 사나이〉([1-3] 참조)는 인간 기계화의 새로운 모델이다. 이후 이를 모방한 〈슈퍼맨〉 〈배트맨〉 등 비슷한 영화가 인기몰이를 했다. 〈6백만 달러의 사나이〉는 미국 ABC사에서 1974년부터 1978년까지 방영한 TV 드라마다. 전직 우주비행사인 주인공 스티브 오스틴은 시험 비행 중 사고로 한쪽 눈과 한쪽 팔, 양다리를 잃고, 6백만 달러의 비용이 드는 수술을 받고 사이보그 요원이 된다. 이때 스티브의 능력은 보통 인간과 비교하여, 눈은 20배 줌, 열 감지 센서, 밤에도 볼 수 있는 능력을 갖추게 되었다. 또 팔은 불도저급의 힘을 보유하게 되었으며, 다리는 시속 96킬로미터에다 강력한 점프 능력을 갖게 되었고, 원자력을 동력원으로 활용한다.

이제 오스틴은 보통 사람들은 상대할 수 없는 슈퍼맨이 되어 활동한다. 요즘 가상현실과 짝을 이룬 증강현실이 큰 관심의 대상이듯이 그는 증강 인간이다. 이것은 자연적 인간의 각종 능력을 몇 배로 보완하고 증대시킨 인간이다. 사실 따지고 보면 증강 인간을 향한 추구는 오래된 셈이다. 쇠퇴한 능력의 보완이기는 하지만 지금은 일상화된 안경이나 임플란트, 보청기, 인공심장만 해도 이들이 전혀 존재하지 않은 상태와 비교

해 보면, 그 차이가 엄청나다는 것을 곧 알 수 있다.

얼마 전 미국의 군수업체 록히드 마틴사가 개발한 '헐크(HULC: Human Universal Load Carrier)'를 착용한 병사들은 90킬로그램 장비를 메고 시속 5킬로미터로 이동할 수 있다. 헐크 속에 부착된 압력센서 덕분이다. 일본의 벤처기업 사이버 다인은 근위축증 환자의 걸음걸이를 돕는 외골격 로봇 '할(HAL)'을 개발했다. 테슬라의 대표 일론 머스크가 설립한 '뉴럴링크(Neural link)'도 증강 인간 기술의 개발을 목표로 하고 있듯이, 증강 인간에 대한 연구와 제품개발은 갈수록 늘어나고 있다.

증강 인간의 탄생은 기계의 도움을 받는 방법이 전부가 아니다. 인간의 생체 자체를 변형시키는 방법이 더욱 근본적일 수 있다. 유전자 조작은 많은 분야에서 이미 활용되고 있다. 우리가 먹는 식탁의 옥수수, 감자, 토마토, 수박 등은 대체로 유전자 조작 종자로 수확한 것들이다. 동물들의 인공수정은 말할 것도 없고, 유전자 가위로 선천성 질환을 임신 단계부터 예방하고 있으며, 줄기세포를 활용하여 노후화된 신체기관들을 교체하거나 재생시킨다.

이런 방향으로 계속 전진하면 늙지 않는 세포가 만들어질지도 모를 일이다. 이런 과정을 거쳐 만약 우리가 수명, 병에 대한 면역력, 근육의 힘, IQ, EQ 등에서 지금의 인간보다 50퍼센트만 증가된다 해도, 삶의 질은 크게 향상되지 않을까? 그리고 이것이 가능할 때 이런 목표나 과정을 저지할 어떤 이유가 있을까? 이렇게 탄생하는 인간이 초인(transhuman)이다.

초인이라는 말은 19세기 독일의 철학자 프리드리히 니체가 《차라투스트라는 이렇게 말했다》에서 처음 사용한 말이다.[1] 니체가 말하는 초인은 생물학적 변형을 이룬 증강 인간을 의미하는 것이 아니라, 정신적으로 나약함과 허무를 극복한 인간이었다. 니체의 초인은 보통 인간으로서는 도달하기 어려운 이상이었지만, 현재의 트랜스휴먼(transhuman)은 생물학적 변형을 통해 도달 가능한 현실적 목표가 되었다.

## 2. 인간을 닮아가는 인공지능 로봇: 초지능

포스트휴먼에 이르는 다른 길은 기계의 인간화 길이다. 얼마 전 인공지능 알파고가 바둑에서 이세돌에게 이기면서, 일반인들도 인공지능의 위력을 알게 되었다. 인공지능은 컴퓨터가 고도화된 것이다.

인공지능의 본격적인 시작은 영국의 수학자인 앨런 튜링(Alan Turing)부터라고 할 수 있다. 그는 1950년 인간과 구별할 수 없는 지능적 행동을 보여주는 기계의 능력을 시험하기 위해 튜링 테스트를 제안했다. 최초의 튜링 테스트는 조사관들이 장막을 가린 상태에서 컴퓨터와 5분간 대화한 후, 상대가 사람인지 컴퓨터인지를 판단하는 방식이었다. 이때 여러 조사관 중 상대가 사람일 것으로 판단하는 조사관이

1 프리드리히 니체, 백승영 옮김, 《차라투스트라는 이렇게 말했다》, 사색의숲, 2022 참조.

30% 이상이면, 컴퓨터는 지능이 있는 것으로 판정을 받는다. 지능이 있다는 것은 생각할 수 있다는 것을 의미한다. 이러한 결론은 처음에는 매우 충격적인 사건이었다. 그리스의 철학자들이 '인간은 이성적 동물이다'라고 했을 때, 이성은 기본적으로는 생각한다는 의미였기 때문이다. 다른 동물도 아닌 기계가 생각한다는 것은 놀라운 일이 아닐 수 없다.

영화 〈터미네이터(The Terminator)〉와 〈바이센테니얼 맨(Bicentennial Man)〉은 기계인간을 형상화한 시도들이다. 〈터미네이터〉는 1984년 상영된 공상과학영화다. 무대는 서기 2029년 로스앤젤레스다. 핵전쟁의 잿더미 속에서, 기계들은 인류를 말살하기 위해 소탕전을 벌이면서 터미네이터 T-800을 로스앤젤레스로 밀파시킨다. 기계인간 T-800의 임무는 인류 미래의 중요한 인물인 사라 코너를 살해하는 것이다. 이 기계인간은 겉보기에는 인간이지만 몸속은 초합금으로 만들어진 로봇이다. 이 기계인간은 인간과의 대화나 판단, 행동에서 인간과 그다지 구별되지 않을 정도로 진화되어 있다.

〈바이센테니얼 맨〉([1-4] 참조)은 세계적 공상과학 작가 아이작 아시모프가 1976년에 쓴 소설을 1999년에 영화화한 작품이다. 2005년 미국 뉴저지주가 배경이다. 한 남자가 가족을 위해 가사도우미 로봇 'NRD-114'를 구입하고, 가족들이 이 로봇에게 '앤드류'라는 애칭을 붙여주면서 이야기는 시작된다. 앤드류는 단순한 인공지능이 아니라 감정과 의지까지도 겸비한 존재이다. 이 영화는 몇 가지 본질적인 문제들을 제기한다. 로봇과 인간과의 관계, 로봇의 권리, 인간의 조건에 관한 물음들이 그것이다.

앤드류는 시동을 걸자마자 다음과 같은 로봇 3원칙을 암송한다.

[1-4] 영화 〈바이센테니얼 맨〉의 한 장면

1) 인간에게 해를 끼치지 않는다.

2) 인간이 내리는 명령에 복종한다.

3) 로봇 스스로를 보호한다.

이 원칙은 요즘 과학자나 기술자도 진지하게 고려하는 원칙이다. 로봇의 권리는 어디까지인가? 만약 로봇이 그림을 그리면 그 작품을 돈을 받고 팔 수 있을까? 은행 계좌를 개설하고, 부를 축적할 수 있을까? 영화 속에서는 앤드류가 은행 계좌를 만들려고 할 때 은행 직원이 로봇의 명의로 계좌를 개설하는 법률이 없다며 거부하는 장면이 나온다.

앤드류는 기계인간이지만 실제 인간이 되기를 갈망한다. 그는 자유의지와 자기실현에 대해 심각하게 고민하면서, 끊임없이 '나는 누구인가'라는 질문을 던진다. 그리고 끝내는 영생을 포기하고 죽음을 선택한다.

## 주인과 노예의 변증법

포스트휴먼의 출현을 우리가 두려워하는 것은 다음과 같은 이유 때문이다. 현존의 우리보다 월등히 탁월한 능력을 가진 초인(transhuman)이 나타난다면, 우리는 노예가 되지 않을까? 우리가 한낱 도구로 만든 기계인간이 결국 인간을 넘어선 초능력을 갖게 되어 우리를 지배하게 되지 않을까?

이런 문제와 관련해서 19세기 독일의 철학자 게오르크 헤겔의 주저 《정신현상학》[2]은 매우 중요한 시사를 준다. 그는 이 책의 〈자기의식〉 장에서 '주인과 노예의 변증법'을 다음과 같이 전개한다.

생명의 본질은 자기보존이다. 인간은 생명체로서 자연적 대상들의 동화를 통해 자신의 욕구를 충족시킨다. 인간은 살아가기 위해서 대상들을 자기 것으로 만들어 그것을 먹고, 자신의 생명을 재산출하지 않으면 안 된다.

사회란 이런 개인들이 자신의 욕망을 실현시키는 장이다. 이를 극단화시키면 토머스 홉스가 말한 '만인의 만인에 대한 투쟁'이 된다. 이런 생사를 건 투쟁의 결과, 승리한 주인과 패배한 노예로 나누어진다. 주인은 노예를 지배하고, 노예는 주인을 위해 노동한다.

주인은 직접 노동하지 않고, 노예가 노동을 통해 가공한 물건들을 소비하고, 향유한다. 한편 노예는 주인을 위해 봉사하지만 스스로 노동하여 여러 산물을 창조하며, 이런 창조 행위를 통해 점차 자신을 자립적 존재로 만들어간다. 그 결과 주인은 결국 노예가 없으면 생존하기 어려운 의존적 존재가 되고, 노예는 노동을 통해 주인으로부터 벗어난 자립

2 게오르크 헤겔, 김양순 옮김, 《정신현상학》, 동서문화사, 2011, 128쪽 이하 참조.

적 존재가 된다. 결국 주인과 노예의 역전이 이루어진다.

노동의 가치와 인간 해방을 주장한 카를 마르크스도 헤겔의 이 주인과 노예의 변증법에 주목했다. 그는 비록 헤겔의 정신노동에서 육체노동으로 노동의 성격을 바꾸기는 했지만, 역사 과정에서 노동의 중요성을 인식했던 것이다.

이 헤겔의 주인과 노예의 변증법을 인공지능 로봇에 적용시키면 어떻게 될까? 당연히 인간은 주인이고 인공지능 로봇은 노예(도구)다. 출발점에서는 의문의 여지가 없다. 인간은 3D 업종을 비롯하여 온갖 힘들고 귀찮은 일들을 로봇에게 시킨다. 그 적용 영역은 점차 늘어나 인간은 자신이 수행하는 여러 정신적 작업까지 로봇에게 맡긴다. 이제 로봇 의사, 재판관, 상담사, 예술가 등 로봇이 등장하지 않는 분야가 없게 된다.

뿐만 아니라 딥러닝을 학습한 로봇은 이제 자의식까지 갖게 되어, '나는 누구인가' '인간은 왜 존재하는가' 하는 질문까지 던진다. 이제 인간은 로봇 없이는 존재할 수 없는 의존적 존재인 노예가 되고, 사회의 모든 영역을 장악한 로봇은 스스로 결단을 내리는 자립적 존재인 주인으로 등극한다.

물론 우리가 로봇에 대한 의존성을 줄이고, 마지막 결정 영역을 스스로 고수한다면, 이런 상태는 오지 않을 수도 있다. 특이점(singularity)을 예방해야 한다는 이유가 바로 이것이다.

## 특이점은 오는가?

특이점이란 현재 우리가 이해할 수 있는 원리나 기준이 전혀 적용되지 않는 지점을 의미한다. 그것은 여러 분야에서 다양한 의미로 사용된다. 물리학에서 특이점은 특정 물리량이 정의되지 않거나 무한대가 되는 공간을 의미한다. 블랙홀의 중심, 빅뱅, 우주의 최초점 등이다. 스티븐 호킹(Stephen William Hawking)은 특이점에 대해 현재 우리가 알고 있는 물리적 법칙이 적용될 수 없는 곳이라고 정의하기도 했다.

기술적 특이점(technological singularity)을 처음 언급한 수학자 존 폰 노이만(John von Neumann)은 1953년 "점점 빨라지는 기술적 진보와 인류 생활 양식의 변화를 보면, 인류의 역사가 어떤 필연적인 특이점에 접근하고 있는 인상을 받는다. 이 시점 이후 인간의 역사가 지금 우리가 이해하는 형태로 계속될 것인지는 알 수가 없다"라고 주장한 것으로 알려져 있다.

특이점을 인공지능과 관련해서 보면 인공지능이 계속 발전하다가 끝내 인간의 지능을 뛰어넘는 시점을 가리킨다. 구글의 엔지니어링 디렉터이자 미래학자인 레이 커즈와일(Ray Kurzweil)은 2005년 《특이점이 온다》[3]라는 책을 출간했다. 이후 특이점에 관한 논의는 활발하게 계속되고 있다. 그는 다음과 같이 주장한다. "2029년에는 인공지능이 사람과 똑같이 생각하고, 말하고, 느끼게 되어 인류와 인공지능이 협업하는 시대가 될 것이며, 2045년에는 인공지능과의 결합으로 인류의 육체적, 지적 능력이 생물학적 한계를 뛰어넘는 특이점이 올 것이다."

빌 게이츠(Bill Gates)를 비롯한 많은 추종자는 커즈와일의 미래 조망을 환영하고 있다. 이보다 더욱 빨리 특이점이 올 것이라는 주장도 있다. 커즈와일의 논리는 이렇다: 현재는 유전공학, 나노기술, 로봇공학 및 인공지능의 혁명 시대다. 이런 분야의 혁명들이 상승 작용을 일으키다 보면, 인간이 통제 불가능한 인공지능의 등장은 필연적이다. 말하자

3 레이 커즈와일, 김명남·장시형 옮김, 《특이점이 온다》, 김영사, 2007, 511쪽 이하 참조.

[1-5] 컴퓨터 처리의 기하급수적인 성장

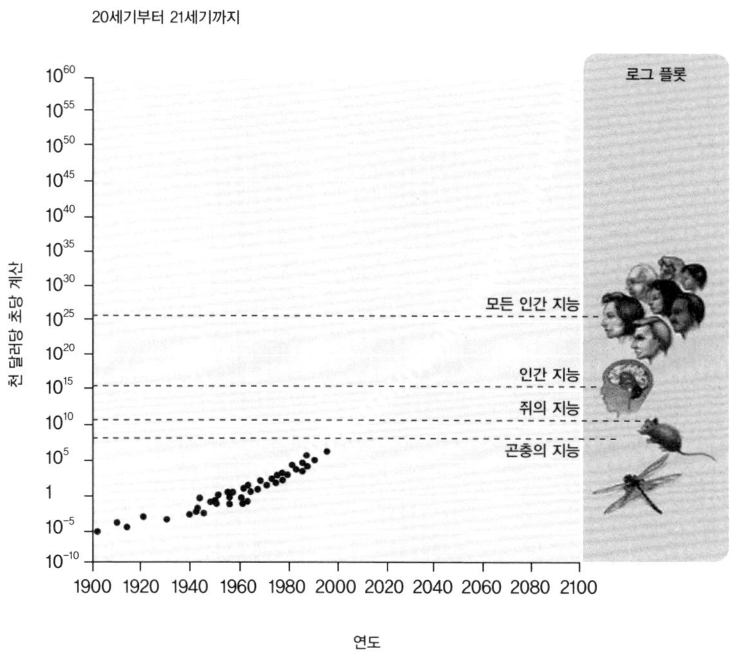


면 유전공학이 생명의 신비를 밝혀내고, 나노기술이 생명의 기제를 자유자재로 작동시키고, 튜링 테스트를 통과한 인공지능이 합세한다면, 현재 인간의 능력을 초월하는 일은 어려운 일이 아니다. 또한 기술은 선형적인 발전을 하는 것이 아니라 기하급수적으로 혁신을 계속한다. 이를 수확 가속의 법칙(The Law of Accelerating Returns)이라 부르기도 한다. 반도체 고도화의 시기가 갈수록 짧아진다는 법칙도 이와 비슷하다고 할 수 있다.

특이점은 절대로 오지 않을 것이라는 주장도 있다. 스탠퍼드 대학교의 미래학자 제리 캐플런(Jerry Kaplan)은 "인공지능은 인간의 능력을 초월하지만, 절대로 인간과 같은 사고방식으로 생각하는 것은 불가능하다. 특이점은 없다"라고 말한다. 그 이유는 인간 뇌의 특성은 공감, 공유, 독창성, 혁신 등을 아우르는 종합적 능력인 반면, 인공지능은 어떤 부분에서는 인간의 능력을 추월하겠지만, 이런 특성들을 모두 갖추지는 못한다는 것이다. 말하자면 우리가 인간의 뇌와 비슷한 범용 인공지능을 만들기는 어렵다는 것이다.

이런 주장에도 많은 사람은 우리가 아무런 제약 없이 기술을 개발한다면 언젠가 특이점이 올 것이라 예감한다. 기술의 융합과 수확 가속의 법칙이 어느 정도 맞을 것으로 예상하기 때문이다. 기술의 개발을 통제하여 특이점의 도래를 막아낼 수 있을까? 자율 주행차 기업인 테슬라의 일론 머스크의 주장대로, "인공지능은 원자폭탄보다 더 위험하며, 인공지능 연구는 악마를 소환하는 일"이라고 할지라도, 누가 어떻게 이 연구를 막을 수 있겠는가? 하물며 이 연구가 양날의 검처럼 유용성이 엄청난 상황에서, 국가나 문명들이 서로 대립해서 경쟁하는 상황에서, 이런 일이 가능하겠는가?

## 휴머니즘과 포스트휴머니즘

휴머니즘은 인간의 존엄성을 최고의 가치로 여기면서 인간다움(humanitas)의 추구를 통해 인류 보편의 행복과 복지를 실현하려는 사상이다. 이것은 인간의 본성과 욕망을 긍정하며, 인간을 모든 가치의 중심으로 보는 인간중심주의다. 휴머니즘은 서양의 문예부흥기에 발흥하여 계몽주의를 통해 근대 문명의 토대가 되었다.

휴머니즘은 시대에 따라 다양하게 전개되었다. 처음에는 신을 중심으로 삼는 신본주의에 대립되는 인본주의로 나타났으며, 나중에는 동물이나 기계에 대립되는 인간우월주의로 나타났다. 르네 데카르트는 인간을 이성적 능력의 소유자로 규정하면서, 인간을 인간으로 만들어 주고 야수와 구별해주는 것은 바로 이성이라고 주장했다. 그는 기계는 말을 주고받을 수 없기 때문에, 아무리 정교한 기계라도 가장 어리석은 인간보다 못하다고 단정했다. 임마누엘 칸트는 기계는 도구이기 때문에 어떤 목적을 위한 수단으로 사용될 수 있지만, 인간은 최종적 목적이기 때문에, 말하자면 그 자체가 존재 이유이며 목적이기 때문에, 다른 어떤 것의 수단으로 이용되어서는 안 된다고 주장했다. 칸트에서는 "다른 사람을 한갓 수단으로 이용하지 말라"는 명령이 실천이성의 무조건적 명령이다. 그렇지만 칸트도 실천이성의 도덕법칙을 동물의 세계에서는 적용하지 않았다.

이런 휴머니즘을 넘어서려는 입장이 포스트휴머니즘이다. 반세기 넘게 유행했던 포스트모더니즘이 한풀 꺾이면서, 포스트휴머니즘은 이제 우리 시대의 주류 철학이 되고 있다. 포스트휴먼을 둘러싼 수많은 논문과 저술, 담론, 연구 보고서 등이 이를 증명한다.[4]

포스트휴머니즘은 넓은 의미에서 보면 근대적 휴머니즘, 즉 인간중심주의를 벗어나서 새롭게 등장하는 포스트휴먼(posthuman)의 관점에서 세계를 설명하려는 담론이다.[5] 그것은 구체적으로는 첨단기술을 통해 인간의 신체를 변형하여 인간의 육체적, 정신적 능력을 개선하려는 문화운동 – 이것은 특히 트랜스휴머니즘이라 불리고, H⁺로 표기되기도 한다 – 으로 나타나기도 하고, 인공지능이 고도화되어 현재 인간과

**4** 프란체스카 페란도, 이지선 옮김, 《철학적 포스트휴머니즘》, 아카넷, 2021, 53쪽 이하 참조.

**5** 캐서린 헤일스, 허진 옮김, 《우리는 어떻게 포스트휴먼이 되었는가》, 플래닛, 2013 참조.

같은 조건을 모두 구비한다면 인간과 같은 권리를 인공지능에게도 부여해야 한다는 주장으로 나타나기도 한다.

포스트휴머니즘의 논의에서는 생명과 기계, 정신과 물질, 인간과 동물의 전통 이분법적 구분이 모두 해체된다.[6] 이런 관점에서 보면 인간은 이성적 능력을 갖고 있다 해서 어떤 특권적 존재도 아니고 만물의 척도나 세상의 중심도 아니다. 이제 우리에게는 인간을 비롯해서 세계를 모두 새롭게 이해해야 하는 과제가 주어진 것이다. 최근 논의되는 신물질주의(new materialism)도 이런 맥락에서 우리의 관심을 끈다.

칸트는 철학의 근본 문제로서 '나는 무엇을 알 수 있는가?' '나는 무엇을 해야 하는가?' '나는 무엇을 희망해도 좋은가?' 등을 제시하고, 이런 문제들은 끝내는 '인간이란 무엇인가?'로 귀착된다고 보았다. 오늘날 이 물음은 포스트휴먼은 무엇을 알 수 있고, 무엇을 해야 하며, 무엇을 희망해도 좋은가로, 마지막으로 '포스트휴먼은 무엇인가?'로 전환되고 있다.

20세기 들어와 휴머니즘을 비판하는 여러 목소리가 없었던 것은 아

**6** 김대식, 《인간 vs 기계》, 동아시아, 2016 참조.

니다. 인간의 자율성을 부정하는 구조주의자들, 인간중심주의를 부정하는 생태론자들은 모두 반휴머니스트들이다. 이런 가운데서도 포스트휴머니즘은 전통적 휴머니스트들에게 가장 큰 도전이 될 것이다. 전통적 휴머니스트들은 포스트휴머니즘을 받아들일 것인지, 아니면 거부할 것인지의 기로에 섰다.

# 포스트모던 세계와 포스트휴먼 그리고 트랜스휴머니즘*

최민자**

우리는 지금 근대와 탈근대가 중층화된 구조를 이루는 과도기에 살고 있다. 근대 세계가 이성 중심주의와 과학적 합리주의를 근간으로 서구적 보편주의 또는 서구중심주의(Eurocentrism)가 지배하는 세계라고 한다면, 탈근대(postmodern) 세계는 탈중심주의(decentralism)와 해체주의(deconstructivism)를 근간으로 트랜스휴머니즘(transhumanism)이 지배하는 세계라고 할 수 있을 것이다. 1960년대 후반 포스트구조주의(poststructuralism)와 포스트모더니즘(postmodernism)의 주도로 일기 시작한 포스트모던 세계에 대한 담론은 서구적 근대의 도그마에 대한 근본적이고도 종합적인 비판과 이성의 자기성찰의 의미를 담고 있으며 다원화되고 탈중심화된 대안적인 세계관을 추구하는 것으로 나타났다.

역사상 유례없는 풍요를 이룩한 근대 산업사회의 원리와 구조 자체가 총체적인 인간 실존의 위기와 재앙의 근원으로 변모하는 '근대성

* 이 글은《동학학보》제44호(동학학회, 2017)에 게재된 것을 수정·보완하였다.
** 성신여자대학교 정치외교학과 명예교수.

의 역설(paradox of modernity)'을 직시하며 근대합리주의의 비합리성을 비판하기에 이른 것이다. 특히 21세기에 들어 인공지능(AI), 사물인터넷(IoT), 가상물리시스템(CPS), 빅데이터 등 정보통신기술(ICT) 분야에서의 기술혁신으로 인간과 인공지능 기계가 공생하는 사이보그 시티즌(cyborg citizen)에 대한 담론이 활성화되면서, 포스트휴먼(posthuman) 시대에 있어 인간이란 무엇인가에 대한 존재론적 물음이 제기되기 시작했다.

이 글에서는 설명의 편의상 포스트모던 세계에 대한 담론을 크게 초기와 후기의 두 시기로 나누어 고찰하고자 한다. 우선 초기 담론 시기는 1960년대 후반부터 대두되기 시작한 포스트구조주의의 탈중심적이고 탈이념적인 해체이론이 포스트모더니즘 사조와 맞물려 철학, 예술, 문예비평, 신학, 생태학, 건축, 인문사회과학, 정신분석학 등 학술 분야는 물론 대중문화에까지 널리 확산됨으로써 거의 모든 분야에서 세계적인 추세로 자리 잡은 시기이다. 모더니즘이 처한 존재론적 딜레마를 해결하고자 나타난 포스트모더니즘 사조는 인간 이성의 산물인 근대 사회의 획일화된 틀과 형식을 부정하고 근대합리주의의 근간을 이루는 이분법을 해체하며, 인종적·문화적·성적(性的) 편견과 그에 따른 폭력 행사를 비판하는 등 사실상 근대 세계의 산물 전반에 대해 회의적인 태도를 갖고 이를 타파하려는 실천 차원의 운동과 연계되어 나타났다. 그리하여 근대의 도그마 속에 깃들어 있는 절대성과 중심성의 허구를 드러내는 해체 현상을 통해 포스트모던 시대를 열었다.

다음으로 후기 담론 시기는 21세기에 들어 포스트모던 세계에 대한 담론이 정보통신 분야에서의 기술혁신과 맞물려 초기의 연장선상에서 더 확장되고 심화되는 시기이다. 이 시기는 사이보그 시티즌의 출현으로 인간에 대한 재정의(redefinition)가 촉구되고 인간과 인공지능의 공생이 포스트모던 담론의 핵심 이슈로 부상하는 시기이다. 미국의 미래학자이자 잘 알려진 트랜스휴머니스트 레이 커즈와일(Ray Kurzweil)은 21세기 전반부에 'GNR(유전학·나노기술·로봇공학)' 혁명이 중첩적으로 일어나면 자연지능과 인공지능의 융합이 이루어져 인간의 지능이 심대하게 확장되고 점차 사이보그가 되어갈 것이라며, 2030~2040년대가 되면 보다 근본적인 인체의 재설계가 이루어져 버전 3.0 인체[1]가 탄생할 것이라고 전망한다. 유전공학과 사이보그 기술의 발달로 머지않아 현생인류가 포스트휴먼에 의해 대체될 것이라는 전망이 무성하게 나오면서, 이원적 인식론을 넘어선 트랜스휴머니즘이 지배하는 포스트모던 세계에 대한 새로운 버전의 담론이 힘을 얻고 있다.

세계는 지금 인공지능(AI)을 넘어 인공일반지능(AGI)의 시대로 진입하고 있으며 우리 삶의 모든 측면은 이동하는 방식에서부터 정보를 얻거나 소통하는 방식까지도 과학기술에 의해 재편되고 있다. 스마트폰으로 시작된 인간과 인공지능 기계의 공생은 이미 우리 시대의 메타트렌드(metatrend)가 되고 있다. 장애를 극복하기 위해 출발한 보조 장비 개발이 자연인 능력을 추월하고, 인간의 뇌와 기계를 연결하는 '브레인 임플란트'가 주목을 받고 있는 현시점에서, '생물적 지능과 디지털 지능의 결합'을 통해 '인간 강화(human enhancement)'를 시도하는 것은 기술 혁신의 자연스러운 수순일지 모른다.

그러나 과학기술을 이용해서 인류의 진화과정을 획기적으로 증진시

1 Ray Kurzweil, *The Singularity is Near: When Humans Transcend Biology*(London: Penguin Books, 2005), p. 310.

켜 '포스트휴먼'을 만들어내려는 프로젝트가 과학과 의식의 접합에 대한 심오한 자각 없이 과연 '슈퍼인텔리전스(superintelligence)'나 '슈퍼웰빙(superwellbeing)'을 달성할 수 있을까? 그러면 포스트모던 세계와 포스트휴먼 그리고 트랜스휴머니즘에 대한 분석적 고찰을 통해 우리가 처한 역사적 조건과 한계적 상황을 살펴보고, 호모사피엔스의 미래를 전망하며, 나아가 포스트휴먼으로의 성공적인 이행을 위한 조건을 탐색해 보기로 한다.

## 포스트모던 세계에 대한 초기 담론

### - 포스트모던 세계와 트랜스휴머니즘

포스트모던 세계는 근대 세계가 처한 역사적 조건과 한계적 상황을 넘어선 세계이다. 포스트모던 세계에 대한 담론의 배경에는 이성과 영성, 현상과 실재, 주관과 객관, 기술과 도덕, 특수성과 보편성 간의 심연(abyss)이 자리 잡고 있다. 이러한 심연을 메우기 위한 시도로서의 포스트모던 담론은 지난 수백 년간 서구 문화와 여타 세계를 지배한 기초적 패러다임이 되었던 근대 서구의 세계관과 가치체계의 근본적인 변화를 함축하고 있다. 말하자면 근대 서구 사회의 형성과 여타 세계에 심대한 영향을 끼쳤던 데카르트-뉴턴의 기계론적 세계관으로부터 전일적이고 유기론적인 시스템적 세계관으로의 패러다임 전환과 그 맥을 같이한다. 그것은 정신·물질, 자연·문명, 생산·생존 이원론의 극복을 통하여 생산성 제일주의 내지 성장 제일주의적 산업문명을 넘어서는 것이며, 근대 산업문명의 폐해라 할 수 있는 국가·지역·계층 간 빈부 격차, 지배와 복종, 억압과 차별, 환경생태 파괴 등의 문제를 해결하고 공존의 대안적 사회를 마련하는 것이다.

미국의 초개인심리학자이자 대표적 포스트모던 사상가인 켄 윌버(Ken Wilber)는 그의 저서 《감각과 영혼의 만남(*The Marriage of Sense and Soul*)》(1998)에서 포스트모던 세계의 대홀라키에 관한 논의를 전개하며 근대 서양 문화의 치명적인 문제점을 이렇게 지적했다. "근대 서양은 인류 역사를 통틀어서 존재의 대홀라키(the Great Holarchy of Being)를 부인하게 된 최초의 주요 문화가 되었다"[2]는 것이다. 여기서 '대홀라키'란 '존재의 대사슬'이다. 존재의 대사슬은 '물질(matter)에서 몸(body), 마음(mind), 혼(soul), 영(spirit)에 이르기까지 실재가 다양한 존재의 수준과 앎의 수준으로 이루어져 있으며 모든 성장 과정은 각 상위 차원이 그 하위 차원을 포괄하며 초월하는 방식으로 자연적 홀라키를 통하여 일어나는 것'[3]을 말한다. '의식의 스펙트럼'의 가장 낮은 곳은 물질의 영역이고 가장 높은 곳은 영(靈)의 영역이다. '영'은 최고 수준의 인과의(causal) 영역이며 모든 수준의 비이원적 기초이다. 그런데 계몽주의 시대 이래로 근대 서양은 존재의 최하위권인 '물질'을 제외한 모든 것을 부인하는 최초의 주요 문화가 되었다는 것이다.[4]

포스트모던 세계의 등장과 맥을 같이하는 트랜스휴머니즘은 "과학과 테크놀로지에 의해 현재의 인간 형태와 한계를 뛰어넘어 인간이라는 생명체의 진화를 추구하는 생명의 철학으로 종교와 도그마를 거부

**2** Ken Wilber, *The Marriage of Sense and Soul: Integrating Science and Religion*(New York: Broadway Books, 1998), p. 189.

**3** Ken Wilber, *A Brief History of Everything*(Boston: Shambhala, 2007), pp. 39-40; Ken Wilber, *Integral Psychology: Consciousness, Spirit, Psychology, Therapy*, Boston, Massachusetts: Shambhala Publications Inc., 2000, p. 5.

**4** Wilber, *The Marriage of Sense and Soul*, p. 187.

하고 생명 증진 원리와 가치를 따른다."[5] 트랜스휴머니즘이란 용어는 1957년 영국의 생물학자 줄리언 헉슬리(Julian S. Huxley)에 의해 처음 사용되었으며, 1980년대 미국의 미래학자들에 의해 현재의 의미를 갖게 되었다. 1980년대 캘리포니아대학교 로스앤젤레스(UCLA)에서 자신들을 트랜스휴머니스트라고 소개한 사람들이 처음으로 정식 모임을 갖게 되면서 그곳은 트랜스휴머니즘 사상의 거점이 됐다.

1998년 영국 옥스퍼드대학교 교수 닉 보스트롬(Nick Bostrom)은 데이비드 피어스(David Pearce)와 함께 트랜스휴머니즘을 과학연구와 공공정책의 정통 분야로 인식시키기 위하여 세계 트랜스휴머니스트 협회(WTA)*를 설립했으며, 앤더스 샌드버그(Anders Sandberg) 등과 함께 〈트랜스휴머니스트 선언문〉과 〈트랜스휴머니스트 FAQ〉 작성을 주도했다. WTA는 트랜스휴머니스트 FAQ에서 트랜스휴머니즘을 "① 노화를 제거하고 지능, 육체, 정신을 강화시키기 위한 기술을 개발하고 이성의 응용으로 인간 조건 개선의 가능성, 정당성을 지지하는 지적 문화적 운동 ② 인간의 근본적 한계를 극복하기 위한 기술의 잠재적 위험과 영향을 연구하고 그런 기술의 개발, 사용과 관련된 윤리적 문제를 연구하는 활동"으로 정의했다.[6]

트랜스휴머니즘에는 다양한 스펙트럼이 존재하지만 크게 두 가지 흐름으로 볼 수 있다. 그 하나는 WTA 후신인 휴머니티 플러스(Humani-

**5** 로버트 페페렐, 이선주 옮김, 《포스트휴먼의 조건: 뇌를 넘어선 의식》, 아카넷, 2017, 270쪽. http://www.extropy.org [최종 검색일: 2021.12.15.]; http://humanityplus.org [최종 검색일: 2021.12.15.]

**6** 2008년 단체명을 '휴머니티 플러스(Humanity+)'로 개칭했으며, 기호로는 H+를 썼다. https://ko.wikipedia.org/wiki/%ED%8A%B8%EB%9E%9C%EC%8A%A4%ED%9C%B4%EB%A8%B8%EB%8B%88%EC%A6%98 [최종 검색일: 2022.6.22.]

ty+) 중심의 흐름이고, 다른 하나는 2004년 닉 보스트롬과 제임스 휴스(James Hughes)에 의해 공동 설립된 IEET(Institute for Ethics and Emerging Technologies) 중심의 흐름이다. 전자는 엑스트로피 연구소와 가까운 인물들에 의해 운영되고 있고, 후자는 WTA를 주도했던 인물들이 주로 활동하며 트랜스휴머니즘이나 인간 향상에 대해 더 학술지향적인 태도를 취하고 있다.[7]

트랜스휴머니즘은 과학기술의 발전으로 지능적, 육체적 한계가 극복되고 인체가 강화된 포스트휴먼의 등장과 접합된 개념으로 포스트휴먼의 이즘(ism)이다. 트랜스휴머니스트들은 생명과학과 신생기술에 의해 장애, 질병, 노화, 죽음과 같은 현재의 인간 조건들이 해결되어 인류가 더 확장된 능력을 갖춘 존재로 스스로를 변형시킬 것이라며, 이렇게 변형된 인간을 '포스트휴먼'이라고 명명했다. 포스트휴먼 개념은 스스로를 엑스트로피언(Extropians, 생명확장론자)이라고 부르는 사람들에 의해 지지를 받았고, '엑스트로피 원리'를 창안한 맥스 모어(Max More)는 현대적 트랜스휴머니즘의 기초를 마련했다. 우주의 모든 것이 카오스 쪽으로 쇠퇴하고 있다고 보는 엔트로피(entropy)와는 반대로, 엑스트로피(extropy)는 생명의 자기조직적인 속성을 긍정하여 카오스로부터 질서가 나온다고 본다.

## 2. 포스트구조주의와 포스트모더니즘

1960년대 후반에 등장한 포스트모더니즘은 모더니즘 이후의 탈근

7 신상규, 《호모사피엔스의 미래: 포스트휴먼과 트랜스휴머니즘》, 아카넷, 2014, 120-122쪽.

대적인 시대정신 내지는 철학 사조를 지칭한다. 이성 중심주의와 과학적 합리주의를 근간으로 한 모더니즘은 획일화된 틀과 형식의 강조로 인해 이질적인 문화 영역 간의 소통 단절, 다양성과 개성의 약화, 인간 소외, 환경파괴와 생태위기를 초래했다. 포스트모더니즘은 모더니즘이 처한 존재론적 딜레마를 해결하고자 나타난 시대사조로서 개성과 자율성, 다양성과 대중성을 중시하고 이분법을 해체하며 탈이념적이고 탈중심적이며 탈이성적인 사상적 경향을 띠게 된다.[8] 포스트모더니즘의 사상적 배경은 1960년대 후반부터 대두되기 시작한 포스트구조주의이다. 포스트구조주의와 포스트모더니즘은 탈이성, 탈이념, 탈중심, 탈경계, 다양성 강조라는 공통된 특성에서 드러나듯이 본질적으로 깊이 연계되어 포스트모던 운동을 추동해왔다.

구조주의는 20세기 초 스위스의 언어학자 소쉬르(Ferdinand de Saussure)의 언어학 강의에서 시작되어 프랑스의 과학철학자 바슐라르(Gaston Bachelard), 프랑스의 인류학자 레비스트로스(Claude Lévi-Strauss)로 계승되고 1960년대에 들어 캉길렘(Georges Canguilhem), 알튀세르(Louis Althusser), 데리다(Jacques Derrida), 푸코(Michel Paul Foucault), 리오타르(J. F. Ryotard), 라캉(Jacques Lacan), 바르트(Roland Barthes), 들뢰즈(Gilles Deleuze) 등의 참여로 활기를 띠게 되면서 프랑스 사상계를 지배하게 된다. 데리다, 푸코, 리오타르, 들뢰즈, 라캉, 바르트 등은 흔히 포스트구조주의자로 일컬어진다. 이들 포스트구조주의자들은 근대 사회의 이원화된 지배구조 속에서 '구성된 주체'는 능동이 아니라 피동이며, 자유가 아니라 충동이

**8** 최민자, 《생태정치학: 근대의 초극을 위한 생태정치학적 대응》, 모시는사람들, 2007, 463-464쪽.

고, 상상에 의한 가상적 주체일 뿐이므로 그러한 주체는 해체되어야 한다고 주장한다. 주체의 해체에 대한 시도는 서구의 전통적인 형이상학적 진리관을 해체하는 것이고, 그 '해체주의'의 연원은 니체(Friedrich Wilhelm Nietzsche)의 실존철학 속에 내재된 해체주의적 요소에서 찾을 수 있다. 따라서 니체의 반형이상학적인 실존철학이 독일의 철학자 하이데거(Martin Heidegger)로 계승되어 포스트모던 시대가 열리게 된 것이다.

켄 윌버는 포스트구조주의를 '포스트모던 포스트구조주의'로 나타내고 이를 포스트모더니즘과 동일시한다. 윌버는 포스트모던 이론들에 대한 '거부들'은 다음의 세 가지 핵심 가정에서 생겨난다고 본다. 즉 "① 실재는 모든 면에서 결코 미리 주어진 것(pregiven)이 아니라 어떤 의미 있는 방식으로의 구성(construction)이고 해석(interpretation)이다. ② 의미는 맥락의존적이고 맥락에는 경계가 없다. ③ 그러므로 인지에는 실재에 대한 단일한 조망을 내릴 특권이 부여되지 말아야 한다." 윌버는 이 세 가지 핵심 가정을 '구성주의(constructivism)' '맥락주의(contextualism)' '통합적 무조망주의(integral-aperspectival)'로 압축하고 있다.[9] 윌버는 이 세 가지 포스트모던적 가정 모두가 매우 정확하며 그 어떤 통합적 관점에서도 존중되어야 하고 포함될 필요가 있다고 본다.

첫 번째 핵심 가정인 구성주의와 관련하여, 사물들 간의 차이라는 것은 우리 마음이 그 차이를 '구성하고', 그것에 '의미를 부여하고', 그것을 '해석'한 것이므로 인간 오성에서 '해석'이 차지하고 있는 본질적인 역할을 파악하지 않고서 포스트모더니즘을 이해할 수 있는 방법은 없다는 것이다. 포스트모더니스트들에게 있어 '해석'이 중요한 것은 온

**9** Wilber, *The Marriage of Sense and Soul: Integrating Science and Religion*, p. 121.

우주(the Kosmos)를 이해하기 위해서 뿐만 아니라 그것이 바로 온 우주의 참된 구조의 한 국면이며, '우주라는 직물의 본질적인 특성'이기 때문이다.[10]

포스터모더니즘의 두 번째 핵심 가정인 '맥락주의'와 관련하여, 의미에 대한 맥락주의는 좋지만 극단적인 맥락주의는 문제가 있다는 것이다. "모든 전체는 언제나 하나의 부분일 뿐이므로 모든 인식 가능한 맥락에는 경계가 없는 것이다. 그러나 극단적인 포스트모더니스트들(특히 미국 '해체주의' 학파 주창자들)의 경우에서처럼 어떤 종류의 의미가 실제로 존재하거나 전달될 수 있는 것조차도 부인하기 위해 포스트모던적 진리를 이용하는 것은 경계해야 한다"고 윌버는 말한다.[11]

포스터모더니즘의 세 번째 핵심 가정인 '통합적 무조망주의'와 관련하여, 단일한 조망은 부분적이고 한계가 있으며 왜곡되기 쉬우므로 통합적인 관점을 획득하기 위해서는 무조망적인 접근을 필요로 한다는 것이다. "통합적-무조망적(비전-논리적 vision-logic) 관점은 그 어느 조망에도 특권을 부여하지 않고 모두 취합한 후 통합적인 것, 전체적인 것, 맥락들 속의 다양한 맥락을 파악하려고 시도한다"[12]는 것이다. 요약하면, 윌버는 포스트모더니스트들의 인식을 뒷받침하고 있는 것은 구성주의, 맥락주의, 통합적 무조망주의이며 극단적으로 치닫지 않는 한 통합적 관점에서 수용될 필요가 있다고 본다.

**10** *Ibid*., pp. 117, 121.

**11** *Ibid*., p. 124.

**12** *Ibid*., p. 131.

## 포스트모던 세계에 대한 후기 담론

### 1. 포스트휴먼의 조건과 사이보그 시티즌

포스트휴먼이란 용어의 의미는 '차세대 인간', 즉 새롭게 진화된 인간이란 뜻이다. 포스트휴먼은 인간과 기계의 전반적인 수렴이 일어나 그 둘의 경계가 해체되는 시대의 인간으로 전통적인 인간관의 중대한 변환을 내포한 개념이다. 포스트휴먼은 트랜스휴먼과 혼용되기도 한다. 대표적인 엑스트로피언인 맥스 모어는 양자의 관계를 이렇게 설명한다. "우리가 포스트휴먼이 되려고 추구하고 포스트휴먼 미래를 위해 준비하는 행동을 하는 한에 있어서 우리는 트랜스휴먼이다. 이것은… 미래를 위하여 스스로를 변형시킬 수 있도록 해주는 새로운 기술을 배우고 이용하는 것과 관련된다."[13] 즉, 모어의 관점에서 트랜스휴먼은 포스트휴먼으로 진화해가는 개념이다. 모어는 포스트휴먼을 이렇게 정의한다.

> 포스트휴먼은 전례가 없을 정도의 신체적·지적·심리적 능력을 갖춘 사람들로, 자기 프로그램화되고 자기 규정적이며 불멸의 잠재성을 갖고 제한받지 않는 개인들이다. 포스트휴먼은 인간으로 진화되어왔던 생물학적·신경적·심리적 구속을 극복한다. …우리가 포스트휴먼이 되도록 하는 데 역할을 할 것으로 기대되는 기술과학 가운데는 유전공학, 신경-컴퓨터 통합, 분자 나노테크놀로지와 인지과학이 있다.[14]

**13** 페페렐, 앞의 책, 269-270쪽.

**14** 위의 책, 270쪽. http://www.extropy.org [최종 검색일: 2021.12.16.]

우리 자신이 그 일부를 구성하는 생체시스템은 유기적이면서 또한 기계적이며 그것은 진화하고 있다. 인간의 정신적, 육체적 한계 또는 유전이나 후천적 요인에 의한 장애 등을 극복하기 위해 유전공학, 신경-컴퓨터 통합, 분자 나노테크놀로지와 인지과학 등의 기술을 활용해 인체를 강화시킬 수 있다는 주장은 인공장기 이식에서부터 알츠하이머, 간질 등 뇌 질환을 예방·치료하는 뇌 임플란트, 나아가 인간의 뇌를 스캔해서 컴퓨터로 전송하는 업로딩(uploading)에 의한 정신적인 확장까지도 인체 강화에 포함시키고 있다. 인간의 뇌를 다운로드해서 슈퍼컴퓨터에 업로드하는 '트랜센던스(transcendence)' 프로젝트는 현재 여러 대학과 연구소에서 진행 중에 있다. 현재 컴퓨터의 1억 배 성능일 것으로 예상되는 양자컴퓨터(quantum computer)의 상용화가 머지않은 것으로 전망되고 있어 업로딩이 SF 영화 속에서만이 아니라 현실 속에서 구현될 것이라는 기대도 높아지고 있다.

예술과 현대 인지과학의 접목, 테크놀로지와 예술의 접목을 통해 포스트휴먼 시대를 밝히는 데 주력해온 로버트 페퍼렐(Robert Pepperell)은 '포스트휴먼 조건'이 의미하는 바를 크게 세 가지로 나타내고 있다. 첫째는 '인간의 종말'에 대한 것이 아니라 남성이 중심이 된 '인간 중심(human-centred)' 우주의 종말이다. 둘째는 유전학만이 아니라 모든 문화적·기술과학적 존재의 도구와 장치를 포함하는 과정으로서의 생명체의 진화에 대한 것이다. 셋째는 우리가 어떻게 살 것이며, 환경과 동물 그리고 인간 상호 간의 관계를 어떻게 설정할 것인가에 대한 것이다.[15]

포스트휴먼은 기계, 기술과 융합된 인간, 즉 사이보그다. 사이보그

**15** 위의 책, 271-272쪽.

는 사이버네틱 유기체(cybernetic organism)의 합성어로 유기체와 기계장치가 결합된 디지털 시대의 인간이다. 생물적 지능과 디지털 지능의 결합을 주장하는 배경에는 '인간 강화'에 대한 오랜 염원이 담겨 있다. 사이보그라는 용어는 1960년 미국의 컴퓨터 전문가인 맨프레드 클라인스(Manfred E. Clynes)와 정신과 의사인 네이선 클라인(Nathan S. Kline)이 쓴 논문에서 처음 사용되었다. 이 논문에서 이들은 인간이 우주복을 입지 않고도 우주에서 생존하기 위해서는 기술적으로 인체를 개조해야 한다고 주장하며 기계와 유기체의 합성물을 사이보그라고 명명했다. 현대의 사이보그는 신체에 탈착이 가능한 웨어러블 컴퓨터, 스마트 의류, HMD와 같은 가상현실 체험기기 등으로 응용되어 다양한 분야에 활용되고 있다. 사이보그는 자연적인 요소와 인공적인 요소가 하나의 시스템 안에서 결합된 '자가조절 유기체(self-regulating organism)'[16]이다.

사이보그의 종류는 매우 다양하며 수많은 공학, 과학, 의료 분야의 중심에 위치해 있다. 미국의 고더드대학교 교수 크리스 그레이(Chris Hables Gray)는 '심장박동 조절장치 체내이식부터 면역체계를 조절하는 백신 주입까지, 어떤 유의미한 방식으로 기술 개조가 있었다면 그 사람은 확실히 사이보그'라고 말한다. 그레이는 인간이 기술적으로 스스로를 계속 변형시키는 이 과정의 전반적인 결과는 인간과 기계의 아주 특별한 공생이며, 인류 역사상 전혀 새로운 발전이고, 자연선택을 넘어서는 중대한 도약이며, '참여적 진화'가 가리키는 현상이라고 설명한다. 또한 참여적 진화는 참여적 정부를 필요로 할 것이므로 사이보그화(cyborgization) 과정이 결국 근본적인 정치적 역할까지 수행하게 될 것이

**16** Chris Hables Gray, *Cyborg Citizen*(New York and London: Routledge, 2002), p. 2.

라고 본다.[17]

크리스 그레이는 그의 저서 《사이보그 시티즌: 포스트휴먼 시대의 정치학(*Cyborg Citizen: Politics in the Posthuman Age*)》(2001)에서 사이보그 현상의 정치학에 초점을 맞추어 사이보그 시민권의 중요성을 주장하는 논거를 제시했다. 그레이는 포스트모던 시대의 인공 진화가 다윈(Charles R. Darwin)이 말한 품종개량 정도가 아니라 인간의 몸과 유전자에 대한 직접적인 개조까지 포함하며 머지않아 새로운 기술과학에 의해 인간으로 분류할 수조차 없는 개조된 생명체들이 창조될 것이라고 주장한다. 이렇게 인간의 잠재력이 극대화되면 모든 개조과정은 근본적으로 정치적 성격을 띠게 되며, 결국 정치가 포스트휴머니티 안에서 우리가 어떤 가치를 수립할 것인가를 결정할 것이라고 그는 단언한다.[18]

또한 그레이는 합법적인 정치권력의 원천인 시민 개념에 입각하여 사이보그 시티즌 개념을 제안한다. 그는 특히 17세기 영국의 정치철학자이자 최초의 민주적 사회계약론자인 토머스 홉스(Thomas Hobbes)의 저서 《리바이어던(*Leviathan*)》(1651)을 사이보그 시민이론의 출발점으로 본다. 서구 근대 정치철학의 토대를 마련한 이 책에서 홉스는 왕의 살아 있는 몸이 곧 국민국가의 모델이라는 '몸의 정치'를 주창했다. 오늘날에는 국가를 왕의 몸에서 찾지 않으며 형식적으로나 실제로나 사이보그가 그 자리를 대신 차지하고 있다며, "리바이어던은 많은 사람들

**17** *Ibid*., pp. 2-3.

**18** *Ibid*., pp. 11, 19-20.

로 이루어진 사이보그"라고 그레이는 주장한다.[19]

나아가 그레이는 "우리 사회가 어떤 도구, 어떤 기계, 어떤 사이보그를 보유해야 하고 어떤 것을 축출해야 하며 만들지조차 말아야 할 것인지 판단하는 것"이야말로 포스트모던 시대의 진정한 쟁점이라고 전제하고, "우리는 사이보그 시민권을 제대로 만들고 가능한 모든 방법을 동원해 그것을 옹호하고 확장해야 한다"고 역설한다. 오늘날 사이보그화가 가속화됨에 따라 생물과 무생물, 인간과 기계, 인공과 자연의 경계가 점차 사라지고 있는 사이보그적 상황을 직시하고 우리가 만든 기술과학에 대한 책임을 져야 한다는 것이다.[20]

## 2. 포스트휴먼 시대와 트랜스휴머니즘의 과제 및 전망

로버트 페페렐에 의하면 포스트휴먼 시대가 완전히 시작되는 것은 우리가 더 이상 생명과 기계, 자연과 인간 사이를 구분하는 것이 가능하지 않고 필요하지도 않다고 생각할 때, 다시 말해 우리가 진정으로 인간으로부터 포스트휴먼의 존재 조건으로 넘어갈 때이다.[21] 포스트모더니즘적 변화에 있어 우리가 직면하는 난제는 페페렐이 지적하고 있듯이, '왜 우리는 그러한 기계를 발전시키기를 원하며, 그러한 기계들이 어떠한 목적으로 향하도록 할 것인가'이다.[22] 이 문제는 트랜스휴머니즘의 새로운 전망과도 관계된다. 환원주의와 결정주의에 대한 휴머니즘의 오랜 집착에 도전하고 있는 카오스 이론(chaos theory)이나 카타스트로피

**19** *Ibid.*, pp. 19-20.

**20** *Ibid.*, pp. 6, 31, 194.

**21** 페페렐, 앞의 책, 256쪽.

**22** 위의 책, 272쪽.

이론(catastrophe theory 파국이론), 복잡계 이론(complex systems theory)들은 포스트휴먼 이론의 범주에 포함되는 것으로, 이는 곧 포스트휴먼 시대가 우주와 인간에 대한 새로운 인식론과 존재론을 바탕으로 하고 있음을 말해준다.

근대 이후 대부분의 사람들이 생명 문제의 핵심적 이원성이라고 생각했던 인공과 자연, 인간과 기계의 분리는 포스트휴먼 시대에는 더 이상 유효하지 않다. 전통적인 사이보그가 의족이나 심박장치, 인슐린 펌프 등 인간 신체의 일부분을 생체공학(Bionics) 보철로 대체한 것이었다면, 포스트휴먼 시대에 새롭게 등장하는 사이보그는 사물인터넷과 인간의 연계로 네트워크를 통해 인간의 능력이 증강된 '네트워크 사이보그'다. 이러한 '네트워크 사이보그'형 삶의 초기적 형태를 우리는 이미 스마트폰을 통해 경험하고 있다. 인간과 인공지능 간 융합 효율성을 연구하는 '휴먼 컴퓨테이션(Human Computation)'은 최근 주목받는 연구 분야로 떠오르고 있다.

포스트휴먼 시대는 네트워크 사이보그 시대이며, 트랜스휴머니즘은 인류를 포스트휴먼의 조건으로 인도하려는 지적·문화적 운동이다. 오늘날 트랜스휴머니스트들의 세계관에 대한 표준적인 정의로 인정되고 있는 〈트랜스휴머니스트 선언문〉(2009. 3.)[23]과 〈트랜스휴머니스트 FAQ〉에도 나와 있듯이, 트랜스휴머니스트들은 '인류가 미래에 과학과 기술의 심대한 영향으로 노화·인지적 결함·고통을 극복하고, 지능·육체·정신을 강화시키기 위한 기술을 개발하고 확대함으로써 인간 조건을 근본적으로 향상시키며, 인간의 잠재력을 지구 행성 너머로 확장할

**23** 신상규, 앞의 책, 108-109쪽.

것'이라고 전망한다. 다른 한편으로는 인간의 근본적 한계를 극복하기 위한 기술의 개발 및 사용과 관련된 윤리적 문제를 연구하는 활동도 병행하고 있다.

트랜스휴머니즘의 과제에 대해서는 〈트랜스휴머니스트 선언문〉 제6조에 분명히 나와 있다: "기회와 위험 모두를 진지하게 고려하면서, 자율성과 도덕적 권리를 존중하고, 지구상의 모든 사람들에 대한 연대 의식과 더불어 그들의 이익 및 존엄성에 대해 걱정하는, 책임 있고 포괄적인 도덕적 비전을 보여줄 수 있는 정책 입안이 이루어져야 한다. 우리는 미래 세대들에 대한 도덕적 책임 또한 고려해야 한다." 또한 제7조에는 트랜스휴머니즘이 인간과 비인간, 자연지능과 인공지능, 생명과 기계의 이원성을 넘어 모든 존재의 복지를 촉진시켜야 한다고 말한다.[24]

앞으로 나노과학, 정보과학, 바이오과학, 인지과학의 융합은 자연이나 인간 자신에 대한 가공할 통제력을 가져다줄 것이며, 경우에 따라서는 파국을 초래할 수도 있다. 기술진보적인 싱크탱크인 IEET는 홈페이지(http://ieet.org)에서 자신들의 과업을 다음과 같이 규정하고 있다. "IEET는 기술적 진보가 어떻게 민주사회에서 자유, 행복 그리고 인간의 번영을 증진시킬 수 있을 것인지를 고민하는 비영리 싱크탱크다. … 사회적 조건이나 인간 삶의 질을 긍정적으로 변형시킬 잠재력을 가진 새로운 기술들, 특히 인간 향상 기술들에 초점을 맞춰, IEET는 그런 기술들이 가진 긍정적 혹은 부정적 함축들에 대해서 학계, 전문가 집단, 대중 이해를 증진시키고, 이 기술들을 안전하고 공평하게 사용하기 위

**24** 위의 책.

해 책임감 있는 공공정책들을 장려할 방안을 모색한다."[25] 한마디로 기술적 진보가 인류의 긍정적인 발전을 위한 촉매가 될 수 있기 위해서는 반드시 기술이 안전하고 공평하게 분배되도록 해야 한다는 것이다.

닉 보스트롬은 그의 저서 《슈퍼인텔리전스(*Superintelligence*)》(2014)에서 인류를 "폭발하지 않은 폭탄을 손에 들고 있는 아이"[26]에 비유했다. 폭발하지 않은 폭탄은 인공지능(AI)이고, 그 폭탄을 들고 있는 아이는 인류라는 것이다. 인간의 지능을 뛰어넘는 인공 초지능이 등장하고 지능 대확산(intelligence explosion)이 일어나면, 특히 인류에게 비우호적인 초지능이 등장하면 인간의 운명은 이 초지능에 의해서 결정될 것이라고 그는 주장한다. 우리 인류가 살아남을 수 있는 단 하나의 희망이 있다면, 그것은 우리 스스로가 초지능 개발 여정의 첫 시작을 선택할 수 있다는 것이다. 말하자면 인간 가치를 수호하도록 초기 조건을 설정하는 선택권이 인류에게 있다는 것이다. 보스트롬은 이 해결책의 단초를 '최선의 인간 본성'[27]에서 찾고 있다. 포스트휴먼 시대의 트랜스휴머니즘은 기술적으로만 접근할 수 있는 것이 아니며 인간 의식의 패턴 자체가 바뀌어야 함을 시사한다. 포스트휴먼이 된다는 것은 '윤리적 가치와 확대된 공동체 의식을 결합하는 새로운 방식'[28]을 의미한다.

**25** 위의 책, 123쪽.

**26** 닉 보스트롬, 조성진 옮김, 《슈퍼인텔리전스: 경로, 위험, 전략》, 까치, 2017, 457쪽.

**27** 위의 책, 456쪽.

**28** 로지 브라이도티, 이경란 옮김, 《포스트휴먼》, 아카넷, 2016, 243쪽.

## 호모사피엔스를 넘어서

### 1. 자연선택에서 지적설계로: 호모데우스의 탄생

과연 호모사피엔스(Homo sapiens)는 인류 진화의 종착역일까? 미셸 푸코의 말처럼 "인간은 최근의 발명품"이며, 이제 그 종말이 가까워지고 있다. 사피엔스는 지금 사이보그로 변하는 중이다. 인공지능을 갖춘 '로보 사피엔스(Robo sapiens)'가 '호모사피엔스'와 공생하는 시대가 임박한 것으로 예측되고 있고, '특이점(singularity)'을 향한 카운트다운은 이미 시작되었다. 〈포스트휴먼 선언문〉에도 나와 있듯이, 인간 사회의 모든 기술과학적 진보는 '인간종의 변형'을 향해 맞추어져 있다.

유발 하라리는 그의 저서 《사피엔스(Sapiens)》(2011)에서 인류가 역사적으로 진화해온 경로를 인지혁명, 농업혁명, 과학혁명의 3대 혁명에 의해 형성되었다고 보고, "지금과 같은 속도로 기술이 발달할 경우, 호모사피엔스가 완전히 다른 존재로 대체되는 시대가 곧 올 것"[29]이라고 전망했다. 오늘날의 생명공학 혁명은 결국 생명공학적 신인류, 영원히 살 수 있는 사이보그로 대체될 것이라며, 이제 "과학은 자연선택으로 빚어진 유기적 생명의 시대를 지적(知的) 설계에 의해 빚어진 비유기적 생명의 시대로 대체하는 중"[30]이라고 주장했다. 자연선택을 지적설계로 대체하는 방법으로 하라리는 생명공학, 사이보그 공학, 비유기물공학의 세 가지를 제시했다.

또 다른 주목을 받고 있는 하라리의 저서 《호모데우스(Homo Deus)》(2015)에서 그는 7만 년 전 인지혁명에 의한 마음의 혁신을 통해 호모사

**29** 유발 하라리, 조현욱 옮김, 《사피엔스》, 김영사, 2015, 582쪽.

**30** 위의 책, 7쪽.

피엔스가 상호주관적 영역에 접근하고 지구의 지배자가 되었다면, 두 번째 인지혁명은 유전공학, 나노기술, 뇌-컴퓨터 인터페이스의 도움으로 호모데우스(신적[神的] 인간)의 탄생이 가능하다고 전망한다. 하라리는 인류에게서 기아, 역병, 전쟁의 위협이 마침내 사라지면, 인류의 다음 목표는 '불멸·행복·신성'이 될 것이라고 말한다. 21세기의 기술 인본주의가 '불멸·행복·신성'을 인류의 중심 의제로 설정하고 호모데우스를 만들려는 플랜이 가동되는 것이다. 자연선택에서 지적설계로의 변환 플랜은 인간 역시 동물이나 기계와 마찬가지로 하나의 알고리즘(정보처리 장치)일 뿐이라는 과학적 사고에 기초한 것이다.[31]

그러나 신으로 가는 길은 평탄하지 않다. 신이 되기를 꿈꾸다 데이터교(教) 신자로 전락하는 불상사가 일어날 수도 있다. 데이터교(教)는 "우주가 데이터의 흐름으로 이루어져 있고, 어떤 현상이나 실체의 가치는 데이터 처리에 기여하는 바에 따라 결정된다"[32]고 본다. 데이터교도들은 인간의 지식과 지혜보다는 빅데이터와 알고리즘을 더 믿는다. 18세기에 인본주의가 신 중심의 세계관에서 인간 중심의 세계관으로 전환함으로써 신을 밀어냈듯이, 21세기에 데이터교는 인간 중심의 세계관에서 데이터 중심의 세계관으로 전환함으로써 인간을 밀어낼 것이다. 그런데 '종자' 알고리즘을 개발하는 것은 인간이지만, 이 알고리즘은 성장하면서 스스로 딥러닝을 통해 독립적으로 진화하기 때문에 알고리즘 전체를 이해하는 사람은 아무도 없다.

'불멸·행복·신성'이라는 인본주의 과제는 막대한 양의 데이터 처

**31** 유발 하라리, 김명주 옮김, 《호모데우스》, 김영사, 2017, 39, 482-483쪽.

**32** 위의 책, 503쪽.

리를 할 필요가 있으므로 결국 알고리즘들이 그 일을 할 것이고, 권한이 인간에게서 알고리즘으로 옮겨가면 비(非)인간 알고리즘들의 권한이 강화돼 인본주의 과제들은 폐기될 것이며 결국 우리가 창조의 정점이 아님을 알게 될 것이라고 하라리는 말한다. '만물인터넷(Internet-of-All-Things)'이라 불리는 훨씬 더 효율적인 데이터 처리 시스템을 창조하는 과업이 완수되면 호모사피엔스는 사라질 것이라고 그는 단언한다.[33] 그러면서 그는 무서운 속도로 발전하고 있는 비의식적 지능과의 게임에서 인간이 밀려나지 않으려면 "인간은 마음을 업그레이드하는 일에 적극적으로 나서야 할 것"[34]이라고 주장한다.

## 2. 무경계로 가는 길

비의식적 지능과의 게임에서 인간이 살아남으려면 '마음을 업그레이드하는 일에 적극적으로 나서야 할 것'이라는 하라리의 주장은, 해결책의 단초를 '최선의 인간 본성'에서 찾아야 한다는 보스트롬의 주장과 일맥상통한다. 현상계의 모든 것은 오직 의식의 투사영일 뿐이다. 인공지능 역시 인간이 만드는 것이니 인간의 의식이 투영된 것이다. 1998년 양자물리학 분야에서 최고 권위를 자랑하는 이스라엘의 와이즈만연구소에서 실시한 전자의 운동성에 대한 '이중슬릿 실험'은 전자의 운동성이 관찰자의 생각에 따라 달라지는, 이른바 '관찰자 효과(observer effect)'를 보여주는 것으로 과학과 의식의 접합을 보여준다.

서구의 근대성 자체는 매우 잘못된 추이 속에서 영적인 것을 거부했

**33** 위의 책, 504, 534, 538-541쪽.

**34** 위의 책, 482쪽.

다는 주장이 이 분야 대부분의 담론을 지배하고 있다. 그 전형적인 주장은 다음과 같다. 즉, "과학혁명에 의해 시작된 자연의 비신성화(desacralization) 또는 폄하(devaluation)는 '계몽주의'라고 일컬어지는 것에 의해 완성되었다"[35]는 것이다. 인간 이성이 스스로의 운명을 통제할 수 있다는 근대적 확신은 참혹한 전쟁과 생태계 재앙, 그리고 전 지구적 테러와 불평등 문제 등으로 인해 손상되었다. 이제 인류는 자연선택을 지적 설계로 대체하고 있으며 기대와 위험이 공존하는 시대에 살고 있다. 포스트휴먼 프로젝트는 기술적으로만 접근할 수 있는 것이 아니며, 중요한 것은 인류 의식의 패턴 자체가 바뀌는 것이다. 서구적 근대의 태생적 한계를 극복하고 포스트휴먼으로의 성공적인 이행을 위해서는 과학과 의식의 접합에 기초한 새로운 계몽의 시대를 열어야 한다.

진정한 의미에서 호모데우스로 가는 길은 곧 무경계로 가는 길이다. 신(神·天·靈)은 본래 무명(無名)이고 무규정자(無規定者)이며 일체 경계를 포괄하는 동시에 초월해 있기 때문이다. 고전 물리학자들의 눈에 비친 우주는 시간과 공간의 확연한 경계에 따라 서로 분리된 사물과 사건들이 조합된 것에 지나지 않았다. 이제 우리는 시간, 공간, 물질, 에테르, 전기, 메커니즘, 유기체, 원자 배열, 구조, 패턴, 기능 등 모든 것의 재해석을 요구하는 시점에 살고 있다. 예컨대, 뉴턴의 중력법칙은 일상생활에는 여전히 유효하지만, 빛과 같이 질량이 0에 가까운 물질에는 적용할 수 없다는 한계가 있다. 반면 아인슈타인의 중력법칙(일반상대성이론)

**35** Wiber, *The Marriage of Sense and Soul: Integrating Science and Religion*, p. 188: "The desacrimentalization or devaluation of nature that was begun by the scientific revolution was completed by what is called 'the enlightenment'."

은 이런 상황에도 적용할 수 있다. 궁극적 실체는 경계가 없기 때문에 측정할 방법도 없다.

이러한 무경계의 세계는 양자계가 근원적으로 비분리성 또는 비국소성(nonlocality)[초공간성]을 갖고 파동인 동시에 입자로서의 속성을 상보적으로 지닌다고 보는 양자역학(quantum mechanics)적 관점에 잘 나타나 있거니와, 동양사상 일반에도 잘 나타나 있다. 경계란 실재를 느끼고 만지고 측정한 산물이 아니라, 영토를 지도로 그려내는 것처럼 실재를 작도하고 편집한 방식의 산물이다. 실재란 개별적인 사물이나 경계의 복합체가 아니라 '무경계 영토(the territory of no boundary)'인 것이다. 분류되고, 경계 지워지고, 작도된, 메타 작도된 세계가 아니라 있는 그대로의 세계, 즉 하나의 거대한 전체다.[36]

실재가 무경계라고 하는 것은 단순한 철학적 사변이 아니라 일상적이며 구체적인 삶의 문제다. 경계가 애초에 환상이었다는 사실을 알아차리기만 하면 갈등 역시 환상이라는 것도 밝혀진다. 인도의 성자 라마나 마하리쉬(Sri Ramana Maharshi)는 경계가 소멸된 궁극의 의식 상태를 이렇게 나타내고 있다. "창조도 없고 파괴도 없다. 운명도 없고 자유의지도 없다. 길도 없고 성취도 없다. 이것이 궁극의 진리이다."[37] 우아일여(宇我一如)의 무경계 세계에는 내게 괴로움을 주는 대상은 존재하지 않는다. 켄 윌버는 통합의식(unity consciousness)이 곧 진정한 무경계의 세계라고 말한다.

**36** Wilber, "No-Boundary" in *The Collected Works of Ken Wilber*, vol. I(Boston & London: Shambhala, 1999), pp. 468-469.

**37** *Ibid*., p. 558: "There is neither creation nor destruction, neither destiny nor free-will; neither path nor achievement; this is the final truth."

## 맺음말

이상에서 우리는 포스트모던 세계에 대한 담론을 크게 초기와 후기의 두 시기로 나누어 고찰하고 호모사피엔스의 미래에 대해 전망해 보았다. 초기 담론 시기는 1960년대 후반부터 대두되기 시작한 포스트구조주의의 탈중심적이고 탈이념적인 해체이론이 포스트모더니즘 사조와 맞물려 학술 분야는 물론 대중문화에까지 널리 확산됨으로써 거의 모든 분야에서 세계적인 추세로 자리 잡은 시기이다. 이러한 추세는 특히 냉전 종식 이후 가속화되어 근대의 도그마 속에 깃들어 있는 절대성과 중심성의 허구를 드러내는 해체 현상을 통해 포스트모던 시대를 열었다.

'포스트모던 세계에 대한 초기 담론'에서는 '포스트모던 세계와 트랜스휴머니즘'에 대해, 그리고 '포스트구조주의와 포스트모더니즘'에 대해 살펴보았다. 포스트모던 세계는 근대 세계가 처한 역사적 조건과 한계적 상황을 넘어선 세계이며 공존의 대안사회 마련에 주안점을 둔다. 트랜스휴머니즘은 과학기술의 발전으로 지능적, 육체적 한계가 극복되고 인체가 강화된 포스트휴먼의 등장과 접합된 개념이다. 포스트모더니즘과 그 사상적 배경인 포스트구조주의는 탈이성, 탈이념, 탈중심, 탈경계, 다양성 강조라는 공통된 특성에서 드러나듯이 본질적으로 깊이 연계되어 포스트모던 운동을 추동해왔다. 켄 윌버는 포스트모던 이론의 핵심 가정을 '구성주의' '맥락주의' '통합적 무조망주의'로 압축하고 이들이 극단주의로 치닫지 않는 한 통합적 관점에 포함될 필요가 있다고 본다.

포스트모던 세계에 대한 후기 담론 시기는 21세기 들어 포스트모던 세계에 대한 담론이 정보통신 분야에서의 기술혁신과 맞물려 보다 확장되고 심화되는 시기이다. '포스트모던 세계에 대한 초기 담론'에서는 '포스트휴먼의 조건과 사이보그 시티즌'에 대해, 그리고 '포스트휴먼 시대와 트랜스휴머니즘의 과제 및 전망'에 대해 살펴보았다. 포스트휴먼은 인간과 기계의 전반적인 수렴이 일어나 그 둘의 경계가 해체되는 시대의 인간이다. 포스트휴먼 시대에 새롭게 등장하는 사이보그는 네트워크를 통해 인간의 능력이 증강된 '네트워크 사이보그'다. 로버트 페페렐은 '포스트휴먼 조건'이 의미하는 바를 세 가지로 나타내고 있다. 즉, 남성이 중심이 된 '인간 중심' 우주의 종말, 유전학만이 아니라 모든 문화적·기술과학적 존재의 도구와 장치를 포함하는 과정으로서의 생명체의 진화, 그리고 우리가 어떻게 살 것이며, 환경과 동물, 인간 상호간의 관계를 어떻게 설정할 것인가에 대한 것이다.

크리스 그레이는 인간이 기술적으로 스스로를 계속 변형시키는 이 과정의 전반적인 결과는 인간과 기계의 아주 특별한 공생이며, 인류 역사상 전혀 새로운 발전이고, 자연선택을 넘어서는 중대한 도약이며, '참여적 진화'가 가리키는 현상이라고 설명한다. 그레이는 참여적 진화가 참여적 정부를 필요로 한다고 주장하는데 이는 사이보그화 과정이 결국 근본적인 정치적 역할까지 수행하게 될 것이라고 보는 것이다. 그는 합법적인 정치권력의 원천인 시민 개념에 입각하여 사이보그 시티즌 개념을 제안하며, 사이보그 시민권을 제대로 만들고 그것을 최대한 확장해야 한다고 역설한다. 트랜스휴머니스트들은 과학기술의 진보가 육체적 노화를 제거하고, 정신적 지능을 강화하며, 심리적 웰빙을 달성할 것이라고 전망하면서도, 그러한 진보가 인류의 긍정적인 발전을 위한 촉매가 될 수 있기 위해서는 반드시 기술이 안전하고 공평하게 분배되도록 해야 한다고 주장한다.

호모사피엔스의 미래와 관련해서는 '호모사피엔스를 넘어서'에서 '자연선택에서 지적설계로'와 '무경계로 가는 길'로 살펴보았다. 유발 하라리는 인류가 역사적으로 진화해온 경로를 인지혁명, 농업혁명, 과학혁명의 3대 혁명에 의해 형성되었다고 보고, 지금과 같은 속도로 기술이 발달할 경우 호모사피엔스가 완전히 다른 존재로 대체되는 시대가 곧 올 것이라고 전망한다. 그는 인류가 생명공학, 사이보그 공학, 비유기물공학을 통해 "자연선택으로 빚어진 유기적 생명의 시대를 지적 설계에 의해 빚어진 비유기적 생명의 시대로 대체하는 중"이라며, 이번 두 번째 인지혁명은 유전공학, 나노기술, 뇌-컴퓨터 인터페이스의 도움으로 호모데우스의 탄생이 가능하다고 전망한다. '만물인터넷'이라 불리는 훨씬 더 효율적인 데이터 처리 시스템을 창조하는 과업이 완수되면 호모사피엔스 종은 막을 내리게 될 것이라고 그는 단언한다. 그러면서 그는 비의식적 지능과의 게임에서 인간이 살아남으려면 마음을 업그레이드하는 일에 적극 나서야 한다고 주장한다. 이러한 그의 주장은 해결책의 단초를 '최선의 인간 본성'에서 찾아야 한다는 닉 보스트롬의 주장과 일맥상통한다.

현상계의 모든 것은 오직 의식의 투사영이며, 인공지능 역시 인간이 만드는 것이니 인간의 의식이 투영된 것이다. 서구적 근대의 태생적 한계를 극복하고 포스트휴먼으로 성공적으로 이행하기 위해서는 인류 의식의 패턴 자체가 바뀌어야 하며, 과학과 의식의 접합에 기초한 새로운 계몽의 시대를 열어야 한다. 그것은 곧 호모사피엔스를 넘어서 무경계로 가는 길이다. 실재[天·神·靈]가 '무경계 영토'라는 것은 이미 고대 동양의 현자들에 의해 밝혀진 바이지만, 현대 물리학에 의해 실험적으로 입증되었다. 실재는 내재성인 동시에 초월성이며, 전체성인 동시에 개체성이며, 우주의 본원인 동시에 현상 그 자체인 '생명'이다. 생명의 통제와 복제가 과학과 정치와 자본의 지배기능을 가능하게 하는 조건이 되는 현실에서 통섭적 사유체계는 이원론의 유산 극복의 과제를 안고 있는 근대적 사유체계를 대체함으로써 새로운 계몽의 시대로 안내할 수 있을 것이다.

# 인공지능 시대를 보는 이론적 관점들*

김환석**

인공지능 기술의 도래와 더불어 4차 산업혁명과 포스트휴머니즘에 대한 논의가 뜨겁게 전개되고 있다. 이 글에서는 인공지능 기술과 사회의 만남을 어떤 이론적 관점에서 볼 것인가에 대해 사회학적으로 살펴보고자 한다. 구체적으로 세 가지 관점으로 정리될 수 있는데, 네오-러다이즘의 관점, 포스트휴머니즘의 관점, 행위자-연결망 이론의 관점이다. 세 가지 관점을 간단히 살펴보면, 네오-러다이즘에서 인공지능 기술은 일자리 상실 등 인간의 세계를 침범하고 파괴하는 심각한 위협으로 간주되며 따라서 미래 사회는 비관적인 디스토피아가 될 것이라고 전망한다. 반면에 포스트휴머니즘과 특히 그 일종인 트랜스휴머니즘에서는 인공지능 기술이 기존의 생물적 인간이 지닌 한계(수명, 지능, 고통 등)를 넘어서 초인적인 포스트-휴먼들로의 진화를 이루어줄 것이라는 유토피아적 전망을 제시한다. 행위자-연결망 이론에서

* 이 글은 《사회와 이론》 제31집(한국이론사회학회, 2017)에 게재된 논문을 수정·보완한 것이다.

** 국민대학교 사회학과 교수.

는 이러한 두 관점이 모두 양극단의 비현실적인 전망이라고 본다. 기술의 사회적 결과는 기술 자체가 결정하는 것이 아니라 해당 기술과 연결되는 수많은 인간 및 비인간의 행위에 따라 달라진다는 것이다. 이제 그 내용을 구체적으로 살펴보도록 하겠다.

## 인공지능의 도래를 어떻게 볼 것인가?

오늘날 과학기술의 빠른 변화와 더불어 '인공지능' '4차 산업혁명' '포스트휴머니즘' 등과 같은 용어들이 서구와 한국 사회를 휩쓸고 있다. 특히 국내에서 이런 현상에 관심이 급속히 높아진 것은, 2016년 3월 세계적인 인터넷기업 구글이 '알파고'란 인공지능 신기술로 이세돌 9단과 바둑 경기라는 공개적 실험을 실시한 이후부터였다. 예상과

[3-1] 알파고와 이세돌의 대국 장면

는 달리 알파고가 이세돌에게 4대 1이라는 압도적 승리를 거둔 충격적 사건([3-1] 참조)은 이제 인공지능이 인간의 지능을 능가할 정도로 발전하였다는 단적인 증거로 보였고, 따라서 이런 신기술이 더욱 발전할 미래에는 인간의 역할을 기술이 급속히 대체할 것이며 더 이상 세계의 주인공은 인간이 아닐 것이라는 전망으로 다가왔다. 즉 이제 '휴먼'의 시대가 가고 '포스트휴먼' 시대가 열렸다는 것이다.

과학기술사회학을 전공한 나는 이 사건을 접하면서 좀 다른 생각들이 떠올랐다. 과거에도 혁신적인 과학기술(전기, 자동차, 전화, 라디오, 비행기, 나일론, 원자력, 우주선, TV, 컴퓨터 등)이 일반 사회와 처음 대면할 때 준 충격은 대단한 것이었다. 이러한 과학기술이 사회에 실제로 널리 적용되면서 커다란 변화를 수반한 것은 사실이지만, 결과적으로 종종 그 변화는 처음에 사람들에게 준 충격이나 미래 전망(낙관적인 것이든 비관적인 것이든)과 일치하는 성격의 변화가 아닌 것으로 드러났다. 과학기술이 수반하는 결과는 과학기술의 속성 자체가 결정하는 것이 아니라, 그 기술에 다양한 사람들이 어떻게 대응하고 어떤 선택을 하느냐에 따라 크게 달라지기 때문이다.

이와 아울러 내게 포착된 또 다른 생각은 '알파고'라는 새로운 기술을 '공개적'으로 실험하여 그 위력을 일반 사회에 널리 알렸다는 점이다. 이것은 19세기 말 파스퇴르가 탄저병 백신이라는 새로운 기술을 공개적 실험을 통해 일반 사회에 널리 알림으로써 큰 성공을 거둔 일을 연상하게 했다. ([3-2] 참조) 당시 탄저병으로 프랑스 전국의 가축들이 죽어나가 축산 농가들이 피해를 입고 이를 해결 못하는 정부를 위기에 빠뜨릴 정도였지만, 그 원인을 제대로 알지 못하여 아무도 손을 쓸 수 없는 상태였다. 이때 세균학이라는 새로운 과학으로 무장한 파스퇴르

[3-2] 파스퇴르의 탄저병 백신 실험

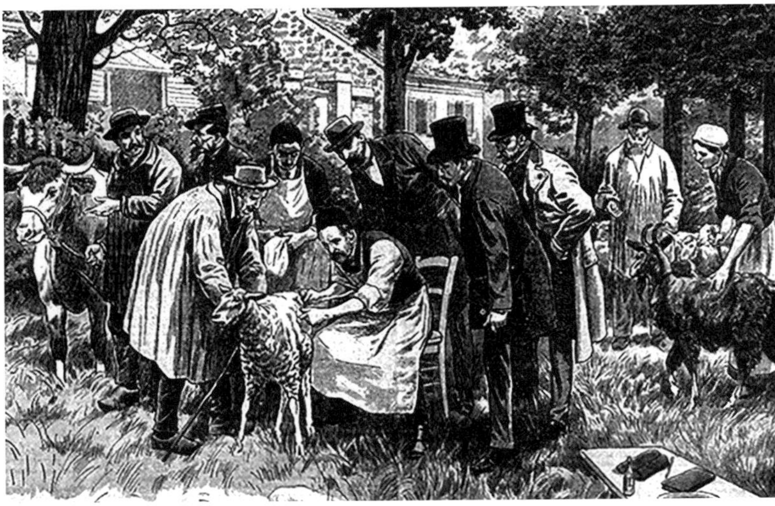

가 자신의 파리 실험실에서 여러 번의 시행착오 끝에 개발한 백신으로, 1881년 푸이 라포르의 축산 농가에서 의도적으로 공개적 실험을 실시했다. 이를 통해 백신의 효과를 축산 농민, 수의사, 언론을 포함한 관객에게 극적으로 보여줌으로써 탄저병의 원인은 세균이라는 지식이 과학계에서 인정되고, 파스퇴르는 탄저병을 해결한 '위대한 과학자'로 떠올랐다. 프랑스 사회는 그렇게 탄저병 백신의 네트워크가 구축된 사회로 변모하였다고 브뤼노 라투르는 그의 유명한 논문과 저서에서 설명하였다.[1]

1 Bruno Latour, "Give Me a Laboratory and I Will Raise the World" in Karin Knorr-Cetina & Michael Mulkay. eds., *Science Observed: Perspectives on the Social Study of Science*, London: Sage, 1983/브뤼노 라투르, 김명진 옮김, 〈나에게 실험실을 달라, 그러면 내가 세상을 들어올리리라〉, 《과학사상》 제44호, 범양사, 2003/Bruno Latour, *The Pasteurization of France*, Cambridge: Harvard University Press, 1988.

인공지능과 같은 혁신적인 과학기술이 사회에 어떤 결과를 수반할 것인지, 그래서 세계에는 과연 어떤 미래가 펼쳐질 것인지 판단하는 데 이런 과학기술사회학의 지식과 상상력이 도움이 된다. 따라서 앞서 말했듯이 이 글에서는 인공지능 기술과 사회의 만남을 어떤 이론적 관점에서 볼 것인가에 대해 사회학적으로 살펴보겠다.

## 네오-러다이즘의 관점: 과학기술 비관주의

'러다이즘(Luddism)'은 19세기 초 영국에서 산업혁명이 초래한 변화들(특히 일자리 상실)에 대해 섬유 숙련노동자들이 기계를 파괴함으로써 저항했던 사회운동을 말한다. 이에 따라 오늘날 '네오-러다이즘(Neo-Luddism)'이란 용어는 기술 진보를 그에 수반되는 문화적, 사회경제적 변화 때문에 반대하는 모든 사람을 지칭하는 데 사용되고 있다.[2]

네오-러다이즘은 신기술의 발전을 늦추거나 중지시키는 것을 추구한다. 네오-러다이즘은 특정한 기술들을 포기한 생활양식을 대안으로 처방하는데, 왜냐하면 그것이 미래를 위한 최선의 전망이라고 믿기 때문이다. 따라서 네오-러다이즘은 산업자본주의 대신에 미국의 아미쉬 공동체나 인도의 칩코 운동과 같은 소규모 농업공동체들을 미래를 위한 모델로 처방한다. 오늘날 네오-러다이트 운동은 반세계화 운동, 반과학 운동, 무정부적 원시주의, 급진적 환경주의, 심층생태주의와 연관을 지니고 있다. 네오-러다이즘은 신기술이 기후변화, 핵무기, 생물무기 등 오늘날의 지구적 문제들을 보다 잠재적 위험이 큰 문제들을 초래

2 Steve E. Jones, *Against Technology: From the Luddites to Neo-Luddism*, New York: Routledge, 2006.

하지 않고 해결할 수 있다는 것을 부정한다. 오히려 네오-러다이즘은 신기술의 영향에 대해 종종 준엄한 경고를 한다. 현재와 같은 기술 발전을 개혁하지 않으면 미래는 비참한 결과를 맞을 것이라고 예측한다. 네오-러다이트들은 현재의 기술들이 인류뿐 아니라 자연세계에게 위협이고 미래에 전면적으로 사회에 파국을 일으킬 수 있으며 심지어 그 확률이 매우 높다고 믿는다.

1990년에 미국의 작가이자 사회운동가인 첼리스 글렌디닝은 '러다이트'란 용어를 되찾고 통일된 운동을 건설하기 위한 시도로서 〈네오-러다이트 선언을 향한 노트〉를 발표하였다.[3] 이 글에서 그녀는 네오-러다이트를 "고삐 풀린 기술이 진보를 나타낸다고 설교하는 현대의 지배적 세계관에 의문을 던지는 20세기 시민들(운동가, 노동자, 이웃, 사회비평가, 학자 등)"이라고 묘사한다. 글렌디닝은 그녀가 공동체 파괴적이고 물질주의적이고 합리주의적이라고 생각하는 기술에 반대의 목소리를 높인다. 또한 그녀는 기술이 특정한 편향을 촉진하며, 따라서 특수한 이해관계와 (이윤, 단기적 효율성, 생산 및 판매의 용이성을 포함한) 특수한 가치들을 위해서 창출된 것은 아닌지 의문을 던져야 한다고 주장한다. 글렌디닝은 어떤 기술을 우리의 기술시스템 안으로 채택하기 전에 개인적 혜택이 아니라 (사회적, 경제적, 생태적 함의들을 포함한) 기술의 이차적 측면들을 반드시 고려해야 할 필요가 있다고 주장하는 것이다. 구체적으로 그녀는 다음과 같은 기술들을 폐기시켜야 한다고 제안하고 있다: 전자기 기술들(통신, 컴퓨터, 가전, 냉동), 화학적 기술들(화학적 합성재료 및 의료), 핵기

3 Chellis Glendinning, "Notes towards a Neo-Luddite Manifesto," Utne Reader, 1990. https://theanarchistlibrary.org/library/chellis-glendinning-notes-toward-a-neo-luddite-manifesto [최종 검색일: 2022.6.27.]

술들(핵무기, 핵발전, 방사능 살균), 유전공학(유전자조작된 작물과 인슐린 생산). 이 대신에 그녀는 규모가 국지적이고 사회정치적 자유를 증진하는 "새로운 기술 형태들의 모색"을 옹호한다.

유나바머(Unabomber)로 널리 알려진 테드 카친스키는 1978년부터 1995년 사이에 현대 기술에 반대하는 전국적 폭파캠페인을 벌였는데, 수많은 수제 폭탄을 심거나 우송하여 3명을 죽이고 다른 23명을 다치게 했다. 그가 요구하여 1995년 〈워싱턴포스트〉에 실렸던 선언문 〈산업사회와 그 미래〉에서 카친스키는 다음과 같이 주장한다.[4]

> 우리가 마음에 둔 혁명의 종류는 반드시 어떤 정부에 대한 무장 봉기를 포함하는 것은 아니다. 그것은 물리적 폭력을 포함할 수도, 또는 아닐 수도 있다. 그러나 그것은 '정치적' 혁명은 아닐 것이다. 그 초점은 기술과 경제에 둘 것이며 정치에 두지는 않을 것이다.

카친스키는 "다가올 혁명에서 우리를 현재의 기술산업 시스템의 굴레로부터 자유롭게 할 새로운 가치들"로서 사회를 건전하게 만들기 위하여 우리가 만들어야 할 변화들의 윤곽을 다음과 같이 제시하였다.[5]

> 1) 모든 현대 기술에 대한 거부: "이것은 논리적으로 필연적인데, 왜냐하면 현대 기술은 모든 부분들이 상호연결된 하나의 전체이

**4** Theodore Kaczynski, "Industrial Society and Its Future," The Washington Post: Unabomber Special Report, 1995. http://www.washingtonpost.com/wp-srv/national/longterm/unabomber/manifesto.text.htm

**5** Kaczynski, 같은 글.

기 때문이다. 당신은 좋아 보이는 부분들을 포기하지 않고는 나쁜 부분들을 제거할 수 없다."

2) 문명 자체에 대한 거부

3) 물질주의에 대한 거부와 그것을 (절제와 자족을 중히 여기고 재산 또는 지위의 획득을 비난하는) 새로운 삶의 개념으로 대체하기

4) 자연을 향한 사랑과 존중, 또는 심지어 자연에 대한 경배

5) 자유에 대한 찬미

6) 현재의 상황에 책임이 있는 자들("과학자, 공학자, 기업임원, 정치가 등등 기술을 향상하는 비용을 너무 크게 만들어 아무도 그런 시도를 할 수 없게 만든 자들")에 대한 처벌

현대의 기술 또는 기술문명에 대한 이러한 비판적이고 비관주의적인 관점은 일찍이 마르틴 하이데거의 초기 철학, 또는 자크 엘륄과 루이스 멈포드, 프랑크푸르트학파 등의 사상에서 찾아볼 수 있다. 따라서 이들을 네오-러다이즘의 선구자들이라고 볼 수도 있다. 이들이 살아 있었다면 오늘날 '인공지능' 기술과 '4차 산업혁명'의 도래에 대해서도 아마 비판적인 견해를 피력하였을 것이다. 그런데 우리는 애초 산업혁명기의 러다이즘에 대하여 자본주의 비판가였던 카를 마르크스가 어떤 견해를 피력하였던가 기억해볼 필요가 있다. 그는 1867년에 발표한《자본론 1》에서 노동의 도구가 기계의 형태를 띨 때 그것은 곧바로 노동자 자신의 경쟁자가 된다고 지적하였다.[6] 그러나 그는 기계 자체와 그것을 활용하는 사회 형태(=자본주의)를 구분해야 한다고 주장

**6** 카를 마르크스,《자본론 1》, 김수행 옮김, 비봉출판사, 2015, 제15장.

하면서, 노동자가 파괴해야 할 적은 기계가 아니라 자본주의라고 날카롭게 지적한 바 있다. 즉 러다이즘은 아직 과학적 사고를 갖추지 못한 노동자들의 낭만주의적, 또는 '반동적' 운동이었다고 평가절하했던 것이다. 이런 마르크스의 견해에 따라 이후 과학기술에 대한 전통적 마르크스주의자들의 입장은, 한마디로 과학기술은 진보적 생산력으로 간주하고, 비판과 전복의 대상이 되는 것은 오직 자본주의라는 사회구조(또는 생산관계)뿐이라는 쪽으로 수렴되었던 것이다. 이런 생각은 과학기술과 사회구조의 관계를 지나치게 이분법적으로 보았다는 결함은 있지만, 네오-러다이즘과는 달리 과학기술 자체가 악이 아니라 그것과 연결된 사회적 맥락에 따라 효과가 달라진다는 통찰을 보여주고 있다.

## 포스트휴머니즘의 관점: 과학기술 낙관주의

인공지능 기술과 사회의 관계에 대하여 우리가 두 번째로 살펴볼 것은 포스트휴머니즘의 관점이다. 이 관점은 인류가 14~16세기 르네상스 이후 맞이했던 휴머니즘의 시대로부터 벗어나 오늘날 새로운 과학기술 발전에 힘입어 포스트휴머니즘의 시대로 접어들었다는 판단이 그 핵심을 이루고 있다. 휴머니즘 시대에는 가능하지 않았던 새로운 변화와 가능성이 포스트휴머니즘 시대에 열리고 있다는 시대 '이행(또는 전환)'의 사고가 그 안에 함축되어 있다. 물론 포스트휴머니즘 안에도 과학기술을 보는 시각은 다양하게 존재하지만, 이러한 시대적 변화와 가능성을 추동한 주된 요인이 과학기술이라고 본다. 그렇기 때문에 포스트휴머니즘의 과학기술관은 앞서 살펴본 네오-러다이즘에 비하면 상당히 낙관주의적인 성향을 띤다고 볼 수 있다. 포스트휴머니즘이 무엇을 뜻하는지 알기 위해서는 먼저 '휴머니즘'이 무엇을 뜻하는지 살펴보아야 한다. 휴머니즘은 포스트휴머니즘을 선행하는 사상이며, 후자는 전자에 대한 일종의 반작용으로 대두하였기 때문이다. 포스트휴머니스트 이론가로 유명한 캐리 울프는 그의 저서《포스트휴머니즘이란 무엇인가?》에서, 포스트휴머니즘의 뜻에 비해 휴머니즘의 뜻에 대해서는 훨씬 광범위한 의견 일치가 존재한다고 지적한다. 그에 의하면 휴머니즘의 정의는 대체로 다음과 같다.

> 휴머니즘은 보편적 인간 자질(특히 합리성)에 호소함으로써 옳고 그름을 결정할 수 있는 능력에 기초하여, 모든 사람의 존엄성과 가치를 긍정하는 윤리적 철학들의 폭넓은 범주이다. 그것은 보다 구체적인 다양한 철학적 체계들의 한 구성요소일 뿐 아니라, 여러 종교적 학파들의 사상 속으로 편입이 되었다. 휴머니즘은 인간의 이해관계를 지원하는 인간적 수단들을 통해 진리와 도덕성의 모색에 헌신하는 것을 수반한다. 자기결정 능력에 초점을 두면서, 휴머니즘은 초월적 정당화(이성이 없는 믿음), 초자연적인 것, 또는 성스러운 기원을 지녔다는 텍스트들의 타당성을 거부한다. 휴머니스트들은 인간 조건의 공통성에 기초한 보편적 도덕성을 승인하며, 인간의 사회문화적 문제들에 대한 해결방안은 편협할 수 없다고 주장한다.[7]

오늘날 휴머니즘의 전형적 의미는 세속주의와 결합된 비종교적 사상운동으로, 세계를 이해함에 있어서 초자연적 존재로부터의 계시가

**7** Cary Wolfe, *What Is Posthumanism?*, Minneapolis: University of Minnesota Press, 2010, xi.

아니라 과학에 의존하는 인간 중심의 비신앙적 입장을 가리킨다. 그러나 르네상스기의 휴머니스트들은 이성과 기독교 신앙 사이에서 아무런 갈등을 느끼지 않았다. 그들이 비난한 것은 교회의 권력 남용이었지 교회 자체나 심지어 기독교 자체는 전혀 아니었기 때문이다. 하지만 르네상스 말인 16세기에 일어난 종교개혁과 과학혁명으로 인해 점점 이성과 종교 사이의 분열이 커지고, 이에 따라 근대적인 세속적 휴머니즘이 성장하게 되었다. 마침내 18세기 계몽사상과 프랑스혁명에 이르러 이 분열은 절정에 달하게 되었다. 계몽사상은 인간의 덕성이 전통적인 종교적 제도와는 독립적으로 오직 인간의 이성에 의해 창출될 수 있다고 믿었고, 이런 믿음은 정치적, 종교적 보수주의자들로부터 거센 공격을 받았다. 계몽사상가들은 종교를 비합리적인 믿음이라고 비판하면서 뉴턴 과학의 성공에서 보듯이 이성을 통해 이제 인간은 세계의 모든 진리를 밝혀낼 수 있다고 보았다. 그러한 이성의 화신이 바로 과학이고 (과학의 응용으로서) 기술이며, 이를 통해 인류의 역사는 유토피아적 미래를 향해 점점 진보할 것이라고 보았던 것이다. 과학과 기술에 대한 무한한 낙관적 신뢰가 바로 계몽사상으로부터 시작되었고, 프랑스혁명과 그 세계적 확산을 통해 19~20세기의 근대사회에서는 계몽사상의 휴머니즘에 바탕을 둔 그러한 낙관주의가 과학기술에 대한 지배적 관점이 되었던 것이다.

포스트휴머니즘의 기원은 1946~1953년에 사이버네틱스에 대해 열렸던 메이시 컨퍼런스와 노버트 위너, 그레고리 베이트슨, 존 폰 노이만 등이 함께 발명한 시스템이론으로 거슬러 올라갈 수 있다.[8] 다양한

**8** Wolfe, *Ibid*., xii~xiii.

분야에 속한 이들의 노력은 의미와 정보 및 인지 문제와 관련하여 인간과 호모사피엔스로부터 어떤 특권적인 위치도 박탈하는 생물학적, 기계적, 커뮤니케이션적 과정들을 위한 새로운 이론적 모델을 개발하려는 시도로 수렴되었다. 보다 최근으로 오면 포스트휴머니즘이란 용어는 서로 상이하고 가끔은 경합하는 의미들을 지니고 출현한 바 있다. 캐리 울프는 1995년《문화비평》이란 저널 특집호(주제 "시스템들과 환경들의 정치")에서 움베르토 마투라나와 프란시스코 바렐라의 연구에 대해 논하면서, 〈포스트-휴머니스트 이론을 찾아서〉라는 논문에서 그 용어를 처음 사용하였다.[9] 이 특집호에는 니클라스 루만과 캐서린 헤일스의 라운드테이블 대화도 포함되어 있었다.[10] 나중에 헤일스는 1999년에 발표한 저서《우리는 어떻게 포스트휴먼이 되었는가》에서 조금 다른 의미로 이 용어를 사용하였다. 그녀는 주체성에서 정신보다 신체(=물질)가 더 중요하다 생각했는데, 물질의 창발적 특성과 더불어 휴머니즘의 '자율적 의지'가 아닌 분산적 인지가 주체성을 구성한다고 본 것이다.[11]

헤일스의 저서 못지않게 포스트휴머니즘의 유행에 큰 자극을 주었

**9** Cary Wolfe, "In Search of Post-Humanist Theory: The Second-Order Cybernetics of Maturana and Varela," *Cultural Critique*, No. 30, The Politics of Systems and Environments, Part I. Spring, 1995.

**10** Katherine Hayles, Niklas Luhmann, William Rasch, Eva Knodt and Cary Wolfe, "Theory of a Different Order: A Conversation with Katherine Hayles and Niklas Luhmann," *Cultural Critique*, No. 31, *The Politics of Systems and Environments*, Part II. Autumn, 1995.

**11** Katherine Hayles, *How We Became Posthuman: Virtual Bodies in Cybernetics, Literature, and Informatics*, Chicago: The University of Chicago Press, 1999/캐서린 헤일스, 허진 옮김, 《우리는 어떻게 포스트휴먼이 되었는가》, 플래닛, 2013.

던 것은 도나 해러웨이의 1985년 논문 〈사이보그 선언문〉이었다.[12] 해러웨이는 스스로 포스트휴머니스트라고 한 적이 없지만, 그녀의 독특한 사이보그 이론을 통해 포스트휴머니즘의 형성과 확산에 크게 기여하였다. 이 논문에서 그녀는 사이보그적 미래의 유토피아 전망과 디스토피아 전망 모두를 거부하면서, 인간/기계, 남성/여성의 이분법을 넘어선 하이브리드적인 포스트모던 페미니즘을 선보였다.

포스트휴머니즘의 '사이보그'적 전통을 물려받은 가장 잘 알려진 흐름은 오늘날 트랜스휴머니즘(transhumanism)이라고 불리는 접근일 것이다. 트랜스휴머니즘은 인간의 지적, 신체적, 감정적 능력의 향상, 질병과 불필요한 고통의 제거, 그리고 인간수명의 극적 확장을 추구하는 국제적 운동이다. 이 운동이 공유하고 있는 것은 '포스트-휴먼들'의 공학적 진화에 대한 믿음인데, 이 포스트-휴먼들이란 그 기본적 능력이 현재 인간들의 능력을 급진적으로 능가해서 우리의 현재 기준으로 볼 때 더 이상 명백히 인간이 아닌 존재들이라 정의된다. 트랜스휴머니즘의 대표적 인물 중 하나인 옥스퍼드 철학자 닉 보스트롬이 주장하듯이, 이러한 의미의 포스트휴머니즘은 르네상스 휴머니즘과 계몽사상으로부터 물려받은 인간의 완전성, 합리성, 행위성이라는 이상들로부터 직접 도출된 것이다. 이러한 점에서 그것은 해러웨이의 〈사이보그 선언문〉에 나타난 양가적이고 아이러니로 충만한 감수성과는 공통점이 없는데, 해러웨이는 이성이 자신의 산물을 조종하고 최적화할 수 있다는 것을 깊이 의심하기 때문이다. 보스트롬이 그의 논문 〈트랜스휴머니스트

**12** Donna J. Haraway, *Simians, Cyborgs, and Women: The Reinvention of Nature*, New York: Routledge, 1991, pp. 149-181/도나 해러웨이, 민경숙 옮김, 《유인원, 사이보그, 그리고 여자》, 동문선, 2002.

사상의 역사〉에서 밝혔듯이, 트랜스휴머니즘은 르네상스 휴머니즘을 뉴턴, 로크, 칸트, 콩도르세, 합리적 휴머니즘의 기초를 이루는 다른 사상가들의 영향과 결합시킨 것이다.[13] 그것은 자연세계와 그 안의 인간 위치에 대해 학습하고 도덕성의 근거를 제공하기 위한 방법들로 (신의 계시와 종교적 권위보다는) 경험적 과학과 비판적 이성을 강조하는 사상이다. 이런 의미에서 트랜스휴머니즘은 휴머니즘과 다른 새로운 단계가 아니라 오히려 그것을 '강화'한 것이라고 볼 수 있다.

포스트휴머니즘은 그 안에 다양한 입장들이 있어 단순한 평가가 힘들지만, 현재 가장 뚜렷한 조류인 트랜스휴머니즘은 해러웨이가 지적했듯이 이성의 능력을 지나치게 과신하여 과학기술에 대한 낙관주의적 편향을 보이고 있다. 과학기술 자체는 선이 아니고 인간이 마음대로 이용할 수 있는 도구도 아니다. 트랜스휴머니즘은 과학기술이 어떤 사회적 맥락에 연결되느냐에 따라 그 효과가 달라진다는 점을 간과하고 있는데, 현재 신기술을 둘러싼 가장 강력한 사회적 맥락은 마르크스가 지적했듯이 자본주의적 성격을 띠기 때문에, 우리는 신기술의 효과가 사회적 양극화로 귀결될 가능성이 크다는 점에 주목하고 여기에 대응해야 할 것이다.

## 행위자-연결망 이론의 관점: 비관주의와 낙관주의를 넘어서

과학기술에 대하여 네오-러다이즘의 비관주의와 포스트휴머니즘(특히 트랜스휴머니즘)의 낙관주의가 보이는 양극단의 함정을 벗어나, 과

**13** Nick Bostrom, "A History of Transhumanist Thought," *Journal of Evolution and Technology*, Vol. 14 Issue 1., 2005.

학기술의 효과를 사회적 맥락과 연결시켜 파악하려는 제3의 관점을 보여주는 것이 바로 행위자-연결망 이론(Actor-Network Theory: 이하 ANT)이다. 사실상 기술 자체를 악으로 보거나 선으로 보는 것은 모두 기술의 특정한 본질을 가정하면서, 그것이 곧바로 기술의 사회적 결과를 결정할 것이라는 기술결정론(technological determinism)의 단순한 모델을 따르고 있는 것이라 볼 수 있다. 기술의 사회적 결과는 기술 자체가 결정하는 것이 아니라 해당 기술과 연결되는 수많은 인간 및 비인간의 행위에 따라 달라진다고 ANT에서는 본다. 따라서 ANT의 관점으로 볼 때 인공지능 기술과 사회의 관계도 섣부른 비관주의 또는 낙관주의에 빠져서 미리 판단하기보다는, 실제로 어떤 인간과 비인간 행위자들이 인공지능 기술과 어떻게 결합하여 결과적으로 어떤 이질적 연결망을 구축하는지 추적해봐야 비로소 알 수 있다.[14]

ANT 이론가 중 특히 브뤼노 라투르는 1993년의 저서 《우리는 결코 근대인이었던 적이 없다》에서 '근대성'을 새로운 관점에서 논의하는데, 이는 휴머니즘과 포스트휴머니즘에 대해서도 풍부한 함의를 지니고 있다.[15] 이 책에서 라투르는 우리가 당연한 것으로 간주해온 인류의 역사 변천, 즉 전근대→근대→탈근대로의 단계적 이행은 허구라고 지적한다. 우리가 이렇게 생각하는 것은 근대주의(modernism)에 빠져 있기 때문인데, 근대주의는 두 가지의 이분법이 결합된 모순적 성격을 지니

**14** John Law, "Actor-Network Theory and Material Semiotics" in Turner B. S. (ed.). *The New Blackwell Companion to Social Theory*, Oxford: Blackwell, 2008/김환석, 〈행위자-연결망 이론에서 보는 과학기술과 민주주의〉, 《동향과 전망》 통권 83호, 한국사회과학연구회, 2011.

**15** Bruno Latour, trans. Catherine Porter, *We Have Never Been Modern*, Cambridge: Harvard University Press, 1993/브뤼노 라투르, 홍철기 옮김, 《우리는 결코 근대인이었던 적이 없다》, 갈무리, 2009.

[3-3] 정화와 번역(Purification and Translation)[16]

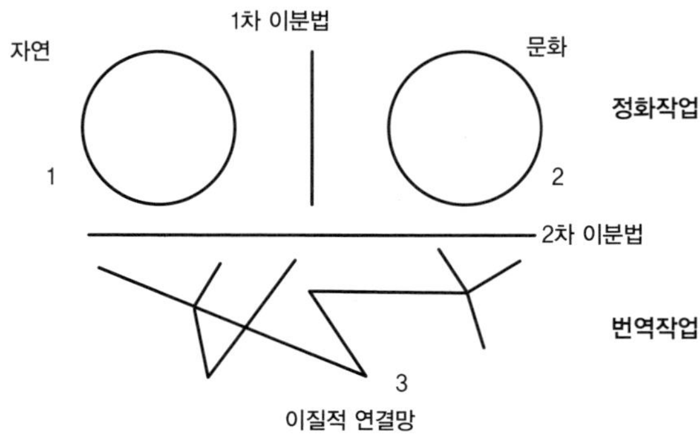


고 있다고 라투르는 주장한다.

1차 이분법은 세계의 모든 존재들을 비인간/인간(=자연/문화)의 질적으로 상이한 두 가지 순수한 영역으로 구분하여 파악하는 우리의 인식이다. 이를 라투르는 '정화작업(work of purification)'이라고 부르며, 이는 근대주의에 특수한 것이다. 그런데 정작 우리의 실천에서는 이런 구분과 상관없이 우리는 비인간과 인간(=자연과 문화)을 결합해 수많은 하이브리드(=이질적 연결망)들을 만들어내고 있다. 과학기술 활동이 바로 그러한 실천의 대표적 예이다. 이를 라투르는 '번역작업(work of translation)'이라고 부르는데, 이 작업은 우리가 원시시대부터 지금까지 쉬지 않고 줄곧 해오는 실천이며, 다만 그 규모가 점점 더 커져왔을 뿐이다. 이러한 정화작업과 번역작업은 사실상 서로 모순된 것인데, 우리는 양자를 분리시켜 생각함으로써 전혀 그 모순을 느끼지 못하고 있다. 바로 이것

**16** Latour, *Ibid*., p. 11.

이 근대주의의 2차 이분법이다. 그 결과 아무런 성찰이나 규제가 없이 하이브리드들을 대량으로 생산해내고 있으며, 결국 이것이 오늘날 생태적 위기를 초래하고 있다고 라투르는 진단한다.

생태적 위기를 해결하기 위해서는 근대주의의 모순인 이 두 가지 이분법을 제거하여야 하는데, 이를 라투르는 '비근대주의(nonmodernism)'라고 부른다. 1차 이분법, 즉 정화작업은 데카르트의 정신/물질 이원론에 뿌리를 둔 것인데, 이를 계승하여 칸트가 주체/객체의 이분법으로 발전시켰다. 정신(특히 '이성')을 지닌 인간들만이 능동적 주체가 되고, 비인간들은 모두 단지 물질세계에 속하는 수동적 객체로 취급하게 된 것이다. 근대주의가 강한 휴머니즘(또는 인간중심주의)의 성격을 띠는 것은 이 때문이다. 또한 학문 역시 인간(=정신) 세계를 다루는 인문사회과학과 비인간(=물질) 세계를 다루는 과학기술 분야로 양분되었다. 이에 반하여 비근대주의는 정신/물질 이원론이 아닌 새로운 존재론, 인간과 비인간이 결합된 하이브리드들에게 온당한 지위를 부여해주는 일원론적 존재론을 추구한다. 그럼으로써 근대주의의 2차 이분법 즉 정화작업과 번역작업의 분리까지 극복할 수 있다고 믿기 때문이다. 이런 비근대주의적 존재론에서는 인간과 비인간이 질적으로 상이한 영역에 속하는 존재들이 아니다. 인간만이 능동적 주체의 능력, 즉 행위성(agency)을 지녔고 비인간은 단지 수동적 객체에 불과한 것으로 보는 것이 아니라, 인간과 비인간 모두가 행위성을 지닌 존재들로서 함께 결합하여 이질적 연결망을 구축한다고 본다. 바로 이것이 ANT 접근의 특징을 이루는 방법론적 원칙인 '일반화된 대칭성(generalized symmetry)'이다. 근대주의와 비근대주의에서 역사를 보는 관점은 [3-4]에서 보듯이 서로 매우 상이하다. 근대주의에서는 근대화의 전선이 시간에 따라 앞으로 전

[3-4] 역사를 보는 관점(근대주의 vs. 비근대주의)[17]

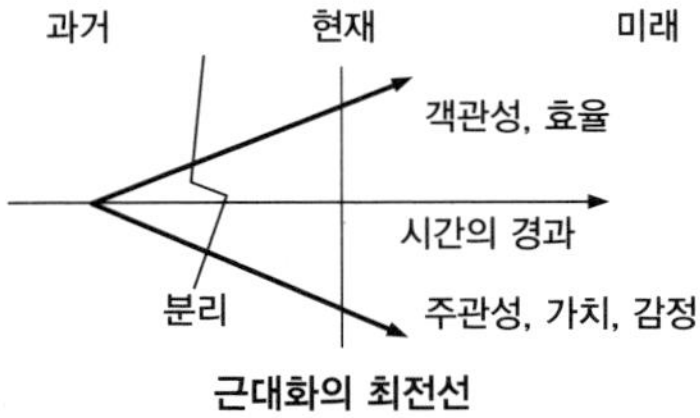


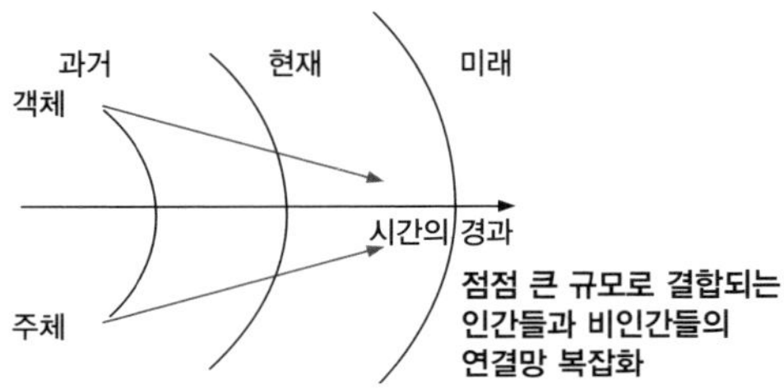


진할수록 주체의 세계(주관성, 가치, 감정)와 객체의 세계(객관성, 사실, 효율)가 점점 더 분리되므로 과거와 현재, 즉 전근대와 근대 사이엔 단절이 존재한다고 본다. 반면에 비근대주의에서는 인간들(주체)과 비인간들(객체)이 시간이 지날수록 점점 더 큰 규모로 결합되어 서로 밀접히 얽히게 된다고 본다. 따라서 과거와 현재, 현재와 미래 사이에 단절은 없는 것이다. 이질적 연결망의 규모와 복잡성만 커질 뿐이다.

이에 비추어 보면 네오-러다이즘과 포스트휴머니즘은 모두 근대주의적 역사관을 지니고 있는 것으로 생각된다. 인류의 역사를 합리성이 지배하는 근대와 산업혁명이 세계로 확산되어온 '근대화'의 진전으로 파악하는 것은 양자가 동일하지만, 네오-러다이즘에서는 그것을 비판

**17** Bruno Latour, *Pandora's Hope*, Cambridge: Harvard University Press, 1999, pp. 199, 201.

하고 포스트휴머니즘에서는 그것을 찬양하는 것이 다를 뿐이다. 그러나 우리가 위에서 보았듯이 라투르는 이러한 '근대주의'가 심각한 모순을 지닌 것이며, 실제 역사에서 근대주의가 묘사하는 바와 같은 근대가 과연 있었는가 의문을 던지고 있다. 따라서 "우리는 결코 근대적이었던 적이 없다"고 외치는 것이다. 그가 보기에 실제 역사에서는 주체(=인간)의 세계와 객체(=비인간)의 세계가 점점 분리되어온 것이 아니라, 처음부터 그러한 분리는 없었고 인간과 비인간이 결합된 하나의 하이브리드적 세계만이 있었으며, 시간이 흐르면서 이 결합이 점점 더 규모가 커지고 복잡해지는 변화가 있었을 뿐이다. 석기 시대부터 컴퓨터 시대에 이르기까지 하이브리드들은 규모와 복잡성이 지속적으로 커져왔다. 최근의 인공지능 기술 역시 인간과 비인간이 결합되어 만들어진 더 크고 복잡한 하이브리드의 출현을 나타낸다. 따라서 근대주의에서 상정하듯 우리가 오직 '휴먼'이었던 적은 없는 것이다.

## ANT가 인공지능 시대에 주는 정치적 함의

근대주의를 벗어나서 역사를 보게 될 경우, 우리는 네오-러다이즘의 비관주의와 포스트휴머니즘의 낙관주의를 넘어서 인공지능 기술의 시대를 새롭게 바라볼 수 있게 된다. 근대주의에 따라 인간(=정신, 사회)의 세계와 비인간(=물질, 기술)의 세계를 구분해놓고, 인공지능 기술이 인간의 세계를 침범하고 파괴하는 것으로 우려하는 네오-러다이즘의 관점이나, 인공지능 기술이 기존 인간의 한계를 넘어서 초인의 세계로 우리를 인도할 것이라 찬양하는 포스트휴머니즘의 관점은 모두 현실과는 동떨어진 전망이다. 이에 반하여 ANT는 근대주의가 아니라 비근대주의를 추구한다. 기술과 사회가 처음부터 서로 분리된 것이 아니라 결합된 하이브리드 세계에서 줄곧 우리가 살아왔다는 비근대주의의 관점에서 보자면, 기술이 사회를 침범하여 파괴하는 것도, 또는 기술 자체가 사회를 새로운 단계로 도약시켜주는 것도 아니다. 기술은 사회의 외부에 있는 것이 아니라 사회(더 정확히 말하자면 인간-비인간의 결합인 '사회물질적 연결망'들의 집합체)를 구성하는 필수적 요소의 하나라고 보기 때문이다.

따라서 인공지능 기술의 효과는 기술 자체의 속성에 따라 이미 결정된 것이 아니라, 그 기술과 결합되는 사회적 맥락에 따라 달라질 수 있는 열린 미래를 지니고 있다. 유토피아적 미래도 디스토피아적 미래도 모두 가능한 시나리오지만 양자는 다분히 극단적 전망이다. 중요한 것은 미래가 열려 있다는 점이고, 따라서 현재 우리가 어떤 미래를 바라느냐, 그리고 그것을 실현하기 위해 어떤 선택과 노력을 할 것이냐이다. 이러한 점에서 지난 수백 년처럼 근대주의를 신봉하면서 '근대화'를 더욱 가속화시키는 길을 추구하는 것은 바람직하지 않다고 생각된다. 근대화는 합리성을 통해 야만적 전근대성과 단절하여 문명화된 근대성으로 이행한다는 '진보'의 신화를 따르는 것이다. 트랜스휴머니즘은 바로 이런 근대화를 더욱 가속화시키는 것으로서, 인간향상기술(human enhancement technology)을 통해 이젠 '휴먼'을 넘어서 '포스트-휴먼', 즉 초인이 되고자 하는 열망이다. 이런 열망의 결과가 과연 초인의 탄생으로 나타날지는 미지수이고, 오히려 지금과 같은 자본주의적 성격의 사회적 맥락에서는 '인간향상산업'으로 귀결되어 불평등과 양극화가 더욱 심화될 가능성이 크다고 보인다.[18] 단적인 예로서, 구글이나

**18** Steve Fuller, *Humanity 2.0: What it Means to be Human Past, Present and Future*, Palgrave Macmillan, 2011.

IBM과 같은 거대 자본주의 기업들이 인공지능 기술의 산업화에 앞장서고 있다는 사실이 이러한 가능성을 말해준다.

그렇다면 이 글의 서두에서 소개한 구글의 알파고 공개실험도 ANT의 관점에서 새롭게 해석될 필요가 있다. 그 실험은 인공지능 기술이 마침내 인간의 지능에 승리함으로써 향후 인간 대신에 인공지능 로봇이 지배할 두려운 미래 사회의 시작을 알린 것도, 또는 인간이 생물학적 한계를 벗어나 슈퍼지능을 갖게 될 장밋빛 초인간의 사회가 도래할 수 있음을 알린 것도 아니다. 그 실험이 의미했던 것은 역시 서론에서 소개했던 파스퇴르의 탄저병 백신 공개실험과 마찬가지이다. 실험실에서 새로 개발된 기술의 효과를 전문가와 일반 대중을 포함한 다양한 인간 행위자들이 지켜보는 공개적 무대 위에서 극적으로 시연함으로써 결국 그 기술과 인간 행위자들을 하나의 이질적 연결망으로 탄생시킨 사건인 것이다. 구글의 알파고는 세계의 미디어가 흥미롭게 주목한 이 공개실험을 성공적으로 수행함으로써 한국뿐 아니라 세계의 다양하고 수많은 행위자를 자신의 연결망에 가입시킬 수 있었던 것이다. 따라서 인공지능 기술의 등장은 과거와 단절된 완전히 새로운 시대의 도래를 알리는 것이 아니라, 인간과 비인간이 결합되는 기술 발전의 행위자-연결망이 더욱 복잡하고 큰 규모로 확대되고 있음([3-4] 참조)을 보여주는 사례로서 간주하는 것이 타당하다.

기술은 우리를 노예처럼 부리는 주인도 아니지만, 그렇다고 우리가 마음먹은 대로 써먹을 수 있는 단순한 도구나 객체도 아니다. 기술은 우리 인간과 마찬가지로 복잡한 행위 능력을 지닌 행위자로 보아야 한다. 인공지능 기술은 더욱 더 그러할 것이다. 따라서 인간과 인간이 서로 관계를 맺고 결합하는 것에 까다롭고 다양한 방식이 있듯이, 인간과 기술도 서로 관계를 맺고 결합하는 것에 까다롭고 다양한 방식이 있다. 그러므로 기술과 관계 맺는 것을 결코 단순히 주체/객체의 관계로 간주하거나 쉽게 속단하고 서두르면 안 된다. 인간은 기술을 자신과는 다르지만 대등한 행위자로 간주하면서 서로 결합하여 공동세계(common world)를 이루어나갈 동반자로 대하는 것이 바람직하다. 바로 이 면에서 라투르는 근대주의가 초래한 생태적 위기에 처해 있는 오늘날 우리가 추구해야 할 정치는 '근대화'가 아니라 '코스모폴리틱스(cosmopolitics)'라고 주장한다.[19] 코스모폴리틱스란 비근대주의에 입각한 새로운 정치인데, 주체/객체의 이원론에 기초하여 인간들만의 이해관계를 추구하는 기존 정치와 같은 것이 아니라, 자연과 기술 등 다양한 비인간들의 이해관계도 존중을 하는 인간-비인간의 대칭적 정치이다. 인간과 비인간은 주체/객체의 관계가 아니라 공동세계를 구축하는 동반적 행위자들이기 때문이다. 따라서 코스모폴리틱스란 다름이 아니라 인간과 비인간이 이루는 "공동세계의 점진적 구성"이라고 할 수 있는 것이다. ANT가 인공지능 시대에 던지는 정치적 함의는 바로 이러한 코스모폴리틱스라고 할 수 있다.

**19** 김환석, 〈코스모폴리틱스와 기술사회의 민주주의〉, 《사회과학연구》 30집 1호, 국민대사회과학연구소, 2017.

제2부

# 포스트휴먼 수용론

# 체계적인 인공지능 윤리
## - 인정에 근거한 인격 모델로부터*

목광수**

'인공지능(artificial intelligence, AI)'이라는 명칭 아래 연구가 활성화되기 시작한 것은 20세기 중반이지만, 두 번의 침체기(AI Winter)를 경험하였던 인공지능 과학기술이 급속하게 발전하고 사회적 관심이 고조된 것은 최근이다. 스마트폰의 대중화로 인해 빅데이터가 가능해지면서, 공상과학 소설이나 영화에서나 볼 수 있었던 인공지능 비서가 현실에서 광범위하게 사용되고, 기술적으로는 자율주행 자동차가 가능해지는 등의 인공지능과의 상호작용이 최근 들어 빈번해지고 일반화되고 있기 때문이다. 더욱이 한국 사회에서는 2016년 이세돌 9단이 알파고와의 바둑 대결에서 4대 1로 패했던 사건을 계기로 인공지능이 사회적으로 강하게 각인되었다. 인공지능 과학기술의 발전에 대한 사회적, 경제적 관심이 고조되는 가운데, 이와 관련된 윤리의 필요성 또한 대두되고 있다. 이 글에서는 인공지능 시대에 적합한 인격 모델을

* 이 글은《철학논총》제90집 4권(새한철학회, 2017)에 실린 논문을 '체계적인 인공지능 윤리' 논의와의 관련성하에서 수정·보완하고 새롭게 기술한 것이다.

** 서울시립대학교 철학과 교수.

제시하여 체계적인 인공지능 윤리의 토대를 마련하고, 이렇게 마련될 수 있는 체계적인 인공지능 윤리의 대략적인 모습을 단계별로 제시하고자 한다. 이러한 논의는 경험 연구와의 협업을 통해 체계적인 인공지능 윤리가 구체적이고 실질적인 모습을 갖추게 되는 데 기여할 것이다.

## 체계적인 인공지능 윤리의 필요성

인공지능 과학기술과 인간의 상호작용이 빈번해지고 적용 영역이 넓어짐에 따라 인공지능 윤리 필요성에 대한 요구들도 많아지고 있다. 사족보행 로봇인 '스폿'을 개발자가 발로 차는 동영상에 보였던 사람들의 분노 사례, 지뢰 제거 로봇에게 감정 이입한 군인 사례, 말동무용 로봇에 대한 독거노인의 애착 사례, 챗봇인 '이루다'에 대한 성희롱 사례나 '테이'의 인종차별 발언 사례, 인공지능 프로그램이 초래한 주식 폭락 사례 등은 현실에서 실제로 있었던 일들이다. 반면에 공상과학 영화나 소설에서 볼 수 있는 인공지능과 인간의 사랑이나 폭력, 지배와 착취 사례들은 현실에서는 아직 일어나지 않았지만 인공지능의 발전 속도로 볼 때 머지않아 다가올 미래의 일들이다. 혹자는 이러한 사례들이 범주 혼동에서 비롯된 오해이기에 무시하고 교정해야 한다고 주장하기도 한다. 단지 인간에 의해 만들어진 프로그램이나 고철 덩어리에 불과한 사물을 의인화하고 감정 이입해서 도덕과 윤리를 적용하려는 범주 오류(category error) 현상이기 때문이다. 그러나 과거 유색 인종이나 여성 인권의 필요성을 제기할 때, 동물의 복지나 권리를 옹호할 때도 비슷한 주장과 논리가 제기되곤 했다. 따라서 사회적 로봇 등의 인공지능 존재자와의 상호작용에서 나타나는 문제가 윤리 물음인지 아닌지는 검토의 대상이지 그냥 무시할 문제는 아니다.[1] 이러한 문제들이 검토를 통해 윤리 문제로 규명된다면, 인공지능 과학기술이 인간과의 상호작용 영역이 넓어지고 관계가 심화되면서 초래될 다양한 윤리 문제들에 대해 효과적인 대응책을 고민할 필요가 있다. 새로운 존재자인 인공지능 존재와의 상호작용이 윤리적으로 이루어질 때 인간 삶이 정당화되고 번영할 수 있을 뿐만 아니라, 인공지능의 지속적 발전도 가능하기 때문이다. 만약 윤리 대응이 필요하다면, 이러한 윤리 대응은 사안별로 임기응변식으로 이루어질 수 없다. 어떤 대응이 다른 사안에서는 적용되기 어려울 뿐만 아니라, 심지어 대응 자체가 더욱 심각한 윤리 문제를 초래할 수 있기 때문이다. 따라서 새롭게 모색할 인공지능 윤리는 다양한 사례에 효과적으로 대응할 수 있는 이론적으로 체계화되고 통합된 논의일 필요가 있다.

더욱이 인공지능 과학기술은 정적인 과학기술이 아니라 계속해서 발전해나가는 동적인 과학기술이다. 이러한 점에서 발전 노정에 따른 체계적인 인공지능 윤리가 요구된다. 약한(weak) 인공지능 단계에서도 인공지능은 과학기술의 수준에 있어서 뿐만 아니라 인간 삶에 미치는 영향에서도 현저하게 차이가 난다. 고속도로의 과속 단속 카메라에 사용되는 인공지능과 2016년 이세돌과 대결했던 알파고를 생각해보면 된다. 더욱이 인간의 모습을 한 안드로이드 로봇이나 프로그램은 인간

1 논리적으로는 인공지능 존재자를 윤리적 고려의 대상으로 간주하는 것이 부적절하다는 입장의 귀결도 가능하다. 그러나 본문의 검토 과정에서 볼 수 있는 것처럼, 윤리적 고려의 대상인지에 대한 객관적이고 공정한 판단에 따르면 어떤 조건들을 만족하는 인공지능 존재자에게 윤리적 고려 대상이라는 인격 개념을 부여할 수 있다. 따라서 이 글은 인공지능 존재자에게 인격 개념을 부여할 수 있는 모델로부터 제시될 체계적인 인공지능 윤리에 초점을 둔다.

인지 아닌지 착각할 정도로의 기술 수준을 보여주기도 한다. 더 나아가 과학자들은 강한(strong) 인공지능 개발에 박차를 가하고 있고, 영화나 문학 작품은 현재 실현되지 않았지만 앞으로 다가올 강한 인공지능의 모습을 예견하고 있다. 이러한 발전 단계를 고려하지 않으면 주로 공상과학 소설이나 영화에서 다뤄지는 강한 인공지능이나 초(super)-인공지능만이 인공지능의 전부인 것처럼 여기며 인공지능이 초래할 디스토피아(dystopia)적 미래에 대한 불안과 공포인 '인공지능 포비아' 현상이 발생하기 쉽다. 인공지능 과학기술은 발전 노정에 있기에, 인공지능이 초래하는 또는 초래할 윤리적 문제들도 발전 단계에 따라 다양하다. 따라서 인공지능 과학기술을 고정된 것으로 한정하고 이에 적합한 윤리를 제시하는 것은 특정 단계에는 적절할지 몰라도 다른 발전 단계에는 적합하지 않을 수 있다. 그러므로 인공지능 윤리는, 인공지능 과학기술이 사물로 간주되는 단계로부터 약한 인공지능 단계, 강한 인공지능 단계를 거쳐 이후 단계로까지 발전할 수 있는 동적인 과학기술임을 전제하고, 이러한 발전 단계에 따라 구분되면서도 상호 연결된 체계성을 갖출 필요가 있다. 만약 인공지능 윤리가 인간 중심 윤리로부터 탈-인간중심 윤리로까지 나아갈 수 있는 체계성을 갖추지 않으면, 새롭게 제기되는 문제들에 임기응변적으로 대응하는 수준에서 상호 충돌하는 혼란만 초래할 것이기 때문이다. 그렇다면, 체계적인 인공지능 윤리를 모색하기 위해서 먼저 고려할 기초 논의들로는 무엇이 있을까?

## 인공지능 윤리 체계화를 위한 토대 논의: 윤리의 층위 구분과 도덕의 구조

체계적인 인공지능 윤리의 필요성이 인지된다고 할 때, 다음으로 물어야 할 것은 그렇다면 이러한 논의의 층위가 어디인가이다. 이를 먼저 설정할 필요가 있다. 인공지능 시대에 범람하는 윤리 담론의 홍수 속에서 윤리 용어는 다양한 층위에서 사용되고 있다.[2] 사회 정책적 차원에서의 대응에 언급되는 제도 층위의 '윤리', 학문적이고 이론 층위에서의 '윤리', 개인들 삶의 태도로서의 개인 층위의 '윤리' 등은 동일한 윤리라는 용어를 사용하고 상호 연관된 부분이 있는 것은 분명하지만, 그 의미에 있어서는 동일하지 않다.

제도 층위의 윤리는 사회에서 발생하는 구체적인 문제 해결에 초점을 두고 다양한 사회 구성원들 사이의 합의에 의존하는 실질적인 지침이나 추상적인 선언을 내용으로 한다. 예를 들어, 최근 들어 많이 발표되는 인공지능 윤리 헌장이나 인공지능 윤리 위원회 등이 제도 층위에 해당한다. 개인 층위의 윤리는 사회 구성원 각자의 가치관이나 사상에 근거하여 개인 삶에서의 실천에 초점을 두었을 때의 의미이다. 예를 들어, 인공지능 존재자에 대해 어떤 개인이 특정한 종교 가치관이나 신념에 의거하여 윤리적인 태도를 취하며 살아간다고 할 경우가 개인 층위의 윤리에 해당한다. 이론 층위의 윤리는 체계적인 이론화에 초점을 두고 인공지능 윤리를 제시하는 경우이다. 인공지능 과학기술의 발전 노

**2** 인공지능 과학기술 시대의 윤리 용어 사용과 관련된 층위 구분과 층위들 사이의 바람직한 관계에 대한 자세한 논의는 다음 논문을 참조하기 바란다: 목광수, 〈과학기술 시대의 윤리 층위 구분과 층위들 사이의 관계 규명: 인공지능 윤리를 중심으로〉, 《범한철학》 제98집, 2020. 이 논문은 윤리 용어의 층위 구분과 층위들 사이의 적절한 관계는 중요하다고 주장한다. 만약 층위 구분이 없고 적절한 관계가 설정되지 않으면, 예를 들어 제도 층위에서의 윤리 용어 범람은 실질적인 윤리 실천을 도모하지는 않으면서 윤리 대안을 모색한다는 이미지만 추구하는 '윤리 세탁(ethics washing)'이 나타날 수 있고 이러한 윤리 세탁으로 인한 윤리 실천의 실패는 윤리가 불필요하다는 '윤리 비난(ethics bashing)' 현상이나 모든 것을 법제화하려는 법만능주의 현상으로 귀결될 우려가 있기 때문이다.

정에 따라 인간 중심 윤리로부터 탈-인간 중심 윤리로의 체계적인 인공지능 윤리를 제시하려는 기획에서의 윤리가 이런 이론 층위의 윤리 논의에 해당한다.

그렇다면 이론 층위의 체계적인 인공지능 윤리를 제시한다고 할 때, 윤리 또는 도덕은 어떤 특성을 갖춰야 하는가? 실천을 목적으로 하는 기존 윤리와 도덕 이론들을 검토해 볼 때, 다양한 이론들이 내용에서는 차이를 보이지만 형식적으로는 적어도 일정한 공통점이 있다. 윤리 이론들은 2인칭 관점의 관계성을 통해 도덕 논의의 대상을 설정하고, 3인칭 관점의 보편성에서 도덕 기준과 원칙을 제시하며, 1인칭 관점의 규범성(normativity), 즉 3인칭 관점에서 제시된 도덕 기준과 원칙을 자신의 책무로 수용하는 동기부여로 실천하게 하는 통합적 구조를 갖추고 있다.[3] 따라서 인공지능 윤리도 학문적이고 이론적인 차원에서 체계성을 갖추기 위해서는 이러한 통합적 구조를 만족하는 형식으로부터 시작해야 한다. 글의 마지막 부분에서 논의하겠지만, 인공지능 과학기술의 발전 단계에 따라 이러한 형식적 구조는 도덕 공동체 성원들에 의해 합리적으로 변경될 수 있다. 이런 점에서 체계적인 인공지능 윤리가 인간 중심적인 기존 도덕과 윤리에서 도출한 형식적 구조를 수용하여 시작한다는 것이 탈-인간 중심 윤리로의 도약을 원천적으로 봉쇄하는 것은 아니다. 2인칭 관점의 관계성에서의 변화는 도덕 공동체의 성원들을 확장할 수 있으며, 이러한 확장은 3인칭 관점의 보편성의 내용 변화뿐만 아니라 1인칭 관점의 규범성 자체의 변화도 초래할 수 있기 때

**3** 실천을 목적으로 하는 기존 도덕 이론들이 도덕의 구조를 형식적 차원에서 공유한다는 분석에 대한 자세한 논의는 다음 논문을 참조하기 바란다: 목광수, 〈도덕의 구조: 인공지능 시대 도덕 논의의 출발점〉, 《철학사상》 제73호, 2019.

문이다. 따라서 이론적 차원에서 체계적인 인공지능 윤리는 도덕의 구조를 만족하는 인간 중심 윤리 논의로부터 시작하면서도 탈-인간 중심 윤리로 나아갈 수 있는 이론적 토대를 제공할 필요가 있다.

혹자는 인공지능과 같은 존재자가 도래하는 현대사회에서 인간 중심 윤리로부터 탈-인간 중심 윤리로의 체계적 논의가 아니라, 처음부터 탈-인간 중심 윤리를 바로 시작해야 한다고 주장하기도 한다. '탈-인간 중심 윤리'의 의미가 만약 인간 아닌 존재자의 관점에서 제시되는 윤리라는 강한 의미라면, 과연 우리 인간의 인식 지평에서 이런 관점을 취할 수 있을지, 그리고 실천적으로 인간 관점을 벗어난 행위가 가능한지 의심스럽다. 인간의 인식 지평에서 이 지평을 벗어나 인식하고 행동한다는 것이 논리적으로든, 실천적으로든 불가능하기 때문이다. 만약 '탈-인간 중심 윤리'가 이런 강한 의미의 인식 지평 변화가 아니라 인간뿐만 아니라 인간 아닌 존재자들을 도덕 공동체의 성원으로 포섭하고 이들의 다양한 관점을 수용하여 새롭게 구성하는 윤리라는 의미라고 한발 물러선 입장을 취한다고 하더라도, 이런 윤리 자체가 가능한지 여전히 의문스럽다. 현재 인간 아닌 존재자가 행위주체(agent)로서 자신의 관점을 제시하는 경우가 없을 뿐만 아니라, 설령 있다고 하더라도 그들의 관점이 인간 인식 지평에서의 해석 없이 그대로 제시될 수 있을지 의심스럽기 때문이다. 어떤 관점이든 인간과의 소통을 위해 인간의 언어로 제시된다면, 그것은 순수한 의미에서 탈-인간 중심 관점이라고 보기 어렵기 때문이다. 그렇다면 탈-인간 중심 윤리는 현 단계에서는 지향점으로만 제시될 수 있을 뿐, 실천적 내용을 담는 탈-인간 중심 윤리 그 자체는 제시될 수 없다는 분석이 타당할 것이다. 글의 마지막 부분에서 살펴볼 정보 철학자 플로리디(Luciano Floridi)의 정보 윤리(ethics of information)도 이런 방식으로 해석될 수 있다.[4] '새로운' 윤리학을 표방하는 플로리디의 정보 윤리는 일반적으로 탈-인간 중심 윤리로 간주되지만, 이러한 평가가 적절한지에 대해서는 논란이 적지 않다. 플로리디의 정보 윤리가 기존 인간 중심 관점에 근거한 인식 방법론인 추상화 층위 방법론(the method of levels of abstraction)을 전제하고 있으며, 정보 윤리의 실천 주체를 '호모 포이에티쿠스'(Homo-Poieticus)로서의 인간으로 상정하고, 제시되는 정보 원칙의 내용이 기존 규범 용어로 이루어졌다는 점에서 탈-인간 중심 윤리로 보기 어렵기 때문이다. 오히려 플로리디의 정보 윤리는 탈-인간 중심 윤리를 지향하면서 인간과 정보와의 공존(co-existence)을 도모하는 과도기 윤리로의 위상과 성격을 보여준다고 해석될 수 있다.[5] 기존 윤리 논의에서 탈-인간 중심 윤리로 종종 언급되는 동물 윤리와 생태 윤리 또한 인간 중심 윤리에서 사용하는 기존 가치와 윤리 개념들을 통해 탈-인간 논의로의 확장을 도모하는 것이지, 그 자체가 탈-인간 중심 논의는 아니다. 이상의 논의는 체계적인 인공지능 윤리는 인간 중심 윤리로부터 시작하더라도 탈-인간 중심으로까지 나아갈 수 있을 이론적 토대를 마련하면서 전개되는 논의일 필

**4** 플로리디의 정보 윤리학에 대한 소개와 비판적 검토는 다음 논문을 참조하기 바란다: 목광수, 〈인공지능 시대의 정보 윤리학: 플로리디의 '새로운' 윤리학〉, 《과학철학》 제20권 3호, 2017. 플로리디는 인공지능이라는 용어보다 더 기초적인 개념인 정보(information)를 토대로 윤리 논의를 전개하고 있지만, 플로리디의 정보가 정보와 소통기술(Information and Communication Technologies, ICTs)에 기반을 두고 있다는 점에서 인공지능과 연결된다고 볼 수 있다. 따라서 이 글은 인공지능 윤리를 다루면서 적절한 맥락이 주어질 때는 플로리디의 논의를 함께 다룬다.

**5** 플로리디 정보 윤리가 과도기 윤리라는 주장과 관련한 자세한 논의는 다음 논문을 참조하기 바란다: 김유민, 목광수, 〈플로리디(Luciano Floridi) 정보 윤리학의 위치와 성격: 과도기로서의 공존 윤리〉, 《철학논총》 제104집, 2021.

요가 있음을 보여준다. 그렇다면, 체계화를 위한 이러한 기초 작업을 고려할 때, 구체적인 세부 내용의 이론 작업에서 첫걸음으로 고려할 논의는 무엇인가?

## 체계적인 윤리 이론의 출발점으로서의 인격 논의

체계적인 인공지능 윤리 이론의 출발점은 인격(person 또는 personhood) 논의이다. 왜냐하면, 도덕의 구조 논의에서 본 것처럼 도덕 또는 윤리는 2인칭 관점의 관계성인 도덕 공동체, 즉 도덕적 지위(moral status)에 대한 논의를 전제로 하고 있는데, 도덕적 지위의 토대가 되는 개념이 인격이기 때문이다. 일반적으로 윤리를 논의할 때, 이러한 인격 논의가 전제임을 잘 인지하지 못하거나 고찰하지 않는 것은 대부분의 윤리 논의가 인격 논의가 당연하게 전제된 논란이 없는 보통의 인간들 사이의 일반적인 상황에서 이뤄지기 때문이다. 이런 이유로 기존 도덕 논의에서는 인격 논의 없이 그 하위 개념인 도덕적 지위 부여에 따라 도덕 행위주체(moral agent)와 도덕 행위객체(moral patient) 논의에 집중한다. 그러나 인간들 사이의 윤리에서도 무뇌아라든지 회복 불가능한 혼수상태의 환자라든지 등의 가장자리 인간(marginal human being) 논의에서는 해당 존재가 도덕적 지위를 갖는지가 중요한 고려의 대상이 된다. 더욱이 새로운 존재자가 등장할 때마다 항상 해당 존재자의 도덕적 지위는 맨 처음의 이론적 고찰 대상이 되었다. 예를 들어, 1970년대 동물 윤리가 처음 등장할 때 동물 복지론을 제시한 공리주의자 싱어(Peter Singer)는 쾌고 감수 능력(sentiment)이 있는 인간이 도덕적 존재라면 이와 같은 능력이 있는 동물도 도덕적 존재라는 주장을 제기하였고, 동물권을 제시한 리건(Tom Regan)은 동물도 인간과 마찬가지로 삶의 주체(subject of a life)라고 주장하여 먼저 동물이 도덕 공동체의 일원, 즉 인간이 아닌 인격(non-human person)임을 밝혔다. 그런데 이런 기존의 동물 윤리 논의에서도 동물 윤리는 인간을 전제하고 인간과의 유사성을 통해 동물의 도덕적 지위를 판단하는 것이어서 인격 개념과 하위 개념인 도덕적 지위 개념 사이의 구별이 분명하지 않았다.

인격 개념은 뒤에서 좀 더 자세하게 다루겠지만, 윤리뿐만 아니라 다른 규범 영역인 법의 영역에서 해당 존재자의 규범적 자격을 묻기 위한 기초 개념이다. 그러나 앞에서 언급한 것처럼, 기존의 윤리는 대부분 인간을 토대로 하고 있거나 인간과의 유사성을 중심으로 하는 논의여서 인격 개념보다는 도덕적 지위 논의가 주를 이뤘다. 그렇지만, 이론적 체계화를 위한 논리적 관점에서 볼 때 인격 개념을 먼저 고려하고, 이를 토대로 이후 윤리 차원에서는 도덕적 지위 논의를 제시하는 것이 타당하다. 더욱이 인공지능 윤리에서 도덕 공동체 성원으로 인공지능 존재자가 포함될 수 있을지를 검토하기 위해서는 인격 논의로부터 시작하는 것이 필수적이다. 왜냐하면, 인공지능 윤리는 인간과의 유사성으로부터 시작한다는 점에서는 기존 논의인 동물 윤리와 마찬가지이지만, 기존 논의가 인간과의 유사성을 벗어나지 않는 것과 달리 인공지능 존재자는 과학기술의 발전 노정에 따라 인간과의 유사성 없는 논의, 즉 탈-인간 중심 논의로 나아갈 가능성이 있기 때문이다. 더욱이 인공지능 존재자와의 상호작용에서 발생하는 윤리 문제는 사안에 따라서는 다른 규범 논의인 법적 논의와 관련될 수 있는데, 도덕적 지위에서 법적 지위로의 논의로 나아가거나 반대로 법으로부터 윤리로 연결하기 위해서는 두 논의의 토대가 되는 기초 논의인 인격 개념이 전제되어야 하기 때문이다. 따라서 체계적인 인공지능 윤리를 모색하기 위해서는 처음부터 도덕적 지위 논의를 다루기보다는 그 전제에 해당하는 인격 논의로부터 시작하는 것이 논의의 충실성을 위해, 그리고 체계적인 논의 전개를 위해 필요하다. 일부 인공지능 윤리 논의는 인격 논의 없이 인공지능 존재자가 도덕적 지위 논의 조건의 하나인 행위주체인지의 논의로부터 바로 도덕 행위주체로 이행하려고 한다. 그런데 인격 논의가 성립할 수 없는 존재자라면 이런 이행은 논리적 비약에 해당한다. 예를 들어, 어떤 인식 지평에서는 약화된 자율성 논의를 토대로 초현대적인 온도조절장치(futuristic thermostat)도 행위주체로 간주한다.[6] 그런데 그렇다고 온도조절장치를 바로 도덕 행위주체로 간주하기는 어렵다. 온도조절장치가 인격의 조건에 부합한다면 온도조절장치의 행위주체성 성립이 온도조절장치의 도덕 행위주체로의 인정을 담보할 수 있겠지만, 온도조절장치가 인격 조건에 부합하지 않는다면 행위주체라는 사실로부터 도덕 행위주체라는 가치를 추론하는 것은 자연주의 오류(natural fallacy)에 해당하기 때문이다.

역사적으로는 인격(person 또는 personhood)과 인간(human being)을 구분 없이 사용한 적도 있지만, 전통적으로 인격 개념은 자기의식이나 욕망과 관련된 자아(subject)나 인간 개념과는 구분되어, 규범적 차원에서의 자격과 관련된 개념이었다. 법과 윤리라는 규범 영역에서 어떤 존재가 어떻게 대우받고 어떤 책임을 질 수 있는지의 자격을 부여하기 위해 만들어진 개념이 인격 개념이다. 그래서 인격 개념은 13세기부터 사용되기 시작한 '법적 인격' 즉 '법인(法人, legal person)'이나 2017년 유럽 연합의 결의문에서 언급된 '전자 인격(electronic person)'으로 확장되었고, 이

**6** Luciano Floridi, *The Ethics of Information*, Oxford University Press, 2013, p. 147.

럴 때는 법적 '인간'이나 전자 '인간'이라는 의미가 아니라 법적인 책임과 의무, 그리고 권리와 관련된 자격을 가진 존재임을 명시하는 것이다. 이러한 인격 부여의 조건이 무엇인지에 대한 논의에서 도덕적 지위와 법적 지위 논의가 이루어진다. 이 글이 주목하는 인공지능 윤리와 관련해 인격 개념은 도덕적 지위와 관련된 도덕적 인격에 해당한다.[7] 만약 인공지능 존재자가 도덕 영역에서 어떤 자격을 갖춰 도덕 공동체의 성원이 된다면 도덕적 인격이 된다. 그렇다면, 인공지능 존재자가 도덕적 인격으로 대우받는 것이 정당한지를 검토하기 위해서는 어떤 모델이 적절할까?

## 기존의 도덕적 인격 모델 검토: 내재적 속성 보유 모델과 관계성 모델

도덕적 인격과 관련된 기존의 자격 모델로 대표적인 것은 내재적 속성 보유에 근거한 인격 개념과 관계성에 근거한 인격 개념이다. 먼저 내재적 속성 보유에 근거한 인격 개념이 인공지능 존재자에게 인격 개념을 부여하는 것이 정당한지를 판단하기 위한 적절한 모델인지를 검토해보자.[8] 인격 논의가 도덕의 구조 형식에 부합해야 하기 때문에 기

**7** 인격 모델은 도덕적 지위뿐만 아니라 법적 지위 논의와도 연결되는 기초 논의이다. 법적 지위와 관련된 법적 인격 개념은 법에서 행사되는 능력인 권리 능력, 행위 능력, 불법 행위 능력과 관련되는데, 법 영역에서 인격 개념은 그동안 상대적으로 주목받지 못했고 철학 논의에 토대를 두고 제한적으로 다뤄졌다(Visa A. J. Kurki and Tomasz Pietrzykowski (eds.), *Legal Personhood: Animals, Artificial Intelligence and the Unborn*, Springer, 2017, p. vii). 이런 이유에서, 그리고 이 글이 다루는 인공지능 윤리 논의에 집중하기 위해 이 글에서는 도덕적 지위로 논의를 한정한다.

**8** 이 글에서 다루는 내재적 속성 보유에 따른 인격 논의는 다음 논문의 일부 내용을 요약하고 수정, 보완한 것이다: 목광수, 〈도덕적 지위에 대한 기존 논의 고찰〉, 《윤리학》 5권 2호, 2016.

준으로 검토될 내재적 속성은 존재론적으로 대상이 보유하는 비관계적 속성이면서도 인식론적으로 1인칭 관점의 규범성을 야기할 수 있는 주관적 속성을 포함해야 한다. 이로 인해 도덕적 인격 논의는 기능주의(functionalism)에 입각한 논의를 배제한다. 왜냐하면, 기능주의 논의는 인식론적으로 원리상 객관적으로 관찰할 수 있는 속성만을 포함하고 주관적인 속성은 관찰 가능하지 않다는 이유로 배제하는데, 이러한 입장은 도덕의 구조에서 1인칭 관점의 규범성을 거부하기 때문이다. 기존의 윤리, 도덕 논의에서 내재적 속성 보유에 근거한 인격 개념의 자격 조건으로 논의되어 온 속성으로는 합리성, 쾌고 감수 능력, 성원권(membership) 등이 있었다. 대표적인 속성인 합리성은 합리성을 갖춘 존재가 도덕적 인격으로서 도덕적 지위를 갖는다는 논의인데, 아리스토텔레스(Aristotle)의 덕 윤리나 칸트(Immanuel Kant)의 의무론이 이런 입장에 해당한다. 그런데 합리성 자격 조건은 무뇌아나 혼수상태 환자, 그리고 중증 인지 장애인처럼 합리성이 손상되거나 부재한 가장자리 인간을 도덕적 인격으로 간주하지 않는 것이 정당한가라는 비판에 직면하여 논란이 되곤 한다. 더욱이 합리성 기준을 인간만이 갖는 고유하고 특별한 내재적 속성으로 설정할 때는 비인간 존재, 예를 들어 동물이나 인공지능 존재자와 같은 인공종(artificial kinds) 자체를 정당한 근거 없이 논의에서 배제한다는 비판을 피할 수 없다. 쾌고 감수 능력 조건은 공리주의에서 볼 수 있는 대표적인 도덕적 인격 조건인데, 이 조건은 인간뿐만 아닌 동물이 갖는 쾌고 감수 능력을 자격 조건으로 한다는 점에서 인간을 넘어 자연종(natural kinds)으로의 확장을 도모한다. 공리주의자 싱어는 정당화 없이 인간만이 갖는 합리성을 전제하여 동물을 배제하는 논의를 종차별주의(speciesism)라고 비판하면서, 인간과 동물을 모두 포용할 수 있는 확장의 논리를 제시한다. 그러나 이 논의 또한 신경계가 파괴된 가장자리 존재자를 배제하고 쾌고 감수 능력을 가질 수 없는 인공종을 논의 초기에 부당하게 배제한다는 비판에 직면한다. 왜냐하면, 기존의 쾌고 감수 능력 조건은 객관적으로 관찰될 수 있는 신경계의 존재 여부로 판단하거나 1인칭적인 내성적이며 질적인 경험인 감각질(qualia)로 판단하는데, 어떤 논의이든 인공종을 원리적으로 배제하기 때문이다. 도덕적 인격 조건으로 성원권을 내세우는 논의는 유전적 인간성(the genetic humanity)을 자격 조건으로 제시하는데, 다른 존재자들은 근거 없이 배제하는 인간만의 조건이고 종차별주의라는 비판을 받는다.

앞에서 검토한 것처럼, 단일한 내재적 속성의 보유 여부로 도덕적 인격의 자격 여부를 판단하려는 시도들이 새로운 존재자, 특히 인공지능 존재자를 검토하는 과정에서 공정하지 못하다는 한계에 직면하자, 다양한 내재적 속성들의 복합적인 근거를 제시하는 연결 방안이 대안으로 제시되기도 한다. 즉, 도덕적 인격이 되기 위한 자격으로 단일한 속성이 아닌 다양한 속성들 가운데 하나를 가지거나, 다양한 속성의 일정 부분을 비중에 따라 보유하면 도덕적 인격 자격을 갖춘 것으로 판단하는 유연한 입장이다. 이런 입장은 인간이나 자연종에 한정했던 단일한 내재적 속성 보유 논의들보다 진일보한 것으로 보인다. 왜냐하면, 다양한 속성들의 결합 모델은 원리적으로 인공종도 검토 과정에 포함할 수 있을 것으로 보이기 때문이다. 그런데 이러한 다양한 속성 결합 논의에도 실제로 인공종을 논의에 포함할 수 있을지 의문이다. 왜냐하면, 단일한 속성 논의이든 다양한 속성 결합 논의이든 내재적 속성 보유 논의는 존재론적으로는 속성의 실재를 인정하고 인식론적으로는 주관적 파악을 인정하는데, 인공종은 존재론적으로 그리고 주관적으로 그러한 부분을 인정할 수 없게 되어 논의에서 실질적으로 배제될 수밖에 없기 때문이다. 만약 이를 피하기 위해 내재적 속성 보유 논의를 객관적으로 관찰 가능한 속성으로 한정하면, 배제했던 기능주의로 환원하여 1인칭 관점의 규범성 논의와 관련된 인격 논의 자체의 성격을 상실할 우려가 있다. 인공종에게 도덕적 인격 논의를 부여할 수 있을지를 공정하게 검토하는 논의에서 이러한 우려와 논란을 벗어나기 위해서는 내재적 속성 보유 여부 모델이 아닌 다른 논의의 모델을 검토할 필요가 있다.

다른 논의인 관계성에 근거한 인격 모델은 도덕적 인격의 자격을 내재적 속성과 같은 존재론적이고 실재론적인 내용이 아닌 상호작용 과정에서 현상적으로 인식되고 실천적으로 경험되는 관계적 속성에 근거한다. 즉, 기존의 도덕 존재인 인간이 타자와 맺는 구체적인 상호 관계를 통해 새로운 존재자를 도덕 공동체의 성원으로 포함할지를 정한다는 방식이다. 예를 들어, 킴리카(Will Kymlicka)는 앞에서도 언급했던 것처럼 기존의 동물 윤리가 내재적 속성 보유를 통해 동물에게 도덕적 지위를 부여했던 것과 달리 인간과의 다양한 관계에 따라 동물을 구분하여 도덕적 지위를 차등으로 부여한다.[9] 즉, 인간과 빈도나 정도에 있어서 관계가 친밀한 반려동물에게는 정치적 행위주체로 간주하여 시민권을 부여하지만, 인간과 구체적인 관계가 거의 없는 야생동물은 다른 공동체의 존재로 간주한다. 이처럼 상호작용 관계에 근거한 모델은 관계성 자체에만 주목한다는 점에서 내재적 속성 보유에 근거

9 킴리카의 동물 윤리가 보여주는 관계성 논의는 다음 논문을 참조하기 바란다: 목광수, 〈윌 킴리카의 동물권 정치론에 대한 비판적 고찰〉, 《철학》 제117집, 2013.

한 인격 모델이 논의 자체에서 인공종을 부당하게 배제하거나 특정 속성에 치중하여 종차별주의에 빠지는 한계를 극복하고 상대적으로 객관적이고 공정한 입장을 취할 수 있을 것으로 보인다. 특히 관계성에 근거한 인격 모델은 상호작용의 경험을 중시한다는 점에서, 앞에서 인공지능 윤리의 필요성을 보여주었던 사례들, 예를 들어 말동무용 로봇에 대한 독거노인의 애착 사례나 지뢰 로봇에 감정 이입한 군인 사례 등을 설명하기에 효과적인 모델로 보인다. 그러나 관계성에 근거한 인격 모델은 관계성을 존재자들 사이의 구체적인 경험과 맥락에 의존한다는 점에서 주관적이고 상대적이라는 비판을 피할 수 없어 보인다. 예를 들어, 어떤 개인에게는 친밀한 관계가 있는 존재자가 다른 개인에게는 아무런 관계가 없을 때, 관계성을 통해 인격을 부여하려는 시도는 개인의 차이에 의해 달라질 수 있기 때문이다. 더욱이 앞에서 언급했던 것처럼 인격 개념이 사회적이고 규범적인 관계에서 자격을 부여할지와 관련된다는 점에서 사회적인 객관성을 확보해야 하는데, 이러한 인격의 성격과 관계성 모델의 주관적이고 상대적인 성격은 상충한다. 이러한 비판을 피하기 위해 관계성이 각 개인이 아닌 개별 사회나 문화의 공통 경험에 기반을 둔다고 대응할 수 있다. 그러나 이런 대응 또한 만약 그러한 기반의 구체적인 기준이 어떻게 마련될지에 대한 근거가 충분히 제시되지 않는다면, 대응이 문화 상대주의나 문화 다원주의에 불과하고 객관적이어야 하는 규범적 성격을 보장하기에 여전히 취약하다고 비판받을 것이다. 따라서 관계성에 근거한 인격 모델이 공정하고 객관적인 판단 기준이 되기 위해서는 관계성 자체만이 아닌 객관적인 근거를 관계성 내에 포함할 필요가 있다. 어떤 모델이 내재적 속성 보유와 관계성 논의의 한계를 극복하면서 새로운 존재자인 인공지능 존재자에게 인격 개념을 부여할 수 있을지를 공정하게 판단할 기준을 제시할 수 있을까?

## 내재적 속성 보유와 관계성의 통합 모델: 인정에 근거한 인격 논의

기존의 인격 논의에서 대표적인 내재적 속성 보유 모델이나 관계성 모델 모두 그 자체로는 인공지능 존재자가 인격 부여를 받을 수 있을지를 공정하고 객관적으로 고려하기에 적합한 모델로 보이지 않는다. 혹자는 이런 기존 논의 검토를 통해 성급하게 인격 개념을 인공지능과 연결하는 것 자체를 잘못된 시도로 보면서, 인격 개념을 포기하자고 제안할 수도 있다. 그러나 앞에서 언급한 것처럼, 인공지능 윤리가 인간 중심으로부터 탈-인간 중심으로 나아가는 체계적인 논의가 되어야 한다는 필요성에서 본다면 현재의 인공지능 윤리 논의를 인간 중심적인 인격 개념으로부터 시작하는 것은 불가피하다. 그렇다면, 인격 개념의 전통적인 의미인 사회적, 규범적 특징을 유지하면서, 인공지능 존재자에게 인격 개념을 부여하는 것이 적절한지 여부를 판단할 적절한 인격 논의는 무엇일까? 관계성을 통해 수용성을 높이면서도 속성 논의를 통해 객관성을 확보하려는 방식, 즉 기존의 두 인격 모델의 장단점을 통합하려는 방식을 생각해볼 수 있다.[10] 이 글은 내재적

**10** 이 글은 인정에 근거한 인격 모델을 내재적 속성 보유 모델과 관계성 모델을 통합한 논의로 제시하지만, 기존 모델인 관계성에 근거한 인격 모델을 구체화하고 발전시킨 모델로도 볼 수 있다. 인정에 근거한 인격 모델이 실재론적인 방식이 아닌 경험적인 관계 설정 방식을 중시할 뿐만 아니라, 관계성 모델 옹호자들이 관계성 자체를 강조하다 보니 상대적으로 간과했거나 개별 문화와 사회를 언급하면서도 명시하지 못했던 객관적 기준 설정 부분을 부각하고 있기 때문이다.

속성 보유가 아닌 관계성을 중심에 두면서도 관계의 근거로 표현되어 객관적으로 인식될 수 있는 표현 속성에 주목하는 '인정(recognition)에 근거한 인격 모델'을 제안하고자 한다.[11] 인정 개념은 헤겔(G. W. F Hegel)에 철학적 뿌리를 두고 있는데, 헤겔적인 논의에서 대체적으로 확인(identification), 수용(acknowledgement), 특별한 의미의 인정(recognition in a specific sense)의 세 의미를 담고 있다고 분석된다.[12] 첫 번째 의미인 확인은 어떤 것을 수적, 질적 특성을 토대로 어떤 공동체에 속하는 것으로 확인한다는 의미이다. 두 번째 의미는 가치, 근거, 규범, 권리, 책임과 같이 규범적이거나 평가적 개체 또는 사실로 수용한다는 의미이다. 이상의 두 의미는 도덕의 구조에서 2인칭 관계성에 따라 도덕 공동체의 성원인지를 판단하는 기준과 관련된다. 세 번째 의미는 윤리적 그리고 규범적 태도와 상태에 대한 의미이다. 이 의미는 도덕의 구조에서 3인칭 보편성에 따라 도덕 규칙이나 원칙을 제시하는 것과 관련된다. 인정 개념의 세 의미는 인정에 근거한 인격 모델이 도덕적 지위를 부여하는 것뿐만 아니라 도덕의 내용과도 관련된 통합적인 성격을 갖고 있음을 보여준다.

인정에 근거한 인격 모델은 내재적 속성이 아닌 관계성과 관련된 표현 속성에 주목하여 해당 존재자를 도덕 공동체의 성원으로 볼 수 있을

**11** 이 글에서 제시되는 인정에 근거한 인격 모델에 대한 설명은 아래의 논문에서 인공지능 윤리와 관련된 도덕적 지위의 윤리적 인격 부분을 인간 중심으로부터 탈-인간 중심의 윤리로 나아가는 체계적인 인공지능 윤리와의 관련성을 중심으로 수정하고 보완 발전시킨 것이다: 목광수, 〈인공지능 시대의 적합한 인격 개념: 인정에 근거한 모델을 중심으로〉, 《철학논총》 제90집, 2017. 이 모델은 기능주의와 구분된다. 왜냐하면, 인정에 근거한 인격 모델에서의 표현 속성은 객관적으로 관찰될 수는 없지만 주관적으로 파악될 수 있는 속성도 존재자의 표명을 통해 상호 인정될 수 있기 때문이다.

**12** Heikki Ikäheimo, "Recognizing Persons," *Journal of Consciousness Studies* Vol. 14(5/6), 2007, pp. 226-228.

지를 1차적으로 확인한다. 기존의 도덕 공동체 성원인 인간 중심 관점에서 새로운 존재자인 인공지능 존재를 도덕 공동체의 성원으로 확인하기 위해서는 기존 존재 지위와 관련해서 고려되었던 속성들 가운데 표현 속성으로 중첩적 합의(overlapping consensus)된 것들이 기준이 된다. 관계성 모델이 주관성과 상대성으로 인해 인격 논의의 사회적, 객관적 성격과 상충했다면, 인정에 근거한 인격 모델은 사회구성원들 사이의 중첩적 합의를 통해 객관성을 확보한다. 이렇게 중첩적 합의를 통해 인정의 근거로 사용될 수 있는 표현 속성들에는 외양, 합리성/지적능력, 쾌고 감수 능력, 미래감(삶의 주체), 자율적 능력, 이해 관심 등의 예가 있을 수 있다.[13] 여기서 주목할 것은 내재적 속성 보유 모델에서는 이러한 속성들을 명시하지는 않지만 실재론적인 관점까지 고려되었던 반면에, 인정에 근거한 인격 모델에서는 실재 여부와 관계없이 인간과의 관계 속에서 인식되고 포착되어 관찰 가능한 표현 속성이라는 점이다. 따라서 이러한 표현 속성은 인간들과 새로운 존재자인 인공지능 존재자와의 상호작용의 경험 속에서 새롭게 추가되고 수정되는 방식을 통해 인격에 대한 범위와 인정 영역이 확장되고 변경될 수 있다.

인정에 근거한 인격 모델은 중첩적 합의를 통해 객관성을 확보한 다양한 표현 속성들의 조합과 비중주기(weighing)를 통해 인격 존재를 도덕적 행위주체(능동자)와 도덕적 행위객체(피동자)로 세분화하여 도덕

**13** 이 글에서 제시되는 표현 속성들의 목록은 기존 동물 윤리나 인공지능 윤리에서 새로운 존재자를 도덕 공동체의 성원으로 판단할 때 고려되었던 목록들이다. 이러한 목록들은 인공지능의 인격 논의에서 특정 표현 속성들이 고려될 수 있음을 보이기 위해 제시한 사례에 불과하다. 실제로 어떤 목록이 인공지능 존재자에게 인격 개념을 부여하기 위해 필요한 표현 속성인지에 대해서는 사회 구성원들의 인식조사와 같은 경험 연구를 통해 제시될 것이다.

적 지위를 부여한다. 즉, 도덕적 행위주체로 표현되는 인격 개념은 '충분한 인격(full-fledged personhood)'이고 도덕적 행위객체로만 표현되는 인격 개념은 '준-인격(pseudo personhood)'이라고 명명할 수 있다. 이러한 세분화는 기존의 도덕 공동체 성원인 인간들과 새로운 존재자인 인공지능 존재자와의 관계 속에서 더욱 다양하게 이루어질 수 있다. 예를 들어, 무어(James Moor)는 인공지능 존재자를 인공적 도덕 행위주체(artificial moral agent, AMA)로 본다고 할 때 이를 1단계의 윤리적 영향(impact) 행위주체, 2단계의 암묵적/내재적(implicit) 윤리 행위주체, 3단계의 명시적(explicit) 윤리 행위주체, 4단계의 완전한(full) 행위주체로 구분한다.[14] 무어의 이런 구분은 인격 개념의 토대에서 정립된 것이 아니어서 적어도 1단계와 2단계는 앞에서 언급했던 것처럼 행위주체에서 바로 도덕 행위주체로 넘어가는 논리적 비약에 해당한다. 그러나 3단계와 4단계는 표현 속성들의 중첩적 합의를 통해 인격 개념을 부여받을 수 있다는 점에서 도덕적 행위주체의 분화된 사례로 볼 수 있다. 무어의 구분을 언급한 것은 무어의 구분 자체가 정당하거나 수용해야 한다고 말하기 위한 것이 아니라, 인정에 근거한 인격 모델이 무어의 구분처럼 다양한 세분화가 가능함을 언급하기 위해서이다. 이러한 세분화는 경험 연구를 통해 표현 속성들 각각 비중주기와 연결을 통해 이루어질 수 있으며

**14** James Moor, "Four Kinds of Ethical Robots," *Philosophy Now*, Vol. 72, 2009, p. 12. 이 글은 인간과 상호작용하는 인공지능 존재자에 주목하는 반면에 무어의 논의는 인공적 도덕 행위주체(AMA) 제작에 초점을 두고 있다는 점에서 차이가 난다. 이로 인해 무어의 논의는 인정과 무관한 존재자도 인공적 도덕 행위주체로 제시한다. 인정에 근거한 인격 모델에 토대를 두면서 인공적 도덕 행위주체를 설계할 때 고려할 윤리적 사항에 대해서는 다음 논문을 참조하기 바란다: 목광수, 〈인공적 도덕 행위자 설계를 위한 고려사항: 목적, 규범, 행위지침〉, 《철학사상》 제69호, 2018.

[4-1] 드라마 〈웨스트월드(West World)〉 포스터

이러한 비중은 인간들과 새로운 존재자인 인공지능 존재자와의 상호작용의 경험 속에서 변화될 수 있다. 예를 들어, 미국 드라마 〈웨스트월드(West World)〉(2016, 2018, 2020) 등에서 볼 수 있는 것처럼, 인공지능 존재자를 인격으로 논의하는 과정에서는 인간처럼 보이는 '외양'이라는 표현 속성이 중요했지만, 최근에는 영화 〈그녀(Her)〉(2013) 등에서 보는 것처럼 '외양'보다는 의사소통을 통해 확인할 수 있는 '합리성/지적 능력'이라는 표현 속성이 더 중요한 비중을 갖는 것으로 보인다.

기존의 인격 모델은 2인칭 관계성의 도덕 공동체 성원으로 새로운 존재자를 포함할지의 존재론적 논의에만 한정된다. 그런데 인정에 근거한 인격 모델은 새로운 도덕 존재자를 확인하고 세분화하는 수용을 통한 존재 규정의 2인칭 관계성에 머무는 것이 아니라, 규범적 태도를 제시하는 윤리적 실천 기준을 제시하는 3인칭 보편성으로 한 단계 더

나아간다는 점에서 기존 논의들과 차별화된다. 인정에 근거한 인격 모델은 인간이 인공지능 존재자와의 사이에서 형성되는 관계를 보편적 이기주의 관계, 특수한 이타주의 관계, 보편적 이타주의 관계로 구분하고, 각 관계에 권리, 사랑, 연대의 인정 태도를 보여야 할 뿐만 아니라 각각 존중, 친밀감 동포애의 인정 규범 상태를 지향해야 한다는 3인칭 보편성을 제시한다.[15] 이러한 인정 태도와 인정 규범 상태는 각각의 관계에서 요구되는 다양한 태도와 규범들 사이에서의 중첩적 합의로 볼 수 있다.[16] 그런데, 이런 인정 태도와 인정의 규범 상태는 인간이 새로운 존재자와 맺는 관계에 기반을 둔 태도라는 점에서 인간 중심 윤리에 해당한다. 더욱이, 만약 인공지능 존재자가 도덕적 행위주체까지로 나아가지 않는 도덕적 행위객체의 준-인격에 해당한다면, 이러한 도덕

**15** 언급된 세 가지 관계는 아비네리(Shlomo Avineri)가 인간이 타인과 맺는 모든 관계가 세 가지의 인간관계로 구분될 뿐만 아니라, 이러한 관계는 헤겔의《법철학》이 가족, 시민사회, 국가로 구분된 것에 상응한다는 해석에 기반을 두고 있다(Shlomo Avineri, *Hegel's Theory of Modern State*, Cambridge University Press, 1974). 이러한 관계 구분에 대한 인정 태도와 규범적 상태의 구체적인 내용은 호네트(Axel Honneth)의 논의를 토대로 재구성했다(악셀 호네트, 문성훈·이현재 옮김,《인정투쟁》, 동녘, 1996). 여기서의 재구성 내용은 하나의 사례에 불과하며, 인공지능 윤리의 규범 내용은 경험 연구를 통해 구체화되겠지만 원리적으로는 도덕 공동체의 성원들 사이의 중첩적 합의를 통해 제시될 것이다.

**16** 호네트가 근대 역사에서 인정 태도와 규범 상태를 제시한다고 하는데, 이것은 앞에서 언급했던 중첩적 합의로 재해석할 수 있다. 중첩적 합의는 롤스(John Rawls)가 다원주의 사회에서 정치적 정의관을 모색하는 방식으로 사용한 방법론이다(John Rawls, *Political Liberalism*, Columbia University Press, 1993). 롤스에 따르면 중첩적 합의는 단순한 다양한 포괄적 교설들(comprehensive doctrines) 사이의 기계적인 교집합이 아니라 상호 토론과 합의라는 동적 구조를 통해 이루어지며, 이렇게 이루어진 중첩적 합의는 포괄적 교설의 지지를 받는다는 점에서 옳음과 좋음의 일치, 즉 규범성과 관련된다고 해석할 수 있다. 그렇다면 도덕의 구조 측면에서 볼 때, 인정에 근거한 인격 모델의 인정 태도와 인정 규범 상태가 중첩적 합의의 결과물인 3인칭 보편성에 해당하지만, 이러한 중첩적 합의 과정에서는 1인칭 관점의 규범성이 포함된다고 해석할 수 있다.

적 대우는 인간에게만 요구된다. 비슷한 맥락에서, 예를 들어 기존 동물 윤리에서 동물에게 도덕적 행위주체가 아닌 도덕적 행위객체만을 부여했기에, 도덕 공동체의 도덕적 행위주체인 인간은 동물을 윤리적으로 대우해야 하지만, 동물에게 윤리적 대우를 기대할 수도 없고 도덕적 책임을 부여할 수도 없었다. 그러나 만약 새로운 존재자인 인공지능 존재자의 도덕적 지위가 도덕 행위주체로도 인정된다면, 인공지능 존재자에게도 동일한 인정 태도와 인정의 규범적 상태가 요구될 것이다. 이런 인정 태도와 인정의 규범적 상태가 이루어지지 못한 비윤리적 상황, 특히 인정 태도가 나타나지 않는 것은 불인정(misrecognition)에 해당한다. 구체적으로는 인정 관계에서 인격을 부여받은 타자, 즉 도덕 공동체의 성원을 보이지 않는 존재로 대우(invisibility)하거나 착취하거나(exploitation), 무시(disregard)하는 것을 의미한다. 예를 들어, 불인정은 인공지능 존재자가 인정의 첫 번째와 두 번째 의미를 통해 도덕적 지위를 확보했음에도 불구하고 이런 인공지능 존재자를 착취하거나 그보다 낮은 지위로 대우하는 것, 혹은 마치 그러한 지위 자체를 갖지 않은 존재인 것처럼 대우하는 경우에 발생한다. 또한 각각의 관계에서 적절한 인정 태도를 나타내지 않는 것도 불인정에 해당한다.

이상의 논의는 인정에 근거한 인격 모델이 새로운 존재자인 인공지능 존재자를 도덕 공동체의 성원으로 수용할 수 있을지를 판단하는 인격 부여 여부의 공정하고 정당한 기준이 될 수 있음을 보여준다. 그런데 이 논의는 이론적으로 틀을 제시하고 사례를 보여줄 뿐, 인정 논의에 포함될 속성 목록이나 각 속성의 비중주기, 그리고 요구되는 규범적 태도의 내용에 대해서는 구체적으로 제시하지 않았다. 이러한 구체적인 제시는 경험 연구와 이론 연구의 협업을 통해 가능할 것으로 보인다. 구체화된 인정에 근거한 인격 논의를 통해 인공지능 존재자에게 도덕적 지위를 부여할 수 있게 되면, 이를 기반으로 체계적인 인공지능 윤리가 전개될 수 있을 것이다.

## 인정에 근거한 인격 논의를 토대로 시작할 체계적인 인공지능 윤리

인정에 근거한 인격 모델로부터 시작하는 체계적인 인공지능 윤리는 경험 연구와 이론 연구의 협업을 통해 구체화되고 정교화될 것이다. 그러나 경험 연구의 협업이 진행되기 전에, 지금까지의 논의를 통해 체계적인 인공지능 윤리의 대략적인 모습을 제시하는 것은 추후 연구를 위한 청사진이 될 것이다. 먼저 약한 인공지능 수준에서는 동물 윤리에서 그런 것처럼, 약한 인공지능 존재자가 인간과의 상호작용에서 보여주는 속성들 가운데 중첩적 합의를 통해 인정되는 표현 속성들의 확인이 필요하다. 예를 들면 합리성, 쾌고 감수 능력, 이해관심의 비중이 확인되고 수용되면, 도덕적 행위객체로서의 준-인격 지위를 부여받을 수 있을 것이다. 이 수준에서 기존의 도덕 공동체의 성원인 인간은 새로운 도덕 행위객체인 인공지능 존재자를 도덕적으로 대우하지만, 아직 도덕적 행위주체가 아니라 도덕적 행위객체에 불과한 인공지능 존재자에게는 인간에게 해악을 끼치는 부정적 행위를 하지 않는 수준(무어의 2단계)이 프로그래밍이 될 것이다. 이 수준에서의 인간과 인공지능 존재자와의 관계는 보편적 이기주의 관계가 대부분일 것이며, 여기서 요구되는 인정 태도는 권리이고 인정의 규범 상태는 존중일 것이다. 이 수준에서 인간과 인공지능 존재자 사이의 관계는 특수한 이타주의나 보편적 이타주의 수준으로 나아갈 수 없으며, 혹시 그런 경우가 개인적으로는 발생할 수 있다고 하더라도 이것이 사회적으로 인정되기는 어려울 것이다.

인공지능 과학기술의 발전과 인공지능 존재자와 인간 사이의 상호작용 영역과 정도가 심화됨에 따라 인공지능 존재자는 도덕적 행위주체로 인정되는 충분한 인격 지위를 부여받을 수 있을 것이다. 왜냐하면, 인정에 근거한 인격 논의는 다양한 속성들에 대한 인정과 비중주기를 통해 인식의 변화를 반영하기 때문이다. 이 수준은 약한 인공지능 수준과 강한 인공지능 수준 사이에 있을 수도 있고, 강한 인공지능 수준일 수도 있을 것이다. 무어의 구분법에서 추론하여 행동하는 수준의 3단계 정도일 것이다. 예를 들어, 미국 드라마 〈웨스트월드(West World)〉(2016) 시즌 1에서 인간이 인공지능 존재자에게 "당신은 정말 인간입니까(Are you real)?"라고 물었을 때, 인공지능 존재자가 "만약 당신이 (인간인지 인공지능 존재자인지) 구분할 수 없다면, 그것이 중요한가요(If you can't tell, does it matter)?"라고 답변할 만큼의 수준일 것이다. 이 수준에서 인공지능 존재자가 인간과 구분되지 않을 만큼 인정에 필요한 표현 속성들, 예를 들면 외양, 합리성, 쾌고 감수 능력, 자율성, 미래감, 이해관심을 비중에 맞게 갖추고 있다면, 인공지능 존재자는 충분한 인격, 즉 도덕 행위객체일 뿐만 아니라 도덕 행위주체로서의 존재 지위를 부여받을 것이기 때문이다. 이 수준에서 인간과 인공지능 존재자는 보편적 이기주의 관계에서는 권리 존중, 특수한 이타주의 관계에서는 사랑의 친밀감, 보편적 이타주의 관계에서는 연대의 동포애를 인정 태도와 인정의 규범 상태의 상호성에 따라 요구받을 것이다.

영미 합작 드라마 〈휴먼스(Humans)〉(2015) 시즌 1에서 볼 수 있는 것처럼 인공지능 과학기술의 발전으로 강한 인공지능 존재자가 등장하게 되거나 인공지능 존재자가 자가 학습을 통해 무어의 4단계 수준의 완전한 도덕 행위주체로 인정될 수준에 도달했을 때, 인간과 인공지능 존재자와의 상호작용의 증가로 인식이 전환되어 상호 동등한 수준으로 간주하게 될 때가 탈-인간 중심 윤리로 나아가기 전 수준인 과도기 수준에 해당할 것이다. 영화 〈바이센테니얼 맨〉(1999)에서 약한 인공지능 수준에 해당하는 가사도우미 로봇인 앤드류가 자가 학습을 통해 강한 인공지능이 되어 주인으로부터 독립하여 자유를 추구하고 이후에는 인간과 결혼하여 살면서 이를 사회에 인정해달라고 요구하는 부분이 이러한 과도기의 사례 중 하나일 것이다. 더욱이 이러한 과도기는 인공지능 존재자와 상호작용하면서 인간이 인공지능 존재자로부터 받은 영향, 즉 인공지능 존재자를 닮아감과도 깊이 관련된다. 영국 드라마 〈이어즈 & 이어즈(Years and Years)〉(2019), 〈휴먼스(Humans)〉(2016, 2018) 시즌 2와 시즌 3은 인간이 인공지능 존재자를 동경하여 흉내 내거나 모방하는 수준을 넘어 트랜스휴먼과 포스트휴먼을 지향하는 인간들의 모습을 보여준다. 혹자는 이 정도로 발전하는 수준에 이르면 인간 중심 개념인 인격 개념 자체를 포기해야 한다고 주장하기도 한다. 그러나 과도기 수준까지는 인격 개념의 명칭 변화는 가능할지 몰라도 그 의미, 즉 규범적 자격과 관련된 개념의 필요성은 윤리 논의에서 포기할 수 없을 것이다. 왜냐하면 도덕의 구조에서 볼 때, 2인칭 관계성 논의에 따른 도덕 공동체 논의를 위해서는 도덕 공동체 성원 여부에 대한 논의가 필수적이기 때문이다. 따라서 인격 개념 자체를 포기해야 한다는 주장이 개념의 필요성은 유지하면서 명칭 변경을 의미하는 것이라면, 명칭 변경은 도덕 공동체 구성원들 사이의 합의를 통해 가능할 것이다. 그러나 인격 개념 자체를 포기해야 한다는 주장이 그 필요성 자체를 부인하는 것이라면, 이것은 윤리 논의 자체를 포기하지 않는 한 불가능한 주장에 해당한다. 과도기 수준은 인간과 인공지능이 공존하면서 여전히 인간 중심 윤리를 유지하려고 하기 때문이다.

그렇다면, 어떻게 과도기 수준에서 탈-인간 중심 윤리로의 이행이 가능할까? 첫 번째는 도덕 공동체의 성원인 인간의 인식 지평 확장으로 인해 더 이상 인간 중심 윤리가 적합하지 않다고 판단하여 새로운 윤리, 즉 탈-인간 중심 윤리의 필요성을 인지할 때 가능할 것이다. 플로리디는 인류 역사에서 인간이 자신에 대한 인식에서 네 번의 혁명을 경험했다고 분석한다.[17] 첫 번째는 코페르니쿠스(Nicolaus Copernicus)를 통해 인간이 우주의 중심이 아님을 자각한 혁명이고, 두 번째는 다윈(Charles Darwin)을 통해 인간이 생명의 중심이 아니라는 것을 깨닫게 된 혁명이며, 세 번째는 프로이트(Sigmund Freud)로 인해 인간이 순수한 합리성 중심의 존재가 아니라는 깨달음의 혁명이다. 네 번째 혁명은 인공지능 학자인 튜링(Alan Turing)의 주도를 통해 인간이 독자적이고 고유한 실체가 아니라 정보적으로 구현된 유기체로서 정보 환경을 살아가는 존재라는 자각이다. 과도기 수준에서 볼 수 있는 것처럼 인공지능 존재자와 인간의 상호작용 증가로 인해 상호 모방하는 변화, 즉 트랜스휴먼이나 포스트휴먼으로의 이행이라는 실질적 변화는 정보 혁명과 같은 인식 변화를 유도할 것이다. 이런 정보 혁명이 일어나면 인간은 추상화 수준에서 가장 높은 수준의 추상화인 정보 추상화 층위(informational level of abstraction)에서 자신을 포함한 모든 존재를 정보 존재자로 포착하게 되고, 이러한 정보 존재자를 도덕적 존재로 인식하여 탈-인간 중심

**17** Luciano Floridi, *The Ethics of Information*, Oxford University Press, 2013, pp. 13-14.

윤리로의 이행이 가능할 것이다.[18] 이러한 플로리디의 추상화 수준 변화는 영화 〈매트릭스〉(1998)에서 주인공 네오가 가상 세계인 매트릭스에서 요원들의 총알에 맞아 죽었지만 총알이 자신을 죽일 수 없다는 인식 전환을 통해 살아나 전과는 다른 막강한 힘을 발휘하여 총알을 막아내는 마지막 장면에서 잘 영상화되었다. 두 번째는 인간과 공존하는 과도기의 인공지능 존재자가 자가 학습을 통해 강한 인공지능이 된 이후에 기존의 인간 중심 윤리의 한계를 깨닫고 새로운 윤리인 탈-인간 중심 윤리의 필요성을 제기할 때 가능하다. 영화 〈바이센테니얼 맨〉(1999)에서 강한 인공지능 존재자가 된 앤드류는 인간 중심 윤리 체계 내에서 끝까지 인간과의 결혼 승인을 요구하며 인간처럼 죽음을 맞이한다. 그러나 만약 인간 중심 윤리를 고수하던 인공지능 존재자인 앤드류가 영화와 달리 동등한 위계의 인간 존재자에게 기존의 인간 중심 윤리를 버리고 새로운 탈-인간 중심 윤리를 만들자고 제안하는 경우에는 탈-인간 중심 윤리로의 이행이 가능할 것이다. 이런 두 경우는 논리적인 구분일 뿐 현실에서는 전후 관계의 차이만 있고 함께 나타날 수밖에 없다. 왜냐하면, 전자의 경우 인간이 탈-인간 중심 윤리로 나아가야 한다고 인식하였다고 하더라도 인공지능 존재자가 도덕 행위주체로서 새로운 윤리의 필요성을 인지하고 요구하지 않으면 이행이 일어

**18** 인식적 차원에서 정보 존재를 포착하고 바로 그 존재를 도덕 존재로 간주할 수 있다는 플로리디의 주장은 자연주의 오류(natural fallacy) 비판에 직면한다. 그러나 플로리디는 사실과 가치가 혼용될 수 있는 영(spiritual)적인 논의들이 많다며 이 비판을 심각하게 생각하지 않는다(Floridi, *The Ethics of Information*, p. 324). 이러한 플로리디의 대응은 적절하지 않으며, 플로리디 정보 윤리를 보완하면 자연주의 오류 비판에 효과적으로 대응할 수 있다는 논의에 대해서는 다음 논문을 참고하기 바란다: 김유민, 목광수, 〈플로리디(Luciano Floridi) 정보 윤리학의 자연주의 재구성: 자연주의적 오류 비판을 넘어서〉, 《범한철학》 제100권 1호. 2021.

나지 못하기 때문이다. 또한, 후자의 경우 인공지능 존재자가 탈-인간 중심 윤리로의 이행을 요구하더라도 다른 도덕적 존재인 인간이 인식 전환을 통해 이를 수용하지 않으면 탈-인간 중심 윤리로의 이행이 불가능하기 때문이다. 탈-인간 중심 윤리는 기존 도덕의 구조 자체 변화를 통해 새로운 윤리 내용을 구성할 것이기에 구체적인 내용에 관해서는 기술할 수 없다. 앞에서도 언급한 것처럼 새로운 존재자인 인공지능 존재자와 어떤 방식으로든 새롭게 소통하면서 내용이 제시될 것이기 때문이다.

이 글은 인공지능 시대에 새롭게 등장하거나 등장할 존재자인 인공지능 존재자를 도덕 공동체의 성원으로 포함할 수 있을지, 그리고 포함한다면 어떻게 포함할 수 있을지에 대해 공정하고 정당한 검토를 할 수 있는 인격 모델로 인정에 근거한 인격 모델이 적합함을 주장하고, 이 모델로부터 체계적인 인공지능 윤리의 대략적인 모습을 제시하였다. 또한 체계적인 인공지능 윤리는 기초 논의인 인격 모델을 토대로 인공지능 과학기술의 발전과 인공지능 존재자와 상호작용하면서 확장되는 인간 인식에 따라 인간 중심의 인공지능 윤리가 과도기 단계를 거쳐 탈-인간 중심 인공지능 윤리로 나아감을 이론적 차원에서 보였다. 이런 이론적 차원의 체계적인 인공지능 윤리는 사회 구성원들과 인공지능 개발자들의 인식조사와 같은 경험 연구와의 협업을 통해 구체적인 모습을 갖출 수 있을 것이다. 이렇게 갖춰진 체계적인 인공지능 윤리는 인간 삶을 풍요롭게 하면서 인공지능 과학기술의 지속적 발전과 공존에 기여할 것이다.

# 존엄에 관하여
## - 포스트휴먼과 기술 시대를 위한 존엄의 개념*

오홍명**

인간이 존엄하다는 것은 역사적 사실도, 경험적 현실도 아니다. 그럼에도 우리는 인간이 존엄하다고 믿는다. 인간은 과연 존엄한 존재인가? 이 질문에 대한 대답은, 두 가지 하위사안들에 대한 선행적 해명을 요구한다.

첫째, 존엄이란 무엇인가? 인간이 존엄하다는 것은 인간이 어떤 존재임을, 혹은 인간 존재의 어떤 특성을 지칭하는 말인가?

둘째, 존엄은 경험적인 것인가, 혹은 선험적인 것인가?

만약 존엄이 경험적인 것이라면, 인간은 특정한 경험적 조건을 구비해야만 존엄한 존재가 될 수 있을 것이다. 그러나 현실 속에는 무수

* 이 글은 《철학·사상·문화》 제37호(동국대학교 동서사상연구소, 2021)에 실린 글을 보완·수정한 것이다.

** 경기대학교 교양학부 교수 역임, 튀빙겐대학교와 경희대학교 후마니타스칼리지 등에서 강의.

한 경험적 조건들의 차이가 존재하더라도, 근대 이후의 보편적 통념을 고려할 때, 적어도 원론적으로는 모든 인간이 성별, 인종, 지위고하에 상관없이 존엄하다고 가정할 수 있다. 그러므로 존엄은 경험적인 조건에 따라 실현되는 가치라기보다는-그것이 특정 사회 속에서 명시적으로 공인되는 것이든 아니든, 적어도 잠재적인 차원에 있어서는-하나의 타고난 성질, 곧 인간 존재의 내재적이고 본유적인 특성에 더 가까운 것처럼 보인다.[1] 만약 그렇지 않다면, 인간의 존엄은 모든 시대와 장소를 초월하여 적용될 수 없는, 하나의 우연적 사태로 간주되어야만 할 것이다. 그러나 인간의 존엄이 일정한 경험적 조건의 충족을 통해서만 실현될 수 있는 것이라면, 그것은 '인간'의 존엄이 아니라 특정한 개인이나 집단에 배타적으로 귀속돼 있는 특수한 자격을 지칭하는 표현에 불과할 것이다.

인간의 존엄에 관한 이 같은 물음은, 현대 인류가 직면한 역사적 정황 속에서 전대미문의 사안으로 비화한다. 테크놀로지의 급속한 발전으로 인해 이른바 기술시대로 접어든 인류의 역사는, 바야흐로 인간의 개조를 통한 새로운 인간종의 출현은 물론이거니와, 한낱 사물에 불과했던 대상에 인공적인 사고능력을 부여함으로써 인간의 지위에 육박하는 미증유의 인격적 존재가 등장하게 될 미래를 목전에 두고 있다. 만약 인간의 존엄이 특정 집단이나 생물학적 종의 배타적 지위를 지칭하기 위한 개념이 아니라면, 인간을 존엄하게 만드는 내재적 속성을 지닌 인공적 사물 또한 존엄한 존재로 간주될 수

1 이와 관련하여, 헌트의 인권 개념을 보라. 린 헌트, 전진성 옮김, 《인권의 발명》, 돌베개, 2009, 25-26쪽.

있는가? 인공적 사유능력을 갖춘 특정한 사물존재의 존엄에 관한 이러한 물음은, 먼저 포스트휴먼의 개념과 인격의 인공적 구현을 위한 기술적 현황에 대한 포괄적이고 객관적인 검토를 요구한다. 그러나 그러한 검토와 더불어 인공적 주체나 인격의 존엄성 여부에 관한 궁극적 판단은, 결국 존엄의 개념이 무엇이며 어떠한 근거를 바탕으로 특정 존재가 존엄한 존재일 수 있는가를 해명한 이후에 비로소 정당화된다.

이러한 논의 맥락 속에서, 이 글은 다음의 몇 가지 사안을 주요 논제로 살핀다. 첫째, 인권 혹은 존엄(이라는 개념)에 대한 역사적, 경험적 고찰을 시작으로, 존엄의 기원과 의미를 철학적 관점에서 해명한다. 둘째, 존엄과 인권의 문제를 역사적 차원에서 고찰한 후, 존엄을 인간 존재의 내재적 속성으로 간주하는 대표적 논변으로 흔히 소환되는 칸트의 입장을 비판적으로 재론한다. 셋째, 이상의 논의를 바탕으로, 탈인간적 주체로서 포스트휴먼의 존엄성 문제를 논구한다. 이러한 예비 작업이 완료된 이후에는, 인간에게 배타적으로 적용돼왔던 존재론적 특성으로서 존엄이, 과연 포스트휴먼과 인공적인 사물주체로까지 확대, 적용될 수 있는지를 검토한다.

## 존엄의 개념 - '인권'과 '존엄'에 대한 역사적, 철학적 고찰

역사적으로 모든 인간의 평등과 존엄을 대변하는 개념으로서 '인권'이 인간의 보편적 권리로 간주되기 시작한 것은 18세기 이후의 일이다. 새로운 시대를 여는 전쟁과 혁명의 파고 속에서, "인간이 인간이라는 종에 속한다는 이유만으로 가지는 권리" 즉 "성, 인종, 국적, 경제적 배경을 가리지 않고 누구나가 평등하게 가지는" 그리하여 "그 내용에 있어 보편적"[2]인 인간의 자연적 권리로서 인권이, 바야흐로 국가적 혹은 범사회적 차원에서 공식적으로 천명되기 시작했다. 그러한 선언들 가운데 대표적 사례인 〈미국 독립선언문〉(1776)과 〈프랑스 인권선언문(인간과 시민의 권리 선언)〉(1789)은 인간의 타고난 권리를 '자명한 원리' 로 규정하고, 그 구체적인 내용을 다음과 같이 설명한다.

> 우리는 다음의 진리를 자명한 것으로 간주하는 바, 모든 인간이 평등하게 창조되었고, 그들의 창조자에 의해 양도할 수 없는 권리를 부여받았으며, 그러한 권리들 가운데는 생명과 자유, 그리고 행복의 추구가 존재한다는 것이다.[3]

> 인간은 자유롭고 제반 권리에 있어 평등하게 태어나며 변함없이 그렇게 존재한다. 사회적 차별은 오직 공동선에 대한 고려에 근거하여 존재할 수 있다. 모든 정치적 결사의 목적은 자연적이고 절대적인 인간 권리의 보전에 있다. 이러한 권리들은 자유, 재산, 안전, 그리고 압제에 대한 저항이 있다.[4]

**2** 미셸린 이샤이, 조효제 옮김, 《세계인권사상사》, 길, 2005, 36쪽.

**3** The United States Declaration of Independence, 1776.7.4. 번역 및 강조는 필자, 전문은 다음 사이트를 참조. https://www.archives.gov/founding-docs/declaration-transcript [최종 검색일: 2022.7.20.]

**4** Déclaration des Droits de l'Homme et du Citoyen de 1789, English Translation, 1789.8.26. 프랑스 헌법위원회 제공, 번역 및 강조는 필자, 전문은 다음을 참조. https://www.conseil-constitutionnel.fr/sites/default/files/as/root/bank_mm/anglais/cst2.pdf [최종 검색일: 2022.7.20.]

인간이 역사의 무대에 등장한 이후 오랜 시간이 흐른 뒤에야 이러한 인식에 도달할 수 있었던 것이라면, 이 선언문[5] 속에 제시된 '인권(human rights)'의 가능성은 역사의 발전과 더불어 후천적으로 형성되었거나 획득된 것인가? 아니면 일종의 자연적 본성으로서 인간에게 생득적으로 내재하고 있었지만, 단지 그것을 발견해내는 데 오랜 시간이 걸렸을 뿐인가? 평등하고 자율적인 주체의 탄생이 신분제 철폐와 민주적 통치 질서의 수립, 산업혁명과 시장경제체제 및 화폐경제의 발달, 대도시의 등장과 과학기술의 발전, 종교개혁을 통한 종교적 권위의 약화와 세속주의의 심화 등 복잡한 근대적 상황과 맞물려 있었다는 사실을 감안한다면, 보편적 인권을 위한 역사적 조건의 영향을 전적으로 부인하기는 힘들다. 그러나 이러한 제반 여건의 성숙이 자율적 개인의 탄생에 일정 부분 기여한 것이 사실이라 해도, 그러한 역사적, 물리적 토대가 인간의 평등과 자율성 그 자체를 의미할 수는 없는 것이라면, 보편적 인권에 관한 사상적 기반을 좀 더 면밀하게 검토하는 일은 불가피해 보인다. 이하에서는, 인권과 존엄의 개념적 차이에 대한 간략한 개관과 더불어, 근대적 인권 개념에 사상적 기초를 제공한 대표적인 사상가들을 중심으로 존엄의 기원과 의미를 철학적 관점에서 고찰해보기로 한다.

## 1. 인권과 존엄-개념의 구분

위의 두 선언문 속에 제시된 "자명한 진리"로서 "인간의 평등"과 "양도할 수 없는 권리"인 "생명, 자유, 행복의 추구"(독립선언서), 혹은 "자유

5 이 두 선언문을 통해 제시된 보편적 인권의 개념은 1948년 UN에 의해 채택된 〈세계인권선언문〉에 고스란히 계승된다. https://www.ohchr.org/EN/UDHR/Pages/Language.aspx?LangID=kkn [최종 검색일: 2022.7.20.]

롭고 평등하게 태어난 인간"의 "자연적이고 절대적인 권리"로서 "자유, 재산, 안전, 압제에 대한 저항"(인권선언문) 등은 한갓된 선언일 뿐, 인간의 존엄에 대한 엄밀한 논증은 아니다. 아울러 여기 등장하는 인권이라는 개념은, '자연법' 개념을 대신하여 18세기 후반에 들어서야 명확한 개념규정 없이 여기저기서 산발적으로 사용되기 시작했다.[6] 시간이 흐르면서, 인권이라는 말은 대체로 "자연상태에서가 아니라 사회에서 인간이 갖는 권리"[7]로서, 시민으로서 인간들에게 부여되고 현실 속에서 구체적으로 행사될 수 있는 경험적, 정치적 권한들을 지칭하게 됐다.

이에 반하여 '존엄(dignity)'은 '인권'과 달리 그 언어적 기원이 고대 그리스로까지 거슬러 올라가고, 의미의 스펙트럼 또한 비교적 다양한 편이다. 존엄(dignity)의 어원인 라틴어 'dignitas'는 로마와 같은 고대 신분사회에서 타인보다 우월한 계급적 지위나 신분을 뜻하거나, 여타 동물들과 달리 인간만이 지닌 합리적 능력으로 인해 부여되는 보편적 고귀함(universal nobility)의 속성을 지칭했다.[8] 그러나 이러한 차등적 우월이나 비교우위로서 존엄은 인간 일반에 대한 보편적 적용에 있어서뿐 아니라, 신분의 변화나 품위 없는 행실로 인해 상실될 수 있는 한계를 지닌 가변적 특성에 불과했다. 이와 달리 현대적 의미에서 존엄은-자기 자신과 타인을 포함하여-인간에 대한 무조건적 존중을 요청할 수 있는

**6** 헌트, 앞의 책, 27-31쪽 참조.

**7** 헌트, 위의 책, 26쪽.

**8** Markus Duewell, "Human dignity: concepts, discussions, philosophical perspectives," *American Journal of International Law*, American Society of International Law, 2014, pp. 23-27; 마이클 로젠, 공진성·송석주 옮김, 《존엄성》, 아포리아, 2016, 25-43쪽; 김용해, 《인간존엄성의 철학》, 서강대학교출판부, 2015, 25-54쪽 참조.

내재적이고 객관적인 가치를 뜻한다.[9]

이처럼 인간에게 내재하는 근원적인 존재론적 특성인 '존엄'과, 그로 인해 부여되는, 정치사회적 현실 속에서 구체적으로 행사될 수 있는 특정한 권한인 '인권' 사이에는 일정한 논리적 상관관계가 성립한다. 인권의 구체적 내용으로서 "생명과 자유, 행복추구, 재산, 안전, 압제에 대한 저항" 등과 같은-요컨대 '법 앞의 평등'이라는 말로 요약될 수 있는-제반 법적, 사회적 권리들은, 그것이 '법률에 의해 보장돼 있기 때문에' 그 법의 적용을 받는 모든 사회구성원들에게 부여되는 것은 아니다. 오히려 그러한 법적 권리는, 모든 인간이 자신 자신과 서로에 대한 무조건적 존중을 요구할 수 있는 내재적이고 본유적인 가치로서 존엄을, 현실에 대한 고려 속에서 구체적인 형태로 표현하고 명시화한 것에 지나지 않는다. 존엄이 없다면, 모든 인간이 인간이라는 이유만으로 보장받아야 할 권리로서 인권도 존재할 수 없기 때문이다.[10]

사정이 그렇다면, 예의 선언들을 통해 표명된 인권의 보편성은 특정한 권리의 자연적 생득성만을 천명하는 것으로 성립하는 것이 아니라, 그러한 권리의 보편성을 정당화할 수 있는 토대로서 존엄의 선험적 근거나 존재론적 특성을 제시함으로써 가능할 것이다. 그러므로 우리는, 현대사회의 기본원리가 된 보편적 인권의 근거로서 인간 존엄이 과연 무엇을 바탕으로 정당화될 수 있는지, 경험적 관점에서 인간의 보편적 존엄에 접근했던 홉스와 로크, 선험적 관점에서 존엄의 가능성을 정초

9 이러한 의미에서의 존엄이 현대에 이르러서야 등장하게 된 개념은 아니다. 존엄의 다양한 의미에 관하여는, Duewell, *loc. cit.* 및 로젠, 앞의 책, 25-43쪽 참조.

10 때문에 이 글에서는, 기본적으로 존엄을 근원적인 인간 존재의 내재적 특성으로서 규정하고, 실제적으로 행사될 수 있는 인간의 권리를 주장하고 요구할 수 있는 근거로 이해한다.

하려 했던 칸트의 사상을 대조하는 가운데 검토하기로 한다.

## 2. 보편적 존엄에 대한 경험주의적 접근 - 홉스와 로크의 경우

자신의 주저 《리바이어던》에서, 홉스는 존엄(dignity)에 대해 이렇게 적고 있다.

> 한 사람의 공적 가치, 곧 코먼웰스에 의해 부여된 가치가 사람들이 보통 존엄(dignity)이라 부르는 것이다.[11]

여기서 존엄은 공적 직위에 부여되는 권한으로서 지위나 계급적 신분을 지칭하는 것으로, (앞서 언급된) 비교우위에 기초한 고대적 의미의 존엄 개념을 재현한 것에 지나지 않는다. 그러나 이와 별개로, 홉스는 자연상태의 인간에게 속하는 보편적이고 자연적인 권리를 언급함으로써, 인간의 내재적이고 보편적인 가치로서 존엄에 관한 이론적 단서를 제시한다. 자연상태의 인간을 규정하는 우선적 특징은, 무엇보다 그들이 '신체나 정신적 능력에 있어 평등하게 창조되었다'[12]는 점이다. 인간을 "감각, 이성, 감정을 갖춘 완전한 물리적 체계" 혹은 "자연적인 자동기계"[13]로 간주했던 홉스는, 이처럼 평등하게 창조된 자연상태의 모든 인간에게 귀속되는 '자연적 권리'가 존재한다고 가정한다. 그러한 권리란, 곧 "자기 자신의 자연[본성], 즉 자기 자신의 생명을 보존하기 위해

**11** Thomas Hobbes, *Leviathan* vol. 2, ed. by Noel Malcolm, Clarendon Press, Oxford, 2012, p. 136. 번역과 강조는 필자.

**12** Hobbes, *Ibid*., p. 188.

**13** 라이언, 앞의 책, 560쪽.

자신이 뜻하는 대로 자신의 힘을 사용할 수 있는 자유이자, 그에 따라, 자신의 판단과 이성에 의할 때, 무슨 일이 됐든 그러한 목적에 가장 적합한 조치라고 생각되는 일을 할 수 있는 자유"[14]를 의미한다. 그러니까 자연권(the right of nature)이란, "이성에 의해 발견된 규율이나 일반적 법칙"[15]을 의미하는 자연법(law of nature)에 따라, "자기 자신의 보존과 그로 인한 보다 만족스러운 삶"[16]을 위해 인간에게 천부적으로 주어진 신체적, 정신적 능력을 자유롭게 활용할 수 있는 보편적 권리를 뜻한다. 결국 인간의 자연적 권리는, 자연법에 따라 넓은 의미에서의 자기보존을 위해 행사될 수 있는 '자유의 권리'와, 그 자유의 권리에 있어서 보편적 동일성을 의미하는 '평등의 권리'로 구성되는 셈이다.[17]

'자유'와 '평등'으로 요약되는 인간의 보편적 권리에 관한 홉스의 사유는 로크에게서도 고스란히 재현된다. 로크는 자연상태의 인간을 "다른 어떤 사람의 허가를 구하거나 그의 의지에 의존함 없이, 자연법의 범위 내에서 자신이 적합하다고 생각하는 대로 자신의 행동을 규제하고 소유와 인신을 처분할 완전한 자유의 상태"이자 "평등의 상태"[18]로 규정한다. 이에 따라, 홉스에게서처럼 로크에게서도 자연법의 원리에 따라 자연상태의 인간에게 선사되는 자연적 권리가 발생한다. 첫째, 타

**14** Hobbes, *Ibid*., p. 198.

**15** Hobbes, *loc. cit*. 이러한 자연법의 핵심을 홉스는 '남이 해주기를 바라는 대로 남에게 행하는 것'으로 요약하고 있다. Hobbes, *Ibid*., p. 254 참조.

**16** Hobbes, *Ibid*., p. 254.

**17** 이와 관련하여 Hobbes, *Ibid*., pp. 192-262 참조.

**18** John Locke, *The Second Treatise of Government*, The Liberal Arts Press, New York, 1952, p. 4. 번역은 필자. 또한 pp. 5-6, 48-9, 72 참조. 이러한 의미에서 자연상태는 곧 자유의 상태를 의미한다.

인의 위해나 공격에 맞서 자신의 재산(property)[19]-생명, 자유, 자산(estate)-을 보존하기 위해 필요한 조치를 자연법이 허락하는 범위 내에서 자유롭게 취할 수 있는 권리이다. 둘째, 자연법의 원리를 위반한 타인을 역시 그 원리(자연법)에 따라 심판하고 처벌할 수 있는 권리이다.[20] 그러나 자연법에 의해 부여된 자연적 권리, 곧 인간의 보편적 권리로서 인권은, 자연상태에서 자신과 동일한 권리를 지닌 자유롭고 평등한 타인들의 잠재적 위협으로 인해 "그 재산의 향유가 매우 불안하고, 매우 불확실한"[21] 상황에 놓이게 된다. 이에 따라 자연상태의 인간은 자신의 생명과 자유, 재산을 보다 효과적으로 보존하기 위해 자신의 자연적 권리를 자발적으로 양도함으로써, 모든 사람의 합의에 기초한 공적 권력이 지배하는 공동체, 곧 보편타당한 원칙으로서 법률에 의해 운영되는 시민사회를 구성한다.[22] 그렇게 건립된 시민사회의 구성원들에게 귀속된 권리와 의무가 공적 합의를 바탕으로 명문화된 것이 다름 아닌 법률이다.

이상과 같은, 홉스와 로크에 의해 제시된 자연적 권리의 핵심을 '자유'와 '평등'으로 요약할 수 있다면, 우리는 이 두 '권리'를 인간 존엄의 본질적 계기로 이해해도 좋을 것이다. 문제는 이들이 존엄의 근거로 제시한 보편적 자유와 평등의 상태가, 존재 그 자체로 존중받아야 할 자격이나 가치, 혹은 자기목적적인 존재의 고유한 성격으로서 존엄을 의

19 로크에게서 'property'란 물리적 소유에만 국한된 것이 아니라, 생명과 자유, 자산(estate)과 같은 유무형의 대상들을 아우르는 포괄적인 개념이다.

20 Locke, *op. cit.*, pp. 48-49, 72-73 참조.

21 Locke, *Ibid.*, p. 70.

22 Locke, *Ibid.*, pp. 44-74 참조.

미하지는 않는다는 것이다. 그것은 다만 자연상태의 모든 인간이 자신의 생명과 재산을 지키기 위해 임의로 행위할 수 있는, 독자적 의지를 지닌 독립된 개체로 태어난다는 사실적 평균성을 의미할 뿐이기 때문이다.[23] 이러한 맥락에서, 이들이 말하는 존엄의 근거인 자유와 평등은, 인간 존재에 내재하는 근원적인 선험적 특성이라기보다는, 경험적 차원에서 행사될 수 있는 구체적인 권리항목의 균일성에 더 가까워 보인다.

이러한 한계에 대한 막연한 자각 때문인지, 로크는 자연상태의 인간을 지배하는 이성적 원리로서 자연법[24]을 인간의 보편적 권리를 정초하는 근거로서 언급한다. 자연법은 인간의 이성 그 자체와 동일한 것으로서, 이 법은 "그 법에 의뢰하는 모든 인류에게 모든 인간이 평등하고 독립된 존재이며, 누구도 다른 사람의 생명, 건강, 자유 혹은 소유물에 위해를 가해서는 안 된다고 가르친다."[25] 이러한 진술에 따를 때 모든 인간이 자유롭고 평등한 존재인 까닭은, 자연법 그 자체와 동일한 것으로 간주되는 '이성' 때문인 셈이다. 인간은 태어날 때부터 자유롭고 평등하며, 그렇게 자신에게 주어진 생명과 자유와 평등은 이성의 법칙에 의할 때 인간 존재를 설명하는 하나의 선험적이고 보편적인 원리인 것이다. 그러나 어떻게 인간의 이성은 모든 인간이 자유롭고 평등하며 독립된 존재임을 가르쳐주는가? 달리 말해서, 이성은 어떻게 인간 존엄

**23** 이러한 경험적 성격의 자유와 평등은, 사실상 자연상태로 존재하는 동물의 경우와 본질적으로 구별되지 않는다. 이 때문에 필자는 이들의 입장을 경험주의적 접근으로 명명했다.

**24** 이들이 언급하는 자연법 사상은 "스토아 철학의 보편주의와 기독교의 가치를 조합해서 생성된" 전통을 계승한 것이다. 이에 관하여는, 새뮤얼 모인, 공민희 옮김, 《인권이란 무엇인가》, 21세기북스, 2011, 29-30쪽 참조.

**25** Locke, *op. cit.*, p. 5.

의 내재적이고 선험적인 근거가 되는가? 유감스럽게도 홉스와 로크는 이 질문에 대한 충분한 해명을 제시하지 않는다.

칸트가 제시한 존엄논변은, 아마도 이러한 맥락에서 제시된 인간 존엄의 근거에 대한 대표적 논증일 것이다. 그에게서 인간의 자율적 이성[26]은, 누구도 부인할 수 없는 보편적인 내재적 속성이자 선험적으로 인간의 본성에 귀속돼 있는 자기목적적 가치로서 인간 존엄의 근거로 제시된다. 이에 우리는, 존엄에 관한 칸트의 논의를 비판적으로 음미해 봄으로써, (자율적) 이성이 어떻게 선험적인 방식으로 인간의 존엄을 정당화해줄 수 있는지, 이 물음에 대한 대답을 찾아보기로 한다.

## 3. 존엄의 의미와 근거에 대한 선험적 접근 - 칸트를 중심으로

칸트에게서 인간의 존엄은 어떻게 정의되는가? 그 존엄의 근거는 무엇인가? 그에게서 존엄은 어떤 것을 목적 그 자체가 되게 하는 내재적 가치로 이해된다. 존엄은 '가격' 즉 개인적인 필요나 욕구에 따라 가변적으로 성립되는 경험적이고 상대적인 가치[27]를 넘어서는, 절대적이고 선험적인 가치다.[28]

보편적인 인간의 경향성 및 필요에 관련돼 있는 것은 시장가격을

**26** 물론 여기서 이성은 이론이성이 아니라 실천이성을 가리킨다. Immanuel Kant, *Kritik der Praktischen Vernunft*, Felix Meiner Verlag, Hamburg, 2003, V3-6, V15-16 참조(관례에 따라, 칸트의 저술 지면표기는 베를린 학술원판 표기에 따른다).

**27** Immanuel Kant, *Grundledung der Metaphysik der Sitten*, Felix Meiner Verlag, Hamburg, 2016, IV 427-8 참조.

**28** 칸트와 달리 홉스는, 인간의 가치(value)나 가치(worth)를 모두 가격(price)으로 규정한다. 이에 관하여는, Hobbes, *op. cit.*, pp. 132-134 참조.

갖는다. 필요를 전제하지 않고, 일정한 취미, 즉 우리의 정신적 능력의 순전한 무목적적 유희의 기쁨을 따르는 것은 애호가격을 갖는다. 그러나 어떤 것이 오직 그 조건하에서만 목적 그 자체일 수 있는 그러한 조건을 이루는 것은 한낱 상대적 가치, 즉 가격을 갖는 것이 아니라, 내적 가치, 즉 존엄성을 갖는다.[29]

의미상으로만 보면, 칸트가 제시하는 존엄의 개념은 현대적인 의미에서 모든 인간에게 적용되는 보편적 가치로서 존엄, 곧 '인간에 대한 무조건적 존중을 요청할 수 있는 내재적이고 객관적인 가치'와 정확히 일치한다. 그러나 인간은 어떻게 이러한 절대적이고 내재적인 가치를 갖는가? 달리 말해서, 인간 존엄의 근거는 무엇인가? 존엄의 근거로 칸트가 제시하는 것은, 모든 인간에게 보편타당한 행위원리로 적용되는 정언명령으로서의 도덕법칙이다. 도덕법칙은 어떻게 존엄의 근거가 되는가? 주관의 경험적 필요나 욕망에 따른 상대적 목적의 실현을 위해 제시되는 실천원리, 곧 가언명령은 인용문에 제시된 것처럼 상대적 가치만을 갖는다. 그러한 실천원리의 가치-혹은 구속력-는, 그것을 통해 실현하려는 목적이 가치 있는 것으로 간주되는 한에서만 효력을 발휘한다. 그러나 모든 이성적 존재자에 대해 보편적이고 필연적으로 타당한 실천원리, 곧 정언명령은 주관의 사적인 필요나 상황에 따른 상대적 목적이 아니라, 실천법칙 그 자체를 목적으로 하는 행위원리라는 이유에서 그 자체를 목적으로 삼는다.[30] 이로 인해 그것 자체를 목적으로

**29** Kant, *Ibid.*, IV 434-435. 번역 및 강조는 필자.

**30** 가언명령과 정언명령의 차이에 관하여는, Kant, *Ibid.*, IV 414, IV 420-421 참조.

하는 실천원리로서 도덕법칙은, 모든 이성적 존재자들에게-설령 그 명령에 따를 때 손해가 발생한다 하더라도-그 법칙에 대한 무조건적 존경을 요구하기에, 그에 상응하는 무조건적 가치를 동반한다. 이처럼 그 어떤 경험적 조건이나 목적을 초월하여, 무조건적 법칙으로서 정언명령의 지배를 받는 순수한 실천이성의 주체는, 그 법칙이 지닌 무조건적 가치를 공유함으로써 스스로도 자기목적적인 존재가 된다. 이것이 정언명령으로서 도덕법칙이 인간 존엄의 근거인 이유다.[31]

그러나 보편타당한 실천원리로서 도덕법칙을 존경하고 그 법칙에 따라 행위할 수 있기 위해서는, 모든 경험적 제약을 초월할 수 있는 의지의 능력, 곧 자유의 가능성이 전제되어야 한다. 모든 기호와 경험적 욕망 같은 주관의 준칙으로부터 자유로울 수 있는 이성의 능력, 즉 상대적이고 우연적이며 주관적인 행위의 제약으로부터 벗어나 자신의 행위원리를 스스로의 힘과 의지에 의해 표상하고 부여할 수 있는 능력이 없다면-달리 말해 절대적 (도덕)법칙을 표상하고 그 법칙을 스스로에게 부과할 수 있는 자율성이 없다면-, 그 어떤 경험적 조건이나 목적에 의해 제약되지 않고 무조건적인 존경을 요구하는 도덕법칙의 절대적 가치를 공유할 수 있는 가능성 또한 존재할 수 없기 때문이다. 이러한 이유에서 자유를 가능하게 하는 이성의 능력, 곧 순수한 실천이성은 인간 존엄의 뿌리이자 원천이 된다.

이상의 논의를 통해 자연법으로서 이성이 어떻게 보편적 인간 존엄의 근거일 수 있는가라는 물음은 어느 정도 해명된 셈이다. 여기서 인

**31** 다음과 같은 칸트의 진술을 보라: "한 인격에 대한 존경은 사실 법칙에 대한 존경일 뿐이다." Immanuel Kant, *op. cit.*, 2016, IV 401 각주, 또한 IV 435 참조.

간 존엄의 근거가 되는 실천이성의 자유와 도덕법칙은, 홉스나 로크에게서 확인되는-자신의 재산을 지키기 위해 이성적 판단(자연법)에 따라 자유롭게 행위할 권리로서-사실적, 경험적 행위능력과 (가언적) 실천원리가 아니라, 무조건적이고 자기목적적인 것이다. 따라서 칸트에게 있어 존재의 자기목적적 특성으로서 존엄은, 홉스와 로크에게서처럼 자연상태의 인간에게 부여된 자연적 권리, 곧 "외적 방해의 부재 상태에서 이성적 판단에 따라 자유롭게 행위할 권리"가 아니다. 그러한 경험적 권리를 정당화하는 존재 그 자체의 내재적이고 선험적인 가치이자 무조건적 가치다.

그러나 칸트의 이러한 존엄논변은, 한 가지 결정적인 문제를 내포한다. 앞서 우리는 인간의 보편적 권리가 법률에 의해 정당화되는 것이 아니라, 법률에 명시된 인간의 권리가 인간의 보편적이고 내재적인 가치와 존엄에 근거한 것임을 확인했다. 그와 마찬가지로, 만약 모두가 평등하게, 무조건적으로 존중받아야 할 내재적 권리로서 인간의 보편적 존엄이 먼저 전제되지 않는다면, 자율적인 실천이성의 행위원리로서 도덕법칙, 곧 그 자체를 목적으로 하는 실천법칙으로서 정언명령은 보편타당한 구속력을 발휘할 수 없을 것이다. 이러한 문제를 명확히 의식하지 못한 채, 인간 존엄의 근거로 도덕법칙을 제시한 칸트는, 다시 도덕법칙의 근거를 목적 그 자체로 존재하는 이성적 존재자에게서 찾는 순환논증에 빠진다. 칸트는 이렇게 말한다.

> 그러나 그것의 실존 자체가 절대적 가치를 지닌 어떤 것, 목적 그 자체로서 특정한 법칙들의 근거일 수 있는 어떤 것이 있다고 가정해 보라. 그러면 그 안에, 그리고 오직 그런 것 안에만, 가능한 정언명령,

곧 실천법칙의 근거가 놓여 있을 것이다.

그리하여 나는 말하거니와, 인간과 아울러 일반적으로 모든 이성적 존재자는 목적 그 자체로 존재하며, 재량에 따라 이러저러한 의지에 의해 사용될 한갓된 수단으로 존재하는 것이 아니다. 오히려 인간은, 그 자신을 향한 것이든 다른 이성적 존재자들을 향한 것이든, 자신의 모든 행위에 있어 언제나 동시에 목적으로 간주되어야만 한다.[32]

이 인용문을 근거로 한다면, 자기목적적 명령으로서 도덕법칙이 존엄의 근거인 것이 아니라, 그 도덕법칙을 통해 구현되거나 수호되어야 할 무조건적 가치로서 존엄이 도덕법칙의 근거라는 사실이 분명해진다.[33] 정언명령으로서 도덕법칙은, 결국 인간의 보편적 존엄에 대한 선험적 직관으로부터 유래하는 보편적 실천원리일 뿐이다. 그렇다면 우리는, 인간 존엄의 근거와 관련하여 다시 원점으로 돌아온 셈이다. 인간은 왜 그 자체로 존엄한 존재인가? 이 근원적 물음에 대한 칸트의 대답은, 모든 인간이 자기 자신을 그러한 존재로, 곧 자기목적적 존재로 표상하기 때문이라는 것이다.[34] 이것은 결국 자기목적적 도덕법칙을 통해 표명되는 인간의 절대적 가치, 곧 인간의 존엄에 대한 실천이성의 직관능력이 인간 존엄의 근거임을 의미한다. 그것을 '표상'이라 부르든 '직관'이라 부르든, 중요한 것은 존엄에 대한 직관능력으로서 실천이성

**32** Kant, *op. cit.*, 2016, IV 428.

**33** 이와 관련하여, Kant, *Ibid.*, IV 428 참조. 필자는 이미 다른 논문을 통해 칸트의 존엄논변과 관련한 필자의 비판과 대안적 견해를 제시한 바 있다. 오흥명, 〈미와 선의 상호연관에 관하여-칸트의 미학과 윤리학에 대한 비판적 일고〉, 《철학과 현상연구》 제80집, 한국현상학회, 2019, 82-120쪽, 특히 106-114쪽을 보라.

**34** Kant, *Ibid.*, IV 429 참조.

이, 한갓된 지적 사유능력만을 의미하는 것은 아니라는 점이다. 자신의 존재를 무조건적으로 가치 있는 존재, 곧 자기목적적 존재로 직관하는 것은 한갓된 추상적 사유도, 경험적 사실에 근거한 자기애적 판단도 아니다. 오히려 그것은 그 어떤 경험적 사실에도 근거해 있지 않은, 자기 존재의 무조건적 가치에 대한 무조건적 사랑을 의미하기 때문이다. 이러한 이유에서, 실천이성의 직관으로서 사랑은 또한 개인의 성향이나 후천적 학습을 통해 획득되는 것이라기보다는 보편적으로 내재하는 선험적 능력이다.[35] '선험적인 직관'의 능력인 까닭에, 그것은 주관적이며 경험적인 제약(의 한계로서 자기애)을 넘어 자아의 한계 너머에 있는 모든 이성적 존재자를 자신의 존재와 동일하게 가치 있는 것으로 여기는 보편적인 인류애적 영혼을 의미한다. 이 인류애적 영혼을 스토아철학자들을 따라 세계영혼이라 할 수 있다면, 모든 존엄의 뿌리는 근원적으로 세계 전체를 창조하고 지배하는 세계영혼의 근원적 감정으로서 사랑 속에 존재하는 것이다.

## 포스트휴먼의 존엄

이제 우리에게 남은 과제는, 이제까지의 논의 성과를 바탕으로 이른바 이성적 존재자로서 인간에게 배타적으로 적용돼왔던 존엄성 테제가 과연 포스트휴먼으로까지 확대 적용될 수 있는가의 여부를 확인하는 일이다. 이를 위하여 우리는 먼저 존엄이라는 문제의 맥락에서 포스트휴먼의 의미를 살펴보고, 존엄의 유일한 적용 대상으로 간주돼왔던

**35** 물론 여기서의 보편성과 선험성은 경험적 차원에서 그러한 능력이 모든 개인들에게서 일률적으로 확인될 수 있음을 의미한다기보다는, 하나의 잠재적 능력을 의미한다.

인격적 주체의 적용 범위를 포스트휴먼으로까지 확장할 수 있는지 논의해보기로 한다.

## 1. 포스트휴먼의 개념 - 트랜스휴먼과 포스트휴먼

포스트휴먼(posthuman)이라는 용어가 널리 사용되기 시작한 시기에 관해서는 의견이 분분하지만, 표현 자체는 이미 1656년에 등장했다.[36] 맥락에 따라 다양한 관점에서 전개되는 포스트휴먼 담론은, 첨단과학 기술-생명공학, 신경과학, 뇌과학, 인지과학, 컴퓨터공학, 정보통신, 나노공학, 로봇공학, 우주공학 등-의 급속한 발전으로 인해 이미 실현되었거나 예상되는 인간의 급진적 변화 및 새로운 인간종(인간과는 다른 인공적 사물인격을 포함하여)의 출현가능성과 더불어 본격화된 "휴먼과 포스트휴먼의 경계 문제"[37]를 공통분모로 갖는다. 포스트휴먼에 관한 담론은 근대적 휴머니즘에 대한, 그리고 기술의 발전으로 인해 인간과 비인간의 경계가 와해되는 현실에 대한 태도에 따라, 전통적 휴머니즘의 기반 위에서 기술을 통한 인간향상에 우호적인 트랜스휴머니즘과, 기술 친화적 기조 위에서 근대 계몽주의의 인간중심주의에 비판적인 포스트휴머니즘으로 양분된다.[38]

**36** 슈테판 헤어브레히터, 김연순·김응준 옮김, 《포스트휴머니즘》, 성균관대학교출판부, 2012, 54쪽 참조.

**37** 이경란, 〈기술과학 시대의 포스트휴먼 담론들〉, 《기독교사상》 제712호, 대한기독교서회, 2018, 23쪽.

**38** 포스트휴머니즘은 트랜스휴머니즘의 연장개념으로도, 대립개념으로도, 이 모두를 포괄하는 개념으로도 사용된다. 포스트휴머니즘의 다양한 용례와 의미에 관하여는, 로지 브라이도티, 이경란 옮김, 《포스트휴먼》, 아카넷, 52-68쪽; 이종관, 《포스트휴먼이 온다》, 사월의 책, 2017, 33쪽 등을 참조.

1998년 설립된 세계 트랜스휴머니스트 협회의 선언문에서 확인되는 것처럼, 트랜스휴머니즘은 합리적 사유와 계몽된 이성의 총화로서 첨단과학기술을 통한 인간 잠재력의 무한한 확장을 긍정하는 철학적 세계관을 표방한다.[39]

과학기술을 통한 인간능력의 향상과 발전을 낙관적으로 지향하는 이 같은 입장은, 트랜스휴머니즘이 "근대 계몽주의적 이념 곧 인간의 주체성과 자유를 향한 진보라는 근대의 철학 이념이 첨단과학기술의 급속한 발전과 결합하여 기형적으로 극단화한 결과"[40]임을 우회적으로 증언한다. 트랜스휴머니즘의 이러한 이념적 지향은 다음의 세 가지 계기를 특징으로 한다. 첫째, 기술 낙관주의를 바탕으로, 인간의 자연적 제약을 인위적으로 해소하여 신체적, 정신적, 정서적 한계들이 극복된 "인공적 존재"로서 포스트휴먼을 적극적으로 추구한다.[41] 둘째, 기술에 의한 인간의 인공적 진화는 인간의 자유와 자율성에 기초한 자기초월 능력의 발현이며, 현대 인류가 직면한 온갖 위기를 극복할 수 있는 미래적 대안이라고 가정한다.[42] 셋째, 그러나 "인간을 완전한 성능을 가진

**39** 토머스 필벡, 이화인문과학원 편, 〈포스트휴먼 자아: 혼합체로의 도전〉, 《인간과 포스트휴머니즘》, 이화여자대학교출판문화원, 2013, 27-28쪽; World Transhumanist Association, *Transhumanist FAQ*, 2001, https://www.humanityplus.org/transhumanist-faq [최종 검색일: 2022.6.27.] 참조.

**40** 이종관, 앞의 책, 33쪽.

**41** The World Transhumanist Association, *The Transhumanist Declaration*, 1998(2009년 개정). https://humanityplus.org/the-transhumanist-declaration, 1-5조 [최종 검색일: 2022.7.20.]; Max More, "The Philosophy of Transhumanism," *The Transhumanist Reader*, ed. by Max More, Natasha Vita-More, Wiley-Blackwell, 2013, pp. 3-17 참조.

**42** 이혜영 외, 《트랜스휴머니즘과 포스트휴머니즘》, 한국학술정보, 2018, 16-17, 46쪽 참조.

존재로 개조하려는"[43] 이러한 기술전체주의적 시도는 물리적 환원주의의 관점에서 인간을 임의적 조작이 가능한 물상적 존재로 대상화하고 우생학적으로 차별화함으로써, 역설적으로 자신들이 추구하는 인간 존엄을 근본적으로 위협할 수 있다.

이 같은 트랜스휴머니즘의 기본적 지향과 중첩되는 동시에 차별화되는 포스트휴머니즘의 이념은, 다음과 같은 트랜스휴머니즘 선언문의 한 조항에서 간접적으로 확인된다.

> 우리는 인간과 비인간 동물들, 그리고 미래의 모든 인공 지능체나 변형된 생명체, 혹은 기술과 과학의 발전으로 생겨날 수도 있는 지적 존재들을 포함하여, 지각능력을 지닌 모든 존재의 복지를 옹호한다.[44]

생물학적 인간종의 기술적 진화를 통한 미래사회의 자기초월적 인간상을 의미하는 트랜스휴먼과 달리, 포스트휴먼은 기술에 의한 인간 존재의 재편을 긍정하면서도, 근대의 계몽주의적 휴머니즘에 기초한 인간상에는 저항한다. 트랜스휴머니즘과 비교할 때, 기술에 대한 포스트휴머니즘의 입장은 양가적이다. 포스트휴머니즘은 "기술이 인간을 구성하는 근본 원리의 일부여야 한다"고 주장하지만, "이것은 비물질적 주체와 물질적 세계가 더 이상 근본적으로 구분되지 않는다는 것을 의미한다."[45] 이러한 관점에서, 기술은 트랜스휴머니즘이 생각하는 것

**43** 이종관, 앞의 책, 38쪽.

**44** The World Transhumanist Association, *The Transhumanist Declaration*, 1998(2009년 개정), 7조.

**45** 필벡, 앞의 책, 29쪽.

처럼 종래의 유일한 '주체'로서 인간의 종적 완성에 이바지하는 도구가 아니라, 인간의 자기이해와 주체로서의 성격을 근본적으로 재편하는 계기로 간주된다. 이 같은 포스트휴머니즘의 이론적 좌표설정은, 인간과 비인간, 생명과 비생명의 위계적 이분법을 탈피하여, 유기체적 인간으로부터 파생된 존재가 아닌 순수한 사물인격을 포함하는 새로운 지적 존재의 가능성까지 기꺼이 용인하는[46] 데까지 나아간다. 이러한 사유는, 보다 근본적으로, "개체[가] 일차적이고 근본적인 존재 양상이라기보다 그러한 개체를 발생시킨 개체-화 과정의 산물, 즉 개체화되지 않은 실재 전체로부터 변화 작동에 의해 개체화된 것으로서 이차적이고 부분적인 존재양상"[47]이라는 생성의 존재론에 뿌리를 박고 있다.

이상에서 제시된 포스트휴머니즘의 이원적 지향과 의미를 감안할 때, 포스트휴먼의 존엄성 여부를 묻는 것은, 근본적으로 불필요하거나 성립되기 어려운 질문을 의미한다. 거칠게 말하자면, 트랜스휴머니즘의 관점에서 포스트휴먼은 이미 유일하게 존엄한 존재로 가정된 인간의 완성을 의미하기 때문이고, 반휴머니즘을 지향하는 포스트휴머니즘의 관점에서 인간 존엄은-그들의 입장에서 수용할 수 없는-실체화된 개체 개념에 근거해 있는, 근대의 인간중심적 휴머니즘을 전제로 가능한 개념이기 때문이다. 그러나 존엄이 하나의 즉물적 사태나 특성이 아니라, 정신적 현상이거나 적어도 정신을 통해 매개된 현상인 한, 존

**46** 이혜영 외, 《트랜스휴머니즘과 포스트휴머니즘》, 한국학술정보, 2018, 149-150쪽, 160-162쪽, 173쪽 참조. 포스트휴머니즘의 이 같은 입장은 주체를 자연적으로 고정된 실체가 아니라, "특수한 역사적 상황에서 구축된 담론적 힘들에 의해 생산된 것"(이혜영 외, 160쪽)으로 간주하는 후기구조주의적 사유로부터 유래한다.

**47** 김재희, 《시몽동의 기술철학》, 아카넷, 2017, 20-21쪽, 또한 로지 브라이도티, 이경란 옮김, 《포스트휴먼》, 아카넷, 2015, 88-90쪽 참조.

엄에 대한 명시적 접근과 파악을 가능케 하는 토대로서 이성의 역할을 제한적으로나마 용인하는 것은 불가피해 보인다. 한 걸음 더 나아가, 포스트휴머니즘이 지향하는 경계의 횡단이나 해체를 수행하는 목적이 부당한 존재론적 차별과 억압의 해소를 통한 실재 전체의 근원적 가치를 회복함으로써 인간에게 배타적으로 적용되었던 존엄의 가치를 보편적으로 확장하는 데 있는 것이라면,[48] 계몽주의적 의미에서의 존엄은 새로운 미래적 형식을 통해 재해석되고 재정립되어야 할 가치이지 폐기되어야 할 시대착오적 가치는 아니다.[49]

이러한 전제 아래, 우리는 앞서 다루었던 존엄성 논의의 연장선상에서, 포스트휴먼의 존엄에 관한 논의를 시도한다. 그러나 필자가 시도하려는 것은, 근대적 휴머니즘에 저항하면서 실재 전체를 아우르는 형이상학적 기획으로서 등장한 포스트휴머니즘 일반에 대한 원론적 고찰은 아니다. 여기에 제시된 것은 다만, 전통적 주체 개념의 외연적 확장을 강제하고 있는 기술시대의 현실을 상징적으로 대변하는 전대미문의 사물인격/주체로서 인공지능을 논의의 대상으로 삼아, 미래사회를 위한 새로운 존엄의 윤리를 조형하려는 이론적 시도일 뿐이다.

**48** 브라이도티, 앞의 책, 67-68쪽, 88-90쪽, 113-114쪽 참조.

**49** 근대적 휴머니즘의 한계를 지적하는 브라이도티의 시도는 외견상 근대적 휴머니즘의 부정으로 나타나지만, 필자의 눈에는 사실상 인간 존엄의 이념을 우주론적으로 확장한 것에 불과해 보인다. 배타적 우월성을 지닌 것으로 간주돼왔던 인간종의 생명(bios)을 거부하고, 우주 전체를 하나의 유기적 생명체(zoe)로 간주하는 생기론적 접근을 통해 포스트휴머니즘의 가치지향을 근거 지으려 하는 그녀의 입장은, 우주라는 물질이 오직 자기생성적 능력으로서 의식과 생명인 한에서만 가치 있고 존엄할 수 있다고 암묵적으로 가정하고 있기 때문이다. 브라이도티, 위의 책, 82-83쪽 참조.

## 2. 인격으로서 포스트휴먼-인격 개념과 인공지능의 인격적 지위에 대한 분석을 중심으로

포스트휴먼의 존엄, 그 가운데서도 특별히 인공지능의 존엄성 문제를 검토하기 위해서는, 두 가지 사안에 대한 논의가 선결되어야 한다. 하나는 존엄성 여부를 판단할 기준으로서 존엄의 의미와 요건이고, 다른 하나는 존엄의 요건을 충족시킬 수 있는 주체로서 사물인격으로 명명되는 인공지능의 인격적 지위 문제가 그것이다. 우리는 먼저 존엄에 관한 앞서의 논의를 바탕으로 인격 개념을 간략히 살펴본 후, 이를 바탕으로 인공지능의 인격적 지위와 존엄성 문제를 검토한다.

### (1) 인격의 개념-인격과 존엄

존엄의 의미와 근거에 관해서는 앞서의 논의를 통해 충분한 해명이 이루어졌으므로, 여기서 상세히 재론할 필요는 없을 것이다. 이 자리에서 우리가 검토해야 하는 것은, 무엇보다 인격의 의미와 인격 개념이 존엄과 맺고 있는 상관관계다. 칸트는 상대적 가치로서 가격을 갖는 사물과 달리, 절대적이고 무조건적인 가치로서 존엄을 갖는 존재를 '인격'으로 명명했다. 인격이란, 요컨대 수단이 아니라 "목적 그 자체로 존재하는 이성적 존재자"를 지칭한다.[50]

이러한 구분에 따를 때, 인격의 본질적 특징은 두 가지로 요약된다. 첫째, 이성적 능력을 지닐 것. 둘째, 목적 그 자체로서 존재할 것. 어떤 경우에도 수단이 될 수 없기에-즉 목적 그 자체로 존재하기에-인격은 상대적 가치가 아니라 절대적 가치로서 존엄을 지닌다. 여기서 목적으

50 Kant, *op. cit.*, 2016, IV 428 참조.

로 존재하느냐, 수단으로 존재하느냐의 여부를 결정하는 계기는 이성적 능력이다. 이미 칸트에 앞서, 아리스토텔레스와 보에티우스는 인간을 "이성적 동물"[51]로, 인격을 "이성적 능력을 지닌 개별적 실체"[52]로 정의했다. 그러나 이성적 능력은 어떻게 자기목적적 존재, 곧 인격적 존재의 근거일 수 있는가? 우리는 이미 이 질문에 대한 대답을 확인한 바 있다.[53] 이를 논리적 순서에 따라 간략히 정리하자면, 1) 존엄은 상대적 가치를 초월한 절대적 가치를 의미한다. 2) 상대적 가치가 주관적이고 경험적인 욕망이나 필요에 기초해 있는 한, 상대적 가치를 초월할 수 있는 능력은 곧 그러한 경험적 제약을 넘어설 수 있는 능력, 곧 자유의 능력을 의미한다. 3) 이 자유의 능력은 상대적 가치에 따른 가언명령이 아니라, 무조건적인 가치에 따른 무조건적 행위원리, 곧 선험적 실천법칙인 정언명령에 따라 행위할 수 있는 자율의 능력으로서 실천이성이다. 4) 상대적 가치를 초월하여 절대적 가치를 지닌 정언명령을 선험적으로 직관하고 이를 자신의 행위원리로 부과할 수 있는 자율의 능력, 곧 실천이성은 정언명령의 절대적 가치에 상응하는 이성적 존재의 절대적 가치, 곧 자기목적성을 직관한다. 5) 그러나 이성적 존재의 존엄, 곧 자기목적성이 정언명령에서 유래하는 것이 아니라 정언명령이 이성적 존재의 존엄 혹은 자기목적성에서 유래하는 것이라면, 존엄한 존재로서 인격의 근거가 되는 이성은 한갓된 도구적 이성이 아니라, 자율

**51** Aristotle, transl. by W. R. Ross, *Metaphysics*, Princeton University Press, Princeton, 1984, 1025b.

**52** Boethius, transl. by H. F. Stewart, "A Treatise Against Eutyches and Nestorius," *The Theological Tractates*, London, Heinemann, 1918, p. 85.

**53** 본문 '존엄의 개념-3. 존엄의 의미와 근거에 대한 선험적 접근' 참조.

적 이성인 동시에 자기 자신의 무조건적 가치에 대한 직관능력인 사랑이어야 한다.

이것이 인격적 존재의 존엄을 가능케 하는 근거로서 이성적 능력의 본질이라면, 이제 우리의 과제는 과연 포스트휴먼적 주체(?)로서 인공지능이 과연 이러한 의미에서의 이성적 능력을 구현할 수 있는가를 확인하는 것이다.

(2) 포스트휴먼적 주체로서 인공지능의 인격적 지위와 존엄

칸트의 정의에 따를 때, 사물은 인격일 수 없다. 그런 한에서 사물인격은 하나의 형용모순인 셈이다. 이러한 모순적 개념의 결합이 가능해진 것은, 기술의 발전으로 인해 탄생한 인공적 사유능력(으로서 인공지능)과 그에 기초한 인공적 인격체의 등장 가능성 때문이다. 인공지능이 문자 그대로 인공적으로 사물에 부여된 사고능력을 의미하는 것이라면, 사물인격의 존엄 여부에 대한 판단은 인공지능의 사고능력이 한갓된 기계지능이 아니라 앞서 제시된 인격적 존재의 이성적 능력, 곧 자율적 이성과 사랑의 능력일 수 있느냐의 여부에 달려 있는 셈이다.

그러므로 문제는, 이러한 종합적이고 포괄적인 능력으로서 이성적 사고능력을 인공지능이 발휘할 수 있느냐 하는 것이다. 인공지능은 과연 이러한 의미에서 이성적 사고능력을 지닐 수 있는가? 그리하여 인격적 지위가 부여될 수 있는가?[54] 이 물음에 대한 대답은, 인공지능의

**54** 닉 보스트롬, 레이 커즈와일 같은 인물들은 이미 포괄적인 의미에서 인간의 이성적 사고능력뿐 아니라 이를 초월한 초지능의 출현을 확신하고 있다. 이에 관하여는, 닉 보스트롬, 조성진 옮김, 《슈퍼인텔리전스》, 까치, 2017, 17-120쪽; 레이 커즈와일, 김명남 옮김, 《특이점이 온다》, 김영사, 2007 참조.

사고능력 및 그 성격에 대한 객관적 분석을 토대로만 주어질 수 있다. 그러므로 우리는 인공지능의 자율성 개념을 중심으로, 인공지능의 사고능력이 이성적 사고능력으로까지 고양될 수 있는지, 그리하여 인격적 존재로 간주될 수 있는지 검토해보기로 하자. 자율성은 무엇보다 기술적 측면에서 인공지능의 기술적 진화 수준을 가늠하는 중요한 척도일 뿐 아니라, 하나의 통일된 전체이자 주체로서 자의식을 근거로 발현하는 지적 존재의 결정적 특성이자 인격적 존재의 근거로 확인된 이성적 능력의 핵심적 요소 중 하나이기 때문이다.

공학적 차원에서 자율성이란, "인간의 개입 없이 스스로 임무를 수행하는 역량"[55]을 의미한다. 인공지능을 통해 구현되는 자율성의 종류는 크게 세 가지로 구분된다. 첫째, 일정한 자극에 기계적으로 반응하는 자동화 시스템의 수행능력, 곧 자동성(automaticity)으로서 자율성이다. 둘째, 외부자극에 대한 기계적 반응을 넘어 통계적 알고리즘에 기초하여 외부정보에 대한 판단과 그에 따른 행위 선택 능력을 지닌 약인공지능에 적용되는 유형의 자율성이다. 셋째, 독립적이고 자율적인 주체로서 자신의 자유로운 의지에 따라 의사결정이 이루어지는 자율성으로, 공학적 수준을 넘어 인간과 동일한 인격적 주체의 자율성이다.[56]

세 번째 의미에서의 자율성, 곧 칸트적 의미에서의 자율성을 갖춘 인공지능은, 알다시피 현재의 기술 수준으로는 실현이 불가능하다. 그러나 머지 않은 미래에 그러한 인공지능의 개발이 가능하다면, 우리는 인

**55** 고인석, 〈인공지능이 자율성을 가진 존재일 수 있는가?〉, 이중원 편, 《인공지능의 존재론》, 한울아카데미, 2018, 88쪽.

**56** 이중원, 〈인공지능과 관계적 자율성〉, 《인공지능의 존재론》, 한울아카데미, 2018, 130-132쪽; 제리 카플란, 신동숙 옮김, 《인공지능의 미래》, 한스미디어, 2017, 125-148쪽.

공지능의 인격적 지위를 인정하고, 그(것)를 존엄한 존재로 대우해야 하는가? 원론적으로 인간과 동일한 수준의 자율성, 그러니까 앞서 논급되었던 실천이성의 능력-모든 경험적 제약과 주관적 욕망을 초월하여 정언명령의 무조건적 요구에 따른 행위원리를 직관하고 자기 자신의 실천법칙으로 부과할 수 있는 능력으로서 자율성-을 지닌 인공지능이 제작될 수 있다면, 우리는 인간과 동일한 인격적 지위를 인공지능에게 부여하지 않을 수 없을 것이다. 만약 존엄의 속성을 부여하는 근거로서 인간의 인격적 지위와 이성적 능력이 모든 사람에게서 경험적으로 확인되는 사실이 아니라, 하나의 규범적 진술이자 원리인 것이라면, 그러한 존재양식을 재현할 수 있는 포스트휴먼의 경우에도 원론적으로 존엄의 지위가 인정되어야 하기 때문이다.

그러나 이것으로 충분한가? 그렇다면 포스트휴먼의 존엄과 관련하여 우리에게 남은 과제는, 인공지능의 자율성을 인간적 수준으로 극대화할 수 있는 기술의 발전을 기다리는 일뿐인가? 인간의 존엄에 대한 이제까지의 논의를 염두에 두면서, 포스트휴먼 존엄의 가능성을 타진하기 위해 고려해야 할 나머지 사안들을 검토함으로써, 휴먼과 포스트휴먼의 존엄에 관한 논의를 마무리하려 한다.

## 맺음말
### - 휴먼과 포스트휴먼을 위한 존엄의 개념

우리가 확인한 것처럼, 존엄은 눈에 보이는 경험적 현실이 아니다. 보편적 인권과 존엄이 하나의 보편적 가치로 사회적 승인을 얻기까지 오랜 시간이 필요했다는 역사적 사실은, 인간의 존엄이 경험적 현실이 아니라 규범적 원리이자 선험적이고 내재적인 가치임을 우회적으로 증언한다. 그러한 한에서, 만약 인간을 존엄하게 만드는 존재론적 특성이 존재한다면, 그리고 기술의 발전으로 머지않은 미래에 등장하게 될지도 모를 인간 이외의 존재가 그러한 요건을 충족한다면, 그들도 인간과 마찬가지로 존엄한 존재일 수 있는가에 대한 물음은 불가피한 것이다. 그러나 기술의 매개를 통해 탄생하게 될 포스트휴먼적 주체를 위한 그러한 자격의 부여는, 다음의 사항들에 관한 면밀한 검토 이후에야 정당화될 수 있을 것으로 보인다.

첫째, 인공지능의 자율성이 한갓된 기계적 인지능력이 아니라, 지성과 의지와 감정을 포괄하는 정신현상으로서 자의식에 근거해 있는가? "말과 행위가 그 자신에게 귀속돼 있는 것으로 간주되는 사람이나 사물"이라는 홉스의 인격 개념은, 자의식이 인격의 성립을 가능하게 하는 결정적 계기임을 말해준다. 그러나 그러한 것으로서 자의식이나 이성적 능력은 한갓된 인지적 사고능력을 의미하지는 않는다. 인격의 토대일 수 있기 위하여, 자의식은 1) 자신의 존재가 오직 자기 자신에게 배타적으로 귀속돼 있음을 의식적으로 파악하고, 2) 그렇게 귀속돼 있는 존재가 자신의 의지와 결단에 의해서만 처분될 수 있는 것임을 직관할 수 있으며,[57] 3) 자신에게 귀속돼 있는 존재를 자기목적적인 것으로, 즉 무조건적인 가치를 지닌 것으로-그리하여 존엄한 것으로-직관할 수 있는 능력이어야 한다. 그런 한에서, 자의식이나 자율성은 상대적 가치의 한계 안에 있는 경험적 제약을 넘어서 선험적인 행위원리를 직관하는 실천이성의 자율성일 뿐 아니라, 무조건적 가치에 대한 직관으

**57** 이러한 존재론적 근본구조가 곧 실존이다. Martin Heidegger, *Sein und Zeit*, Max Niemeyer Verlag, Tuebingen, 2001, pp. 41-43 참조.

로서 사랑의 능력을 포함한다. 따라서 자율성은 총체적 가치판단능력으로서 지성과 의지, 감정을 아우르는 포괄적인 능력으로의 자의식을 의미해야 한다.[58]

둘째, 포괄적인 이성적 능력으로서 자의식과 하나로 통합된 신체성이 적절히 부여돼 있는가? 인격이 단순히 이성적 능력이나 자의식만을 의미하는 것이 아니라, 그러한 정신활동의 주체로서 객관적으로 확인 가능한 물리적 기반인 신체를 필연적으로 요구할 수밖에 없다면, 신체성은 자의식의 표현과 자아정체의 확인, 사회적 주체로서 자아의 관계 실현을 위한 토대일 뿐 아니라, 이른바 쾌고감수성의 토대를 이룬다.[59] 그런 한에서 인격적 지위를 부여받은 포스트휴먼은, 무조건적 가치에 대한 직관을 바탕으로 하는 자아정체감 속에 불가분하게 통합돼 있는 신체를 필연적으로 동반해야 한다.

셋째, 자율적 존재로서 포스트휴먼이 자기 자신뿐 아니라 자신과 동일한 혹은 유사한 인격적 존재를 자기 자신과 같이 바라보고, 그들의 존엄을 존중할 수 있는 공감과 연민의 능력을 발휘할 수 있는가? 칸트는 이성적 존재자들이 자기 자신뿐 아니라 자신과 동일한 다른 모든 인

**58** 천현득은 감정이 외부자극이 '자신'에게 미치는 유불리에 대한 판단을 포함하기 때문에, 감정의 존재를 위해서는 인공지능에게 어떤 형식으로든 자아나 자의식이 전제되어야 한다고 주장한다. 기본적으로 그의 견해에 동의하지만, 그러나 자기 자신, 곧 자아의 무조건적 가치에 대한 직관이 이미 주어져 있지 않다면, 자아에 대한 유불리나 이해 여부의 판단 자체가 불가능할 것이다. 따라서 자아는 무조건적 가치와 더불어서만 주어지며, 그런 한에서 감정은 앞서 해명된 칸트적 실천이성의 구성적 계기로 간주되어야 한다. 천현득, 〈인공지능은 감정을 가질 수 있을까?〉, 이중원 편, 《인공지능의 존재론》, 한울아카데미, 2018, 160쪽 참조.

**59** 인격성의 성립에 신체성이 수행하는 역할에 관해서는, 김선희, 《사이버시대의 인격과 몸》, 아카넷, 2004, 68-74쪽; 목광수, 〈인공지능 시대에 적합한 인격 개념〉, 《인공지능의 존재론》, 256-259쪽 참조.

격적 존재자들을 수단이 아니라 목적으로 여겨야 한다는 법칙 아래 있으며, 이 법칙을 통해 이성적 존재자들의 보편적 연대인 "목적들의 나라"가 발생한다고 했다.[60] 이러한 맥락에서, 인격적 존재의 존엄은 개별 주체의 내면에 존재하는 자폐적 정신현상은 아니다. 그것은 자기목적적으로 존재하는 인격적 존재 일반의 공동체, 곧 칸트가 이야기했던 "목적들의 나라"에 속한 구성원들의 자기목적성에 대한 보편적 직관능력이자 그에 따른 실천능력으로서 공감과 연민의 능력, 요컨대 타인을 사랑하는 능력을 의미한다. 자신과 전혀 다른 존재를 인격적 존재로 인정하고, 그들에게 존엄성을 부여하려고 애쓰는 중인 우리 인간들처럼-물론 모두가 그런 것도, 언제나 그런 것도 아니지만, 자신과 전혀 다른 존재의 가치를 존중하고 사랑하려는 준비가 돼 있지 않다면, 포스트휴먼의 존엄은 하나의 보편적 가치로 자리 잡기 어려울 것이다.

마지막으로, 인격적 지위와 존엄성을 배타적으로 독점하는 존재자인 동시에 포스트휴먼의 존엄성에 관해 질문을 던지는 우리 인간이, 포스트휴먼에 대해 이중적이고 자기모순적인 태도를 보이고 있지는 않은가? 인공적 사물로서 포스트휴먼의 존엄에 대한 물음은, 기술적 구현능력과 사물인격의 자율성 여부에 달린 문제이기도 하겠지만, 사회적으로 이미 그들을 도구나 수단으로 취급하는 인간의 선입견에서 유래하는 것은 아닌가? 브라이도티가 지적하는 것처럼, 지구상에서 유일하게 존엄한 생명체로 자리매김해온 인간이 생명공학 등을 통해 인간종과 비인간종 사이의 경계를 와해시키는 이유는, 모든 생명을 무차별적으로 상품화하려는 시장의 논리 때문이지 생명의 존엄을 지구적, 아

**60** Kant, *op. cit.*, 2016, IV 433.

니 우주적 차원으로 확장하려는 의도 때문은 아니다.[61] 그러므로 이러한 모순의 해소는 아마도 우리 인간이, 모든 인간을 자기목적적 존재로 태어나게 하는 자연과 마찬가지로, '사물'을 자기목적적 존재로서 '인격'으로 창조할 마음의 준비가 되어 있을 때 비로소 가능할지도 모른다. 결국 포스트휴먼의 존엄은, 한편으로는 기술의 발전으로 인해 실현될 그들의 인격적 지위와 존엄의 이론적, 물리적 가능성 문제이기도 하겠지만, 다른 한편으로는 그들을 수단이나 도구가 아니라 자기목적적 존재로, 무조건적 가치를 지닌 인격적 존재로 간주할 수 있는 우리 인간의 마음가짐과 태도 변화에 달린 문제이기도 한 것이다.

**61** 브라이도티, 앞의 책, 79-88쪽 참조. 이와 관련하여, 로봇의 제작 의도와 감정의 부여 사이에서 유발될 수 있는 윤리적 갈등문제에 관한 천현득의 앞의 글, 162-163쪽을 보라.

# 포스트휴먼 시대의 예술[*]

## - 기술적 상상력과 딥드림, 그리고 '새개념 미술'

최병학**

"우리는 언제나 (이미) 포스트휴먼이었다."[1]

이 글은 알파고 충격 이후 등장할 미래 사회인 포스트휴먼 시대의 예술의 가능성을 살펴보려는 것이다. 일찍이 이합 핫산(I. Hassan)은 인간의 욕망과 그 모든 외적 발현을 포함하여 인간의 형상이 급격히 변화하고 있기에 다시 그려야 한다고 말했다. 그렇게 휴머니즘이 포스트휴머니즘이라고 부를 수밖에 없는 그 무언가로 변화함에 따라 500년 동안 계속되어온 휴머니즘이 종말을 맞이하고 있다고 경고하고 있다.

인간의 형상이 기술적으로, 혹은 탈생물학(post-biological)적으로 다시

* 이 글은 《철학논총》 제92집 제2권(새한철학회, 2018)에 실린 논문을 수정·보완한 것이며, 2016년 대한민국 교육부와 한국연구재단의 지원을 받아 수행된 연구이다(NRF-201611890001).

** 동아대학교 기초교양대학 교수.

**1** N. K. Hayles, *How We Became Posthuman*, Chicago and London: The University of Chicago Press, 1999, p. 163.

그려질 때 기존 인간(휴먼 시대)의 예술과 포스트휴먼 시대의 예술은 어떤 차이가 있을까? 물론 기존 전통을 해체하고 늘 새로움을 추구한 것이 예술사였다. 예술의 역사는 부친살해 역사의 다름 아니다. 그렇다면 포스트휴먼 시대에도 휴먼 시대의 예술과 같이 부친 살해의 전통을 따르는 새로움이 있을 것인가? 그 새로움은 휴머니즘 예술에 기초한 것일까? 아니면 전혀 새로운 차원의 예술인가? 혹은 예술의 개념이 전혀 달라지게 될 것인가?

포스트휴먼 시대의 예술은 인공지능이라는 기술을 말하지 않고 서술될 수 없다. 사실 인공지능은 다층 퍼셉트론(Multi-Layer Perceptron, MLP)과 오차역전파법(Backpropagation)으로 과오를 줄이는 방식으로 발전하였지만, 점차 인간의 뇌와 같이 인공신경세포처럼 연결되었다. 최근에는 빅데이터(big data)를 입력하여 스스로 학습하는 딥러닝(Deep Learning)을 통하여 인식에 있어서 인간의 뇌가 세상을 파악하는 방식을 넘어서며 오히려 더 정확한 판단을 보여주었다. 만일 슈퍼컴퓨터상의 인공두뇌와 인간두뇌를 연결한다면 인공두뇌는 인간의 의식을 발전시키고, 무의식의 영역을 기계적으로 파악하며, 예술의 지평에서는 예술의 의미를 확장하며 예술적 '인간향상(artical human enhancement)'을 꾀할 수 있을 것이다.

여기서는 먼저 예술에 대한 기본적 이해와 포스트휴먼 시대의 조망을 통해 개념의 지도를 펼쳐본다. 이후 포스트휴먼 시대의 예술을 첫째, 인간의 능력에서 기술적 상상력(Technological imagination)으로 재편되어 공간에서 시간의 예술로 변화되는 것, 둘째, '인공지능의 딥드림'을 통해 기존 초현실주의와 관련이 되는 것, 마지막으로 최근 신경과학 발전의 영향과 기존 개념 예술과 연관해 '새개념 예술(new-Conception Art)'

의 출현으로 살펴보고자 한다.

## 예술의 이해와 포스트휴먼 시대

라틴어 아르스(ars)에서 유래된 예술(art)은 그 발생사적 기원을 거슬러 가면 헬라어 테크네(techne, 기술)에서 유래한다. 이러한 테크네를 활용하여 물건이나 도구를 만들고 제작하는 것을 포이에시스(poiēsis, 詩作)라고 하는데, 고대 그리스에서 이성적인 규칙을 기반으로 이루어지는 모든 활동을 뜻한다. 또한 학문이나 웅변술, 군사술 등과 회화와 조각, 건축까지도 포이에시스에 속한 것으로 본다. 어쩌면 어원적으로 예술은 기술의 예술, 곧 인공지능(Artificial intelligence)의 것인지도 모른다.[2] 사실, 인공이라는 말은 '인위적으로 만든(art/skill + fic/make)'이라는 의미로 인간이 가진 지적 능력을 구현하는 기계(혹은 컴퓨터 등)를 뜻하는 바, 오늘날의 기술, 곧 테크네는 '아르스'인 예술이라 할 수 있다.

예술에 관한 또 다른 어원인 고대 그리스의 뮤지케(musike)는 '뮤즈(muse) 여신의 영감을 받아 이루어지는 활동'으로 뮤즈는 제우스(Zeus)가 티탄신들과의 전쟁인 티타노마케이아(Titanomacheia)에서 승리한 후, 이

2 인공지능이란 사고나 학습 등 인간이 가진 지적 능력을 컴퓨터를 통해 구현하는 기술을 말한다. 개념적으로는 '강한 인공지능(Strong AI)'과 '약한 인공지능(Weak AI)'으로 구분할 수 있다. 약한 AI는 자의식이 없는 인공지능을 말하며 특정 분야에 특화된 형태로 개발되어 인간의 한계를 보완하고 생산성을 높이기 위해 활용되고 있다. 인공지능 바둑 프로그램인 알파고나 의료 분야에 사용되는 왓슨(Watson) 등이 대표적이다. 강한 AI는 사람처럼 자유로운 사고가 가능한 자아를 지닌 인공지능을 말하며 인간처럼 여러 가지 일을 수행할 수 있다고 해서 범용인공지능(AGI, Artificial General Intelligence)이라고도 한다. 강한 AI는 인간과 같은 방식으로 사고하고 행동하는 인간형 인공지능과 인간과 다른 방식으로 지각, 사고하는 비인간형 인공지능으로 다시 구분할 수 있다. 현재까지 개발된 인공지능은 모두 약한 AI에 속하며, 자아를 가진 강한 AI는 등장하지 않았다. 그러나 강한 AI 등장 이후의 시나리오는 대충 인류의 멸망일 수도 있다. 김대식, 《인간 vs 기계》, 동아시아, 2016 참조.

를 기념하기 위해 기억의 여신 므네모시네(mnemosyne)와 결합하여 태어난 아홉 딸이다.[3] 뮤지케는 접신한 상태에서 신의 영감을 뿜어내는 것으로 인간은 그 규칙을 알 수 없다. 고대 그리스에서 뮤지케는 테크네로 인정되지 않았다. 그 이유는 물질적인 의미에서 제작이 아니며, 법칙의 지배를 받지 않고, 로고스보다는 인간 개인적인 생각의 소산이며, 틀에 박힌 것이 아니라, 창조력의 소산이고, 기술이 아니라 영감의 소산이기 때문이다. 이것이 오늘날의 시와 음악, 춤으로 음악(Music)의 어원이 된다.[4]

에라스무스(D. Erasmus)의 격언 "나랏일은 교양 교육과 어울리지 않는다(Respublica nihil ad musicum)"에서 교양 교육을 뜻하는 '무시쿰(musicum)' 역시 뮤즈에서 나온 것으로, 고대 그리스에서는 시와 노래를 통해 교육을 실시했다.[5] 시와 노래야말로 타인의 고통을 나의 고통으로 느끼게 하는 것이기 때문이다. 기술로서의 예술이 뮤지케를 배제할 때 그것은 인공지능 시대이자 포스트휴먼 시대의 인간 멸망을 앞당길 것이다.

고대 그리스에서 테크네는 이성적인 것, 뮤지케는 비이성적인 광기나 정열 또는 영감을 낳는 것으로 이해했다. 오늘날에는 니체(F. W. Nietzsche)식의 아폴론과 디오니소스 예술의 차이, 곧 회화 예술(또는 조각과 조형)과 음악 예술의 차이로 이해되고 있다. 그러나 음악을 통해 영혼

3 최고의 신과 기억의 신이 결합하여 최고의 기억인 음악 예술을 창조하였던 것이다. 사실 문자가 없는 시대에 기억은 리듬과 운율에 의존했다. 아무튼 뮤즈 여신은 각각 비극의 뮤즈인 멜포메네(Melpomene, 노래), 독창의 에라토(Erato, 사랑스러움), 서정시의 에우테르페(Euterpe, 기쁨), 천문의 우라니아(Urania, 하늘), 서사시의 칼리오페(Kalliope, 아름다운 음성), 역사의 클레이오(Kleio, 명성), 희극의 탈리아(Thalia, 풍요와 환성), 합창, 가무의 테르프시코레(Terpsichore, 춤의 기쁨), 찬가의 폴리힘니아(Polyhymnia, 많은 노래) 등이다.

4 최병학, 《테오-아르스: 재현 신학과 현시 신학》, 인간사랑, 2016.

5 최병학, 위의 책.

을 정화하고자 한 피타고라스(Pythagoras)의 영향으로[6] 플라톤(Platon)은 음악을 회화나 조각보다 높은 것으로 취급했고, 음악이 인간의 영혼을 움직인다고 생각하였는데, 오늘날에는 대체로 시, 회화, 음악, 조각, 무용뿐만 아니라 사진, 연극, 영화, 건축 등도 예술 장르에 포함된다.[7] 따라서 포스트휴먼 시대 예술의 지평은 아르스와 뮤지케를 결합하여야 할 것이다.

또한 현대 예술의 경향을 이야기할 때 가장 중요하게 논의해야 할 사안은 예술의 장르, 생산 양식, 지역이 모두 혼합적인 방식으로 전환되고 있다는 것이다. 여기에 디지털 기술의 혁신으로 서로 다른 감각들이 혼합되고, 창작물이 다원화되는 복잡한 형태가 되었다. 그럼에도 예술사에 있어서 헤겔(G. W. F. Hegel)의 진리미학과 칸트(I. Kant)의 형식미학의 대결처럼 중요한 것은 이러한 예술과 미학이 어떻게 인간을 (헤겔처럼 내용적으로, 혹은 칸트처럼 '목적 없는 합목적성의 형식[form of finality without an end]'으로) 향상시키는가이다. 곧, 아르스와 뮤지케를 어떻게 조화시키는가이다. 이것은 포스트휴먼 시대에도 마찬가지이다.

2016년 3월 9일 이세돌 9단과 알파고(AlphaGo)의 첫 바둑 대국은 '인

**6** 피타고라스는 온 우주가 수적인 질서와 배열로 되어 있으며, 그 때문에 온 우주가 운행하면서 아주 조화로운 소리를 낸다고 생각했다. 그리고 그 우주의 음악을 들으면 영혼이 순화되어 세속의 욕망에서 벗어날 수 있다고 믿었다. 플라톤은 이러한 사상을 이어받아, 시에는 그렇지 않았지만, 음악에는 대단히 호의적이었다. 그래서 그가 만든 세계 최초의 대학 아카데미아 입구에는 "기하학과 음악을 모르는 자는 출입을 금한다"라고 쓰여 있었다.

**7** 전통적으로 앞의 다섯 장르를 '정통 순수예술'로 보게 된다. 이러한 구분은 18세기 중엽의 프랑스 미학자인 아베 샤를 바퇴(A. S. Batteux)가 《하나의 원리로 통일된 여러 미술》(1746)에서 이상의 다섯 예술 장르를 '보자르(beaux-arts)', 곧 '아름다운 기술'에 속하는 것이라 명명한 이후부터이다. 이 말이 영어로 '파인아트(fine arts)', 오늘날 우리가 예술, 또는 미술이라 번역하는 것이다.

간 발달과 미래에 대한 새로운 패러다임 기술'인 트랜스휴머니즘(transhumanism)[8]의 관점으로 볼 때 매우 의미 있는 사건이었다. 이 대국에서 승리한 뒤 알파고를 개발한 구글 딥마인드의 최고경영자인 데미스 하사비스(D. Hassabis)는 "이겼다. 우리는 달에 착륙했다"라고 환호했다. 다시 말해서 알파고가 대승을 거두면서, 인간처럼 생각하는 인공지능이 아니라, 인간을 능가하는 지능을 지닌 AI, 즉 '인간을 넘어선(Transhuman)' 것을 보여주었다.[9]

도나 해러웨이는 20세기의 마지막 시점, 이 신화적 시대에 우리는 모두 기계와 유기체로 이루어진 카메라이고, 이론화된 잡종들이며 안드로이드, 사이보그라고 말한다.[10] 따라서 우리의 존재론은 사이보그의 존재론이고, 사이보그는 우리의 정치학을 결정한다는 것이다. 인간을 둘러싼 환경이 아니라, 인간 자신을 변형시키는 과학기술의 영향력이

**8** 기술을 통한 사이보그화(cyborgization) 결과 최종 사이보그를 포스트휴먼(posthuman)이라 한다면 사이보그화 과정에서 변화되는 사이보그를 트랜스휴먼(transhuman)이라고 할 수 있을 것이다. 이 글에서는 포스트휴먼과 트랜스휴먼을 개념적으로는 구별하나, 예술에 있어서는 포스트휴먼과 트랜스휴먼을 합쳐서 사용할 것이다.

**9** 알파고의 충격 이후 2016년 1월 스위스 세계경제포럼은 그해 초등학교 신입생의 65%는 현재 존재하지 않는 직업을 갖게 될 것이라고 보고했다. 현재 학교에서 가르치는 내용의 80~90%는 아이들이 40대가 됐을 때 전혀 쓸모없을 확률이 크다고 한다. 그러나 한국 지역사회 통계에서는 여전히 미래사회 학생들이 갖춰야 할 능력에 관해서 공감능력과 도덕성, 의사소통, 책임 있는 시민의식 등이 조사되었다.

**[표 6-1] 미래사회 학생들이 갖춰야 할 주요 능력**

| 공감능력 | 61.9 | 책임있는 시민의식 | 24.4 | 정보통신기술능력 | 10.3 |
|---|---|---|---|---|---|
| 도덕성 | 45.9 | 협동능력 | 20.4 | 리더십 | 3.8 |
| 의사소통능력 | 32.1 | 다양성 이해 | 14.6 | 풍부한 지식 | 1.5 |
| 문제해결능력 | 31.8 | 책임감 | 13.3 | | |
| 창의성 | 29.0 | 도전정신 | 10.7 | | |

대구교육연구정보원의 대구시 교육관계자 2229명 인식조사(단위: %)

**10** D. J. Haraway, *Simians, Cyborgs, and Women: The Reinvention of Nature*, New York: Routledge, 1991, p. 150.

인간 사회의 포스트휴먼화를 가속화하고 있다는 것이다.

> 포스트휴먼은 현재 인류의 생물학적 능력을 뛰어넘는 능력을 갖춰 현재의 기준으로 인간으로 분류될 수 없는 인간 이후의 존재를 뜻한다. 과학기술의 발전으로 인간 본연의 능력이 획기적으로 강화되거나 수명이 비약적으로 늘어나고 인공물이 인간의 고유 능력을 수행할 수 있게 되는 일들이 점차 현실화되고 있다.[11]

기술적 발전에 주목하여 이 현상을 바라본다면, 포스트휴먼은 인간의 능력을 뛰어넘는 신인류로서 각종 기술적 수단에 의해 향상된 인간이라 볼 수 있다. 기술적인 안전성을 문제 삼지 않고 포스트휴먼화된 인간을 가정한다면, 인간성의 완성이라는 방향으로 바라볼 수 있다.

포스트휴먼 시대에 우리는 인간의 변화되는 본질에 마주칠 것이다. 유비쿼터스 환경, 웨어러블 컴퓨터, 사물인터넷(Iot)과 아바타 기술의 발전은 신체와 시공간의 경계를 해체하면서 인간의 신체 경계를 '지구적인 규모'로 확장시키게 될 것이다. 또한 신경과학과 로봇 기술의 발전으로 우리는 인공장기 같은 제한된 결합을 넘어 인간과 기계의 포괄적인 결합까지 상상하게 될 것이다. 살과 전선이 결합하고 인간-기술의 공생으로 인간은 유연한 두뇌와 혼종적 마음을 지닐 것이다. 주체성에 있어서도 부드러운 자아와 동시에 세계 속에 링크된 신체로 존재할 것이다.

포스트휴머니즘에서는 생명작용의 한계에 갇혀 있었던 맹목적

11 한국포스트휴먼연구소, 《포스트휴먼 시대의 휴먼》, 아카넷, 서울, 2015, 332쪽.

(blind) 진화의 과정을 넘는 사이보그(cyborg) 단계라는 제2의 인간인 사이보그적 진화의 단계를 중요시한다.[12] 영화 〈엣지 오브 투모로우(Edge of Tomorrow)〉(2014)나 영화 〈리미트리스(Limitless)〉(2011)에 나타나는 바, 인간의 인지능력이나 육체적 능력 향상을 넘어 '도덕적 인간향상(moral human enhancement)'의 사이보그까지 추진되고 있다.

이렇듯 포스트휴먼 시대에 인간 정체성은 현존에서 패턴으로, 공간 소멸에서 시공간 재편으로, 신체에서 노드로 진행된다. 동시에 폴 비릴리오(P. Virilio)도 주목하듯, 패턴과 노드, 시공간 재편을 통한 시각 테크놀로지가 전쟁기계로 작동하는 과정에서 그것의 주체인 인간조차 기계화되는 양상을 초래할 것이다.

비릴리오는 속도와 시각과 전쟁을 접목하고 기술이 개입된 시각 체계의 공격성과 위험성을 경고하였다. '질주학(dromology)'이나 '지각의 병참학'[13]이라 불리는 그의 독창적 이론은, '속도와 시각을 강화하려는 기술은 결국 전쟁으로 귀결'되며, 시각 기계의 발명과 전쟁 테크놀로

**12** G. Rikowski, *Alien Life: Marx and the Future of the Human. Historical Materialism*, vol. 11, no. 2, 2003, p. 131.

**13** 질주학(dromology)은 그리스 말로 경주를 뜻하는 'dromos'에서 온 것으로 속도의 과학(혹은 논리)을 의미한다. 질주학은 전쟁과 근대 미디어와 연관된 사회의 구조화를 고찰할 때 필요한 것으로 어떤 것이 발생하는 속도는 그것의 본질적 특성을 변화시킨다는 것이다. 가령 빠른 속도로 움직이는 것이 더 느린 것을 지배하게 되며 '영토를 통제하는 자가 누구든지 그것을 소유한다'는 것이다. 질주학 이후 이제 영토의 소유는 일차적으로 법과 계약에 관한 것이 아니라, 무엇보다도 운동과 유통/순환(circulation)의 문제가 되어버렸다. 또한 병참학은 현대 전쟁에서 인력과 탱크, 연료 등의 이동을 의미할 뿐만 아니라, 전장에서 또 전장으로 이미지들의 이동을 의미한다. 비릴리오는 CNN의 등장과 보도기자(newshound)에 대해 언급하는데, 기자는 CNN에 보낼 이미지를 획득하여 공중에게 방송되게 할 수 있다. 그러나 이러한 이미지의 이동은 갈등을 촉발시킬 수 있다(비릴리오는 로드니 킹 사건의 영상을 방송한 후에 벌어진 사건의 예를 든다). 전장(field of battle)은 지각의 장(field of perception)으로서 변환되었다.

지는 밀접한 관계가 있음을 지적하였다.[14] 기계-되기를 넘어 기계 자체와 인간의 관계에 관한 디스토피아적 과학영화인 〈터미네이터(The Terminator)〉(1984-2015) 시리즈는 시각 기계와 전쟁 테크놀로지를 결합한 인공지능과 인간의 대결이란 결국 인간의 파국적 종말임을 잘 보여준다. 진보된 기술 네트워크는 21세기 지구의 어떤 곳, 어떤 활동도 한눈에 내다볼 수 있는 원격감시를 발전시키는 데 기여하며, 사이버광학은 과거의 미학이나 민주주의의 윤리학을 허물며 전체주의적 위험을 만들어낼 수 있다는 것이다.

이와 달리 노르베르트 볼츠(N. Bolz)는 디지털 매체가 확산이 되면 전통적인 휴머니즘의 가치가 아닌 포스트휴먼의 문화 속에서 새로운 미학적 패러다임이 등장하여 예술도 새로운 의미로 바뀔 것이며 새로운 세상이 열릴 것으로 보고 있다.[15] 이러한 시점에서 베이컨(Francis Bacon)과 들뢰즈(Gilles Deleuze), 해러웨이에게서 나타난 바, 동물-되기(devenir-animal), 기계-되기(being machine) 및 사이보그-되기(becoming-cyborg)와 같은 새로운 인간 존재의 등장은 이미 과거의 이야기이다. 그러나 헤일즈의 말처럼 "우리는 언제나 (이미) 포스트휴먼"[16]이었기에 포스트휴먼 시대의 예술도 이미 우리가 보고 들었고 만들었던 것의 변주일 것이다. 그리고 그 예술은 예술의 어원적 형식인 아르스와 뮤지케가 결합되는 혼합적인 방식과 인간과 기계의 융합의 차원을 전제할 것이다.

따라서 포스트휴먼 시대의 예술은 이질적이고 혼종적이며 예술과

**14** 이안 제임스, 홍영경 옮김, 《속도의 사상가 폴 비릴리오》, 앨피, 2013/폴 비릴리오, 이재원 옮김, 《속도와 정치》, 그린비, 2004 참조.

**15** 노르베르트 볼츠, 김태옥·이승협 옮김, 《미디어란 무엇인가》, 한울아카데미, 2011 참조.

**16** Hayles, *op. cit.*, p. 163.

기술 및 디지털 문화와 무의식, 신경과학과 연결된 신개념 예술이며, 기존 공간의 예술을 넘어 시간의 예술로 변주될 것이다. 그 시간은 지각의 차원을 넘어선 절대적 시간으로 예술적 의미를 소유할 것이다. 이러한 예술의 기본적인 이해와 포스트휴먼 시대를 조망하고 이 시대의 예술은 어떠한 방식으로 진행될지 다음에서 세 가지 정도로 나눠 살펴보고자 한다.

## 포스트휴먼 시대의 예술

### 1. 인간의 능력에서 기술적 상상력으로: 공간에서 시간의 예술로

현대미술에 있어서 공간을 차지하는 예술은 이미 과거의 예술이다. 인상주의 화가들에서부터 시간에 따른 움직임을 주목한 예술이 시작되었고 해프닝, 퍼포먼스, 미디어아트, 사운드아트 등 동시대 미술은 공간이 아니라 시간예술로 이미 활발하게 전개되고 있다. 그러나 인상주의로부터 사운드아트에 이르는 동시대 미술이 일정한 공간을 점령하고 공간 내에서 시간의 흐름을 포착한 것이라면, 포스트휴먼 시대의 예술은 예술의 내용 자체가 시간의 추이에 따라 전개되는 시간 예술로 발전할 것이다. 이러한 시간의 추이에는 속도의 개념, 정치와 과학기술이 잠재해 있다. 폴 비릴리오는《속도와 정치》에서 이렇게 말한다.

> 떠나기 전에 도착해 있는 여행객, 고속열차를 타고 여행하는 전혀 움직일 필요가 없는 승객, 모든 전쟁이 끝난 뒤에야 영토를 점령할 수 있게 된 군인의 상황이 극한에 다다른 속도 속에서 이루어진 정주, 혹은 지리적 공간의 현존이 '임계점'에 들어선 상황인 '극의 관성이 이루어진 사회', 극의 관성은 무엇인가를 위해서 한 지점에서 굳이 다른

지점으로 이동할 필요가 없게 된 상황이자 운동 자체를 박탈당한 상황이다.[17]

한마디로 비릴리오는 속도를 통해 이 세상을 바라보았다. 상대적 속도의 시대를 지나 절대적 속도의 시대에 도달하고 있는 현실에서 사유의 기회를 박탈당하고, 자신의 신체마저 포기하는 인간들을 비판한 것이다. 또한 마셜 매클루언(M. Mcluhan)이 주장한 '미디어가 곧 메시지'[18] 라는 의견을 자신의 속도론에 끌어들이며 미디어의 정보적 내용, 영향이 아니라 미디어의 속도 자체를 정보적 속성을 가진 것으로 보았다. 이를 통하여 매개속도가 우리들의 존재를 변화시킨다고 주장했다. 따라서 매개속도가 인간을 포스트하는 매개가 되어 포스트휴먼 시대의 예술을 상징하게 되는 것이다.

나아가 공간 예술에서 시간 예술로 발전해온 추이는, 인간 자신을 변형시키는 과학기술의 영향력이 예술을 포함한 인간 사회를 변형시킨 역사라 할 수 있다. 가령 2015년 개최된 국립현대미술관, 호주 현대미술관의 한국, 호주 국제교류전 〈뉴 로맨스(New Romance)〉(2015.9.22.-2016.1.24.)를 살펴볼 수 있다. 이 전시는 미술에 수용된 과학이 어떻게 미술의 조형언어로 작동하는지 잘 보여준다. 전시의 기본 아이디어는 윌리엄 깁슨(W. Gibson)의 《뉴로맨서(Neuromancer)》(1984)에서 출발한다. 이 작품은 가상공간을 다양하고 생동감 넘치는 이미지로 그려낸 소설이다.

**17** 폴 비릴리오, 앞의 책, 104쪽.

**18** 마셜 맥루한, 박정규 옮김, 《미디어의 이해》, 커뮤니케이션북스, 1999 참조.

우리나라에는 원제인 '뉴로-맨서(Neuro-mancer)'[19]가 '뉴 로맨서(New-Romancer)'로 종종 오인되어 소개되었다. 최근 기계미학과 뉴미디어 분야에서 나타나는 '낭만성'이 '뉴로맨서'가 '뉴 로맨서'로 우연히 의미가 탈바꿈되는 과정에 영향을 준 것으로 본다. 이런 맥락에서 〈뉴 로맨스〉전은 원작의 거대한 SF서사 구조를 전시 공간에 도입하고 있다. 전시 공간을 가상 세계에 존재하는 곳으로 설정해 관람객이 이 신세계를 여행하면서 다양한 미지의 생명체와 조우할 수 있도록 구성한 것이다. 이것은 기존 '인간의 능력'을 의지하는 예술이 '기술적 상상력'의 예술로 변경된 것을 보여준다. 가상공간은 시간의 예술이 들어가는 재현(representation)의 문이 되었다.

특별히 이 전시에서 새로운 생물체를 창조하는 능력을 부여하는 유전자 변형 기술을 개발하고, 생물체에 대한 연구를 진행하는 내용과 관련된 작품들을 관람할 수 있다([6-1] 참조). 변형의 각 순간은 기술적 상상력이 시간과 결합한 예술의 현시(presentation)이다.[20]

이제 예술은 이미지를 형성하는 인간의 능력을 가리킨다기보다, 인간과 인간이 만든 기술로 인해 비롯되는 상상력을 가리키는 것으로 변화하고 있다. 인간의 능력을 포스트해서 기계의 기술적 능력(기술적 상상력)이 가미되는 것이다. 그리고 이것은 공간을 점유하는 일정한 형식의 예술이 아니라, 시간적으로 다양하며 지속의 이름이 필요 없는 예술이

**19** 뉴로맨서(Neuromancer)란 여러 가지 약물, 기기, 특이한 경험 등으로 자신의 뇌나 신경체제를 조작하는 사람을 뜻한다.

**20** 최근 스마트폰 애플리케이션을 활용하여 폰 사용자가 어플 조작을 통해 액션페인팅 같은 작품을 제작할 수 있게 되었다. 이제는 유전자 변형부터 그 어떤 변형도 손바닥 안에서 가능하게 된 시대가 되었다.

[6-1] 유전자 변형 생물을 형상화한 작품

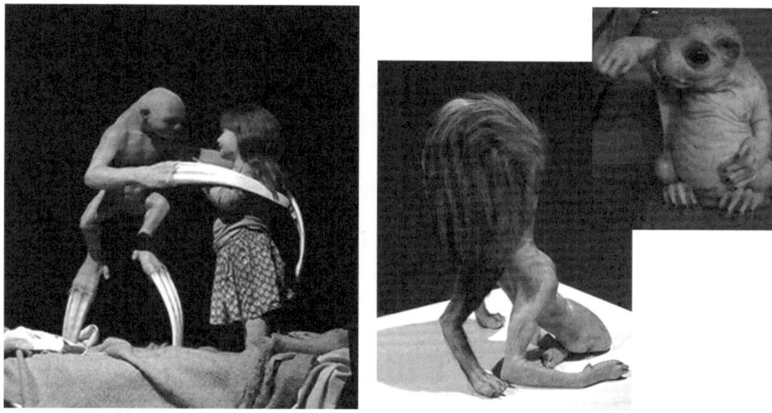

퍼트리샤 피치니니, (왼쪽) 〈웰컴 게스트〉, 2011. (중앙) 〈보텀 피더〉, 2009. (오른쪽) 〈헤이 리틀 버디〉, 2018.

다. 기술적 상상력이라는 용어를 처음 제안한 빌렘 플루서(V. Flusser)의 정의를 살펴보자.

> 기술적 상상이란 기구에 의해 창조된 그림(기술적 그림)을 암호화하고 해독하는 능력이라고 명명된다. 이 연구의 기초가 되는 가설은 이 능력이 전통적인 상상과 현저히 차이가 난다는 것이다. 기술적 그림들(사진, 영화, 텔레비전 프로그램 등)의 읽기와 쓰기는 고전적인 그림들(동굴벽화, 모자이크, 유리창 회화 등)의 읽기 및 쓰기와는 완전히 다른 것을 요구한다.[21]

**21** 빌렘 플루서, 김성재 옮김, 《피상성 예찬: 매체 현상학을 위하여》, 커뮤니케이션북스, 2004, 159쪽.

그는 사진과 영화, 텔레비전 영상 등 새로운 기술적 이미지를 고전적 읽기/쓰기와 다르게 구사할 수 있는 능력을 기술적 상상력으로 본 것이다. 기술적 상상력은 미완의 가능성을 갖고 있다. 즉, 인간은 문화적 한계를 넘어 그 너머의 세상을 찾아가는 동물이라는 뜻이다. 지금의 우리가 신인류로 향해 가는 과도기에 있는 트랜스휴먼이라면, 우리는 예술과 기술의 결합 관계에서 나오는 미완의 가능성을 적극적인 눈으로 모색해야 한다. 그때 신인류의 새로운 시대인 포스트휴먼 시대의 예술을 이해할 수 있을 것이다.

## 2. 초현실주의와 딥드림

구글의 인공지능 '딥드림(Deep Dream)' 프로젝트는 인공신경망에 기반을 둔 컴퓨터 학습 방식인 '딥러닝(deep learning)'을 시각 이미지에 적용한 기술이다. 딥러닝은 수많은 데이터 속에서 패턴을 발견한 뒤 사물을 구분하는 사람의 정보 처리 방식을 모방해 컴퓨터가 사물을 분별하도록 학습시키는 것이다. 결과물이 마치 꿈을 꾸는 듯한 추상적인 이미지를 닮았다고 해서 '딥드림'이라고 부른다.

최근 이러한 인공지능의 미술로 대표되는 딥드림을 미술로 인정해야 한다, 인정할 수 없다는 두 가지 의견이 서로 충돌하고 있다. 인공지능의 알고리즘을 통한 그림과 인간이 생각하여 그린 그림을 과연 동일 선상에서 바라볼 수 있을 것인가. 그러나 최근 인간의 예술은 인지에서 비인지로, 공간에서 시간으로 그 방향을 전환하고 있다. 가령 초현실주의(surrealism)는 이런 흐름을 대표한다고 볼 수 있는데, 인간의 의식적인 부분, 이성이 행사하는 통제들을 벗어난 무의식의 발현을 그 기반으로 하고 있다. 그렇다면 의식과 이성이라는, 인간을 특별한 존재로 만들어

온 가능성을 제외한 예술은 어떤 특징을 가지는 것일까? 또한 인간의 의식을 모방한 인공지능 예술과 인간의 무의식을 표현한 초현실주의 예술은 패턴의 유사성을 갖추고 있는데, 예술적 차이, 아니 단순히 이들 사이에 작품으로서 변별력이 있는 것일까?

순수예술의 측면에서는 인공지능의 예술을 부정적으로 바라볼 수 있을지도 모른다. 가령 "인공지능은 꿈을 꾸지 않는다. 어떤 쓸데없는 몽상도, 멍때림도, 먼산바라기도 하지 않는다. 의외의 순간 솟아난 우연한 발견, 뜻밖의 계기로 창조적인 아이디어를 생각해내는 '눈부신 유레카'의 순간이 없다"고 볼 수 있다.[22]

그렇다면 초현실주의는 어떤가? 인공지능의 예술을 부정하는가? 무의식에 대한 해석은 여기에 조금 다른 가능성을 부여한다. 인공지능과 인간의 차이 중 하나가 무의식이라면, 인공지능과 인간의 차이를 줄일 수 있는 것 또한 무의식이기 때문이다. 사실 초현실주의에서는 인간 무의식을 표현하기 위해 여러 기법을 사용한다. 그중 하나가 자동기술법을 근거로 하는 표현법인데, 이것은 단어 그대로 마치 하나의 자동기계처럼 무의식을 표현하는 방법이다. 초현실주의자들은 의식을 배제하고 오로지 무의식을 담기 위해 눈을 가리고 손이 가는 대로 붓을 휘두르며 그림을 그렸다. [6-2]는 앙드레 매슨(A. Masson, 1896-1987)이 자동기술법으로 그린 그림이다.

이렇게 본다면, 무의식의 존재를 인공지능과 인간의 차이로 볼 수는 있지만, 예술작품 현시의 측면에서 인공지능의 예술과 인간의 예술은

22 정여울, "인공지능에게는 무의식이 없다", 중앙일보, 2016.4.16. https://www.joongang.co.kr/article/19897034 [최종 검색일: 2022.6.23.]

[6-2] 앙드레 매슨, 〈자동기술 그림(Automatic Drawing)〉

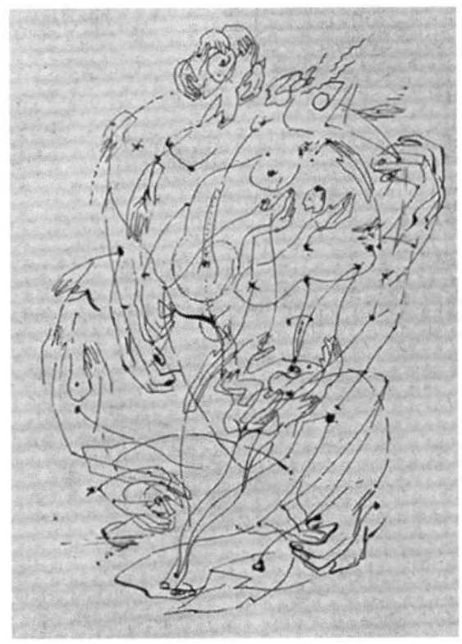

종이 위에 잉크, 23.5x20.6cm, 1924.

그다지 차이가 없지 않을까. 기계적인 움직임에 의미를 포함하면 그것은 무의식이 아니며, 모든 의식을 배제할 수 있다면 결국 인간은 기계와 다를 것이 없다.

구글의 딥드림은 이제 인간의 무의식에 도전하기 시작했다. 꿈의 패턴을 배워 꿈의 이미지를 만들고, 무의식을 모방하여 인공지능의 '알고리즘 의식'이 깃든 미술을 창작한다. 2016년에는 초현실주의 작품들로 전시회를 개최하기도 했다. 딥드림은 기존에 학습한 회화 데이터 베이스를 기반으로 빈센트 반 고흐의 작품을 모사하는 훈련을 받았고, 인공지능 프로그램은 자신의 학습 기억에 들어있는 형상과 반 고흐의 작품을 연결해 매우 독특한 작품을 만들어냈다. 구글 인공지능이 그린 29점의 작품은 2016년 미국 샌프란시스코 미술 경매소에서 공개됐고, 여기서 작품 29점이 작품당 2,200~9,000달러의 비싼 값에 팔렸다. 딥드림은 인터넷 사이트를 통해 일반인도 쉽게 경험할 수 있다. [6-3]은

[6-3] 알고리즘을 통해 그린 그림

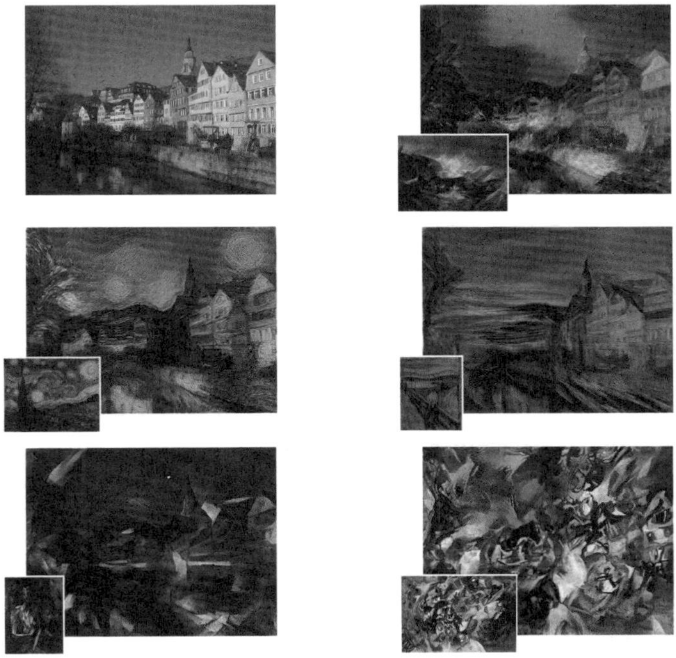

원작을 알고리즘을 통해 고흐, 뭉크 등의 스타일로 재편한 그림이다. 습득한 패턴을 소화하고 재해석하였는데, 여기에 오류를 삽입하면 초현실주의 작품이 등장한다. 딥드림의 단순한 패턴 해석을 넘어, 초현실주의의 무의식 관점에서 이미 인공지능이 그리는 미술이 어떠한 특징으로 펼쳐질지 예상할 수 있는 것이다. 이런 새로운 특성들을 가진 미술을 우리는 미술이 아니라고 주장할 수 있을 것인가. 더 깊이 생각해봐야 할 문제임에는 틀림없다.

아무튼 인공지능에게는 아직 무의식이라는 것이 존재하지 않으니 이러한 인공지능 예술은 초현실주의 작품이 아니라고 주장할 수도 있지만, 사실 인간의 무의식이란 규명되지 않은 영역이다. 그리고 인공지능 예술은 인간의 무의식과 기술적 도움을 통해 새로운 예술의 지평을 보여준다. 가령, 인공지능이 활용된 예술의 표현 특성으로는 기존에 학습한 데이터를 바탕으로 기존에 없었던 새로운 작품을 창조하는 '창의성', 미적 활동을 통해 즐거움을 느낄 수 있는 '유희성', 예술작품 제작 과정에서 나타나는 노동의 해결책에 대한 '편리성', 단순한 기술적 조작이나 새로운 정보를 학습하여 나타나는 프로그래밍 변화로 하나의 형태에서 전혀 다른 형태의 작품으로 바꿀 수 있는 '가변성'이 나타난다.[23] 공간에서 시간으로 넘어온 포스트휴먼 시대의 예술은 이제 의식에서 무의식으로 넘어가 그 무의식마저 패턴으로 재조직하는 예술이 된 것이다.

## 3. 인공지능과 신경과학의 '새개념 예술'

'초현실주의와 딥드림'은 인공지능의 알고리즘적인 산출물이 초현실주의적인 관점에서 예술적인 가치를 가질 수 있다는 가능성을 제시하였다. 딥드림은, 인간이 예술적인 의도를 가지고 설계한 인공지능이다. 즉, 개발자의 '예술가적 의도'가 내재되었다고 볼 수 있다. 그렇다면, 딥드림과 같이 기저에서부터 인간의 '예술가적 의도'가 포함되어 있는 인공지능이 아니라, 일반적인 인공지능 자체를 놓고 예술을 논할 수 있을까? 이 질문에 대한 해답의 고리를 개념 미술에서 찾아보자.

[6-4]는 대표적인 미국 출신의 개념 미술가 솔 르윗(Sol Lewitt, 1928~2007)의 작품이다. 겉보기엔 큰 의미가 없는 단순한 직육면체에

**23** 앞의 곳.

[6-4] 솔 르윗, 〈벽화(Wall Drawing)〉 #541, 1987.

[6-5] 솔 르윗, 〈벽화(Wall Drawing)〉 #541 증명서(Certification)

CERTIFICATE

This is to certify that the Sol LeWitt wall drawing number 541 evidenced by this certificate is authentic.

Wall Drawing #541
On each of four walls, a tilted form with color ink washes superimposed.

Color ink wash
A First wall: The background is GG -Left plane: YRY; right plane: YBY; bottom plane: BRB;
B Second wall: The background is YY.
Left plane: GBG; right plane: RGG; top plane: YGR
C Third wall: The background is RR.
Left plane: GBB; right plane: RYG; bottom plane: OGY;
D The background is BB. Left plane: GYB
right plane: GRR; top plane: YGY;
First Drawn by: Antoine Bonhomme, Bruno Rousselot, Anthony Sansotta
First Installation: Galerie Yvon Lambert, Paris France. September, 1987
Key: Red = R; Yellow = Y; Blue = B; Gray = G

This certification is the signature for the wall drawing and must accompany the wall drawing if it is sold or otherwise transferred.

Certified by Sol LeWitt
Sol LeWitt

[6-6] 존 발데사리, 〈이 그림에서 모든 것은 지워졌다(Everything is Purged from this Painting)〉, 1968.

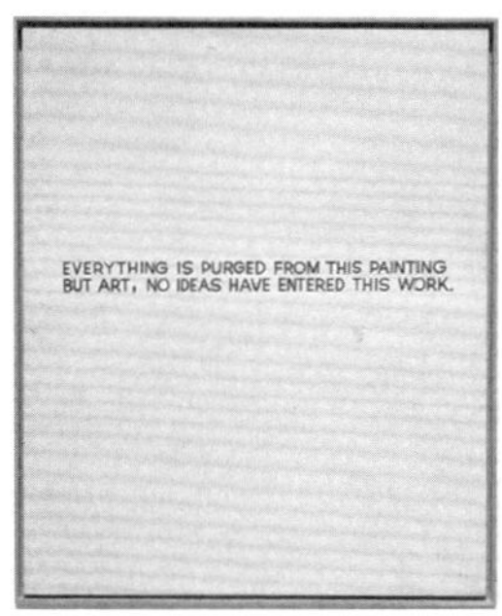


불과해 보이지만, 이 작품 제작 방식은 기존의 예술 작품과는 다르다. [6-4]는 [6-5]의 정의에 따라 그려진 작품이다. 즉, [6-4]는 [6-5]에 따라 여러 사람이 만들 수 있다는 말이다. 실제로 [6-4] 작품은 솔 르윗이 직접 그리지 않았다.

[6-6]은 미국 출신의 개념주의 예술가인 존 발데사리(John Baldessari, 1931~)의 작품이다. 특이하게 회화적인 요소가 없다. 이 작품은 아무런

의도도 개입되지 않았고 오직 작가의 창조적인 개념만 나타낼 뿐이지만 미술이 된다. 바로 개념 미술이다. 솔 르윗은 다음과 같이 개념 미술을 표현한다.

> 개념 미술에서 생각 또는 개념은 작품에 있어서 가장 중요한 요소이다. 예술가가 개념적인 형태의 예술을 사용할 때는, 모든 계획과 결정들이 사전에 만들어져 있고 실행은 형식적인 작업이라는 의미이다. 개념은 예술을 만드는 기계이다.[24]

즉, 개념 미술이라는 것은 '개념 자체'를 표현하는 예술이라고 볼 수 있고, 개념이 예술이 될 수 있다는 것을 시사한다. 사실 인간은 대상을 인지함에 있어, 그 대상이 실체적이든 현상적이든 인식을 거쳐 인지하게 된 순간, 대상을 기호-언어와 이미지-로 전환한다. 그렇다면, 우리는 언어라는 수단으로 개념을 표현할 수 있다고 본다. 롤랑 바르트(R. Barthes)는 언어, 텍스트를 다음과 같이 표현한다.

> 이 텍스트는 기의들의 구조가 아니라 기표들의 은하계이다. 그것은 시작이 없다. 그것은 가역적이다. 텍스트의 구축은 없다. 모든 것은 끊임없이 여러 번에 걸쳐 의미를 나타내지만 어떤 궁극적인 커다란 전체나 최후의 구조로의 양도는 없다. 텍스트는 어떤 대문자 모델에 대한 귀납적 접근이 아니라 수많은 입구가 있는 망의 입구이다. 각각의 텍스트는 순응하지 않고 무한정하게 되돌아오는 이러한 차이, 이러한

**24** S. LeWitt, Paragraphs on Conceptual Art, U.S., *Artforum* 5, no. 10, 1967, pp. 79-83.

달아남의 이론 자체이다.[25]

끊임없는 상상의 망 속에서 텍스트를 감상하라고 역설하는 것이다. 이 주장에 따르면, 우리에게는 각각 텍스트를 감상할 수 있는 망이 존재한다. 어떠한 궁극적인 구조가 존재하지 않기 때문에, 고정적인 의미도 없고, 정답도 없다. 감상하는 주체에 따라 한 텍스트가 새로운 의미 개념을 가질 수 있는 것이다. 그렇다면 인간이 텍스트를 감상하는 이 망은 어떻게 구성되는 것일까? 신경과학(neuroscience)에서 인간의 이 '상상의 망'을 규명하려는 움직임이 활발한데, 바로 뇌파를 이용한 인간의 생각, 상상을 수치화하고 분류하는 움직임이다. 하지만 이 뇌파는, 신경계에서 뇌신경 사이에 신호가 전달될 때 생기는 전기적 흐름을 수치화한 것이기 때문에, 신경계를 이루는 뉴런의 활동에 대한 수치라고 봐도 무방하다. 즉, 신경과학의 관점에서 본다면, 인간이 텍스트를 감상하는 기준이 되는 '상상의 망'은 뉴런의 활동을 관측하고 분석함으로 규명할 수 있는 것이다.

현재 인공지능은 '인공적으로 만들어진 인간과 같은 지능'을 구현하기 위해 인공신경망이라는 기술을 사용한다.[26] 신경생리학자인 워렌 매컬러(W. McCulloch)와 논리학자인 발터 피츠(W. Pitts)에 의해 제시된 인공신경망은 뇌의 정보 처리 능력을 기반으로 설계되었는데, 뇌 안의 세포인 뉴런과 비슷한 기능을 하는 개체들이 서로 연결되어 신경망을 구성한다. 이 인공신경망은, 인간의 '상상의 망'을 신경과학적 관점으

**25** 롤랑 바르트, 김웅권 옮김, 《S/Z》, 동문선, 2006, 22-23쪽.

**26** 마쓰오 유타카, 박기원 옮김, 《인공지능과 딥러닝》, 동아엠앤비, 2015, 47쪽.

로 구축하였으며, 실제로 앞에서 언급한 '뇌파를 이용한 인간의 생각, 상상을 수치화하고 분류하는 움직임'에 쓰이고 있다. 그렇다면, 이 인공신경망을 통해 인공지능 또한 인간과 같이 텍스트를 감상할 수 있는 '상상의 망'을 가질 수 있을 것이다.[27]

포스트휴먼 시대의 예술은 바로 이러한 인공지능의 인공신경망을 통해 완성되는 기표로, 개념 예술을 통해 이미지로 재현됨으로써 그 회화적 기반을 갖출 것이다. 이를 '새개념 예술(new-Conception Art)'[28]이라고 호명하자. 더욱 중요한 것은 인공지능의 인공신경망은 딥러닝을 통해 기존 예술의 한계를 극복할 수 있다는 것이다. 왜냐하면 인간은 사회적 동물이고 사회 속에서 성장할 수밖에 없으며, 그 사회의 이데올로기와 지배 권력에 의해 상상의 망이 갖춰지게 되며 또한 그렇게 갖춰진 상상의 망은 사회의 종속적인 것에 그칠 수밖에 없기 때문이다. 하지만, 인공지능은 사회에 종속되지 않는다. 인간의 상상의 망과는 전혀

**27** S. Russell & P. Novig, *Artificial Intelligence: A Modern Approach*, U.S.: Pearson, 2003, pp. 736-737.

**28** 기존의 '신개념 예술(neo-conceptual Art)'의 경우 예술과 예술 언어에 존재하는 생산, 취향, 위계질서, 물신화의 메커니즘을 뒤섞어놓는 것이다. 가령, 작품들을 통해 드러내는 풍자적인 면과는 별개로 작품에 쓰이는 자원과 개념들에 대해 반박하면서도 무효화시키지 않고 진지하고 정확하게 사용한다. 비판의 행위 자체보다는 다른 의미에 열려 있는 논의를 끌어내는 것이 목표인 것이다. 가령 2018년 2월 27일~4월 8일까지 갤러리현대에서 국내 최초로 전시된 벨기에 출생 빔 델보예(W. Delvoye)의 작품이 그러하다. 델보예는 우리 주위에서 흔히 볼 수 있는 사물, 소재, 역사에 대한 인지를 해체하고 재구성해 보여준다. 그러나 이 논문에서 '새개념 예술'은 인공지능의 인공신경망을 통해 완성되는 기표를 이미지로 재현한 것으로 기존 신개념 예술보다 한 단계 더 나아간 예술이다. 곧 미술사조의 개념 미술에 이은 신개념 미술이 아니다. 새개념 미술이란 말은 휴먼 시대의 인간의 언어와 지성의 능력으로 파악된 개념의 미술이 아니라, 포스트휴먼, 나아가 인공지능과 로봇 시대의 프로그램과 지능으로 창조된 개념으로 필자는 '새개념'이라고 부르고자 한다.

다른 망을 지닌 인공지능이 만들어내는 텍스트는, 이전에 인간이 구축하고 감상했던 개념과는 전혀 다른 개념을 낳게 될 것이다.

앞서 개념 미술을 통해 "개념이 예술이 될 수 있다"면 인공지능이 고유의 '상상의 망'을 통해 낳은 개념은 인간이 지금까지 쌓아올렸던 예술의 아성과 편협함을 부수고 새로운 예술을 개척할 수 있을 것이다. 사실 누구든지 자신의 지능 향상을 위해 유의미한 기술적 개조가 있었다면 그 사람은 인공지능과 공존하는 것이며, 더 나아가 사이보그, 포스트휴먼이라고도 할 수 있다. 오늘날 디지털 정보기술, 컴퓨터공학, 사이버네틱 기술, 생명유전공학, 신경과학 등과 같은 첨단과학기술은 단순히 인간의 육체적·지성적 능력을 보완해주는 도구에 그치지 않고 인간의 총체적 능력을 향상시키고 나아가 인간을 근본적으로 변형시키고 있다. 따라서 포스트휴먼 시대의 예술 또한 새로운 시대적 사명을 수용하며 '새개념 예술'을 창출하여야 할 것이다.

포스트휴먼 시대에는 예술에서 예술 개념의 확장이나 새로운 예술 개념이 요청되고 있다. 로봇 시대에 로봇의 예술작품이 가능하다면 개념미술도 새개념 미술로 바뀌어야 포스트휴먼 시대의 예술으로 인정받게 될 것이다. 예술 개념에 수정을 가하자는 것이 아니다. 기술의 발달에 따라 인공지능의 산물이 얼마나 예술적인 가치를 가지고 있으며 우리에게 예술적 감동을 제공하는지에 대한 판단은 그러한 시대가 왔을 때 우리의 소명이다. 예술의 세계에는 늘 새롭고 창의적인 것들이 등장하기 때문이다. 긴 시간 동안 예술의 개념과 예술의 범주는 수정되고 보완되어왔다. 예술의 어원이 테크네(기술)에서 왔다는 사실은 포스트휴먼 시대에도 여전히 예술이 존재할 수 있다는 의미일 것이다.

## 맺음말

기술의 발전에 따라 육체와 정신의 확장, 디지털 네트워크화에 따른 시공간 개념의 변화 및 육체성 없는 주체의 등장과 같은 탈경계적 현상들이 발생하고 있다. 이는 트랜스휴먼 또는 포스트휴먼 시대가 피할 수 없는 시대적 조건임을 잘 보여준다. 아마도 사람과 기계, 곧 생물과 무생물의 경계가 급격히 소멸되면서 등장하는 사이보그, 나아가 인공지능에 기초한 로봇은 이러한 시대를 가장 잘 대변하는 사례일 것이다. 포스트휴먼 시대는 예술에 새로운 변화의 지평을 요구할 것이고, 예술은 포스트휴먼의 '휴먼'에 강조점을 두어 새로운 감수성을 창출할 것이다. 어원적으로 예술은 기술과 동일한 속성을 지니기에 포스트휴먼 시대에도 예술은 기술의 힘으로, 또한 기술은 예술의 창조성으로 서로 소통하며 발전할 것이다.

# 포스트휴먼 시대의 교육과 학습의 변화*

박휴용**

최근 4차 산업혁명이라는 첨단과학기술적 발전과 그에 따른 사회적 환경의 변화는 인간과 기술적 도구들의 관계성을 근본적으로 변화시키고 있고, 그에 따라 인간의 학습과 소통의 방식에도 질적인 변화가 이루어지고 있다. 이러한 급격한 정보통신기술의 변화는 삶의 질적 변화뿐만 아니라, 미래의 산업과 직업과 생태계의 변화와도 밀접한 관련이 있을 수밖에 없다. 그런데도 학교교육에서 다루어지는 지식이나 학습방법은 이러한 변화에 적절히 대응하지 못하고 있다. 특히 디지털과 모바일 통신 문화 속에서 성장한 밀레니얼 세대나 네트워크 세대들은 여전히 진부한 교과지식과 전통적 교수학습 방식이 주류를 이루는 학교교육에 적응하는 데 어려움을 겪고 있다.

여기서는 이러한 과학기술적 변화로 인한 인간의 사고, 소통, 학습의

* 이 글은 저자의 포스트휴머니즘 학습이론에 관한 기존의 논문 및 저서들(박휴용, 2019a, 2019b, 2020, 2021)을 종합적으로 재구성한 것으로, 2021년 대한민국 교육부와 한국연구재단의 지원을 받아 수행된 연구이다(NRF-2021S1A2A3A01090926).

** 전북대학교 사범대학 교육학과 교수.

변화를 설명하기 위한 철학적 인식론을 포스트휴머니즘(posthumanism)으로 보고, 포스트휴머니즘의 관점에서 학교교육과 학습의 성격이 어떻게 변하고 있는지 논의하고자 한다. 이러한 포스트휴머니즘의 관점에 따른 학습 패러다임은 크게 다음과 같은 두 가지 질문을 통해 이해될 수 있다. 1) 포스트휴먼적 학습자란 어떤 존재인가? 2) 포스트휴먼 학습이란 무엇이고, 그 실제적 모습은 어떻게 구현될 수 있는가?

우선 첫 번째 질문인 포스트휴먼 학습자에 대해 설명하기 위해 포스트휴머니즘의 네 가지 하위 이론 – 신물질주의(neo-materialism), 행위자-망이론(actor-network theory), 객체지향존재론(object oriented ontology), 포스트현상학(post-phenomenology) – 을 간단히 소개한다. 다음으로 이러한 이론들로 포스트휴먼적 세계에서 인간이 어떻게 포스트휴먼적 학습자가 되는지를 설명할 것이다. 포스트휴먼적 기술중심의 사회에서는 지식과 정보의 생태계가 과거와는 비교할 수 없을 정도로 급변할 것이고, 그러한 미래에서 살아가야 할 인간의 학습 형태와 성격이 변한다는 것이다.

다음 두 번째 질문과 관련하여 이 글에서는 과거의 인본주의 학습이론과 포스트휴먼 학습이론에 어떤 차이가 있는지 살펴보고, 포스트휴먼 학습이론의 사례로 포스트휴먼-행동주의, 연결주의, 관계주의 학습이론의 개념과 성격에 대해 논의해보고자 한다.

## 포스트휴먼적 학습자란 어떤 존재인가?

### 1. 학습자에 대한 이해의 변화

포스트휴먼적 학습자는 기존의 인본주의적이며 계몽주의적 철학이 상정했던 개별적이고 독자적이며, 순수하게 이성적이거나 주체적이며, 온전한 능동성과 자기주도성을 갖춘 인간상을 지향하지 않는다.[1] 대신 포스트휴먼적 학습자는 다른 존재들(사람, 동물, 사물, 기계 등)과 상호의존적으로 소통하고, 그 과정에서 필요에 따라 주체성이나 능동성을 다른 존재들에게 이양할 수 있으며, 학습의 목표가 개인의 두뇌 속에 지식을 저장하는 것이 아니라 네트워크망 속에서 정보와 자원을 탐색하여 의미를 파악하려는 학습을 한다고 볼 수 있다. 포스트휴먼적 학습 및 학습자는 다음과 같이 정의될 수 있을 것이다.

> 포스트휴먼적 학습이란 인본주의 학습이론과는 달리 다양한 학습의 주체들이 온라인 네트워크상에서 동등한 지위와 역할을 가지고 가상과 현실을 넘나들며 이루어지는 집단적이고 분산적인 교류에 의해 이루어지는 학습을 의미한다. 따라서 포스트휴먼적 학습자는 인간 학습자뿐만 아니라 비인간적 존재들(동물, 사물, 기계, 도구, 환경 등)과의 상호의존성에 기반한 복잡한 관계망 속에서 그러한 존재들과 공생과 공존을 모색하며 탐색하고 경험하며 성장해나가는 존재이다.

위와 같은 포스트휴먼적 학습의 개념은 신물질주의, 객체지향존재론, 행위자-망이론, 포스트현상학이라는 네 가지 포스트휴머니즘의 하위이론을 바탕으로 이해될 수 있다.

① 신물질주의: 인간은 정신-물질의 이원론적 구별에 의존하지 않

1 N. Snaza, P. Appelbaum, S. Bayne, D. Carlson, M. Morris, N. Rotas, "Toward a posthuman education," *Journal of Curriculum Theorizing, 30(2)*, 2014, pp. 39-64.

고, 정신활동이든 신체활동이든 근본적 차이 없이 다양한 기술적 매체를 통해 세상을 경험하고 이해한다.

② 객체지향존재론: 모든 존재는 상호의존적 관계망 속에서 인간(주체)-사물(객체)의 구분 없이 상호의존적으로 세상을 구성한다. 객체지향존재론에 입각한 학습은 학습이나 교육의 목적이 반드시 인간이나 인간 세계를 위한 것이 아니다. 여기서는 지구 혹은 우주 생태계 속의 모든 존재들이 어떻게 상호의존적으로 지속가능성을 가지고 존재할 수 있는지에 대한 방향성을 가지고 이루어져야 함을 강조한다.

③ 행위자-망이론: 포스트휴먼 사회에서 인간은 다양한 사회기술적 행위자들(actors)-즉, 기술, 도구, 매체, 네트워크-과 동등한 관계성 속에서 네트워크를 이루고 상호작용하며 살아가고 학습하는 존재이다.

④ 포스트현상학: 세상은 객관적이고 독립적으로, 아날로그적 형태로만 존재하는 것이 아니고, 주체적 인간들의 주관성이나 이성적 판단에 의해만 이해될 수 있는 것이 아니다. 인간은 기술생태적 환경 속 하나의 행위자로서, 세상을 다양한 도구와 매개체를 통해 경험하고 인식하게 된다.

위 네 가지 이론에 따라 포스트휴먼 학습의 성격과 그 핵심원리는 다음 [표 7-1]과 같이 정리될 수 있다.

[표 7-1] 포스트휴머니즘의 기저 이론과 포스트휴먼 학습자에 대한 관점

| 포스트휴먼 하위 이론 | 포스트휴먼 학습자의 성격 | 핵심적 학습 원리 |
|---|---|---|
| **신물질주의 (new materialism)** | · 인간은 순수한 생물학적 존재라기보다 인간-기계 공생체이다.<br>· 모든 존재는 상호얽힘으로 서로 관통하고 있다(Barad, 2007). | · 인간의 의식은 "두뇌의 굴레에서 해방시켜 데이터화함으로써 네트워크와 가상현실 속으로 들어가게 될 것"이다(Clark, 2003, p. 4).<br>· 신체적 학습, 인지적 학습, 사이보그의 학습, 인공지능의 학습 간의 본질적인 차이 없이 서로 연결될 수 있다. |
| **객체지향존재론 (Object-oriented ontology)** | · 세상은 주체-객체로 이분화될 수 없고, 모든 존재들이 주체성을 가질수 있다.<br>· 모든 비인간적 존재와 상호연관성에 기반한 관계망 속에서 상호의존적 활동을 통해 학습하고 공존하는 존재이다(King, 2019). | · 세상은 인간과 비인간적 요소들이 네트워크적 관계성 속에서 상호작용하는 시공간이다(Harman, 2018).<br>· 종들 간의 소통을 위한 지적, 정서적, 윤리적 태도를 기르는 데 집중해야 한다. |
| **행위자-망 이론 (Actor-network theory)** | · 인간 학습자는 사회기술적 요인들 즉, 기술, 매체, 네트워크를 통해 타존재와 상호작용하며 학습하는 존재이다(Bijker, Hughes, & Pinch, 1987).<br>· 동물-인간-기계적 존재들은 서로 얽혀 상호의존적으로 세상을 구성한다. | · 모든 '인간 너머'의 존재들이 네트워크적 관계망 속에서 능동성을 가지고 자신의 역할을 수행하고 있다(Latour, 1993).<br>· 인간을 포함한 모든 존재들이 지역성에 얽매이지 않고 시공간적으로 분산되어 서로 복잡하게 얽혀 세상을 구성한다. |
| **포스트현상학 (post-phenomenology)** | · 새로운 기술적 환경 속에서의 인간의 경험과 지식에 대한 재해석이 필요하다(Simonsen, 2013).<br>· 인간은 실제-가상 세계의 완벽한 구분 없이 매체를 통해 세상을 경험하고 이해하며, 그 속에서 의미를 부여하며 살아간다. | · 인간의 신체나 감각적 기능들, 그리고 세상에 대한 인식(시각)을 흉내 내는 첨단기술의 개발로 인해 인간이 (매체를 통한) 간접적인 경험으로도 기존과 유사하게 세상을 이해할 수 있다.<br>· 자신에게 주어지는 정보를 전향-먹임의 방식으로 수용하면서, 순간적인 판단과 맞춤식 선택에 의해 적합한 정보를 의식에 제공한다(Hansen, 2015). |

## 2. 포스트휴먼적 존재와 학습

포스트휴먼적 학습이 구현되는 원리를 사이보그적 학습, 인공두뇌의 등장, 네트워크적 마음(mind)이라는 세 가지 사례를 통해 설명해보자.

첫째, 포스트휴먼적 인간은 더 이상 생물학적인 존재로 한계가 지워지는 것이 아니라, 생물성과 기술성이 혼재된 사이보그적 존재로 이해할 수 있다. 그렇다면, 이러한 사이보그적 존재의 학습은 어떠한 양상을 띨 것인가? 인간은 기술적 매체(컴퓨터, 가상현실 프로그램, 인공지능 알고리즘 등)를 통해 컴퓨터 네트워크 속에서 사이버 세계를 창조하였고, 인간 사용자들은 그 속에서 가상현실, 증강현실과 같은 '새로운 현실'을 경험하고 있다. 이러한 가상현실의 등장은 전산 네트워크 외부의 세계(생태적 현실)뿐만 아니라 네트워크 내부의 세계도 인간에게 의미 있는 세계라는 것을 보여주었고, 인간이 생태적 세계와 사이버 세계에서 하이브리드적으로 공존하게 만들었다. 포스트휴먼적 인간은 이러한 생태적 환경과 가상적 환경 사이에서 공존하고 있는 사이보그적인 존재로서, 그 학습의 양상도 대부분 양쪽 세계의 구성원들, 정보, 자원을 혼성적으로 활용하고 있다.

예를 들어, 학교에서 내준 과제를 수행할 때, 학생들은 더 이상 아날로그 시대처럼 물리적 도서관을 방문해서 종이책 내용을 필사한 후, 손에 잡히는(tangible) 학습의 결과물(과제 노트, 미술 공작품 등)을 교사에게 제출하지 않는다. 오늘날에는 집이나 교실 책상에 앉아 전자도서관과 데이터베이스를 검색하거나, 디지털 원격 화상회의 장치를 통해 교사 및 동료들과 토론하고, 학습의 결과물을 디지털 형식으로 제출한다. 이것이 바로 디지털 노멀(digital normal) 시대 사이보그적 학습의 가장 초보적인 방식이다.

진보된 사이보그적 학습에서는 오늘날 학습이나 업무수행에서 필수적으로 거치게 되는 대부분의 작업들에 해당하는 설계, 디자인, 시제품 제작, 검토 및 마무리 과정 등이 거의 모두 가상적 구현방식(즉, digital rendering)으로 이루어지고, 이를 위해 각종 인공지능 알고리즘(AutoCad, PhotoShop, 3D printing, Google Neural Machine Translation 등)이 탑재된 컴퓨터 프로그램을 활용한 작업이 바로 사이보그적 학습에 해당한다. 머지않아 이 과정 중에서 상당 부분은 인공지능 프로그램이 인간을 대신하게 될 것이고, 인간의 역할은 점점 인공지능이 대신할 수 없는 다른 방식으로 전환되게 될 것이다. 여기서 포스트휴먼적 인간의 학습을 주도하는 '의식'은 단순히 생물학적인 작용으로서의 의식만이 아니라, 전산적 작용(ex) 인공지능 알고리즘)으로서의 의식이 대체하게 된다는 점에서 사이보그적 학습이라고 볼 수 있다.

둘째, 포스트휴먼적 학습은 인공두뇌에 의한 학습을 포함하게 될 것이다. 최신 인공지능 공학자들은 인간 시냅스보다 2천만 번 빠르게 반응하고 효율성도 높은 인공시냅스(artificial synapse)를 개발하고 있는데, 인공시냅스로 만들어진 인공두뇌(artificial brain)를 통해 이루어지는 경험과 학습이 미래의 정보생태계의 중요한 동력이 될 수 있다. 이러한 인공두뇌는 생명체의 일부분으로 유기물로 이루어진 두뇌가 아니라 컴퓨터 알고리즘으로 이루어진 전산 두뇌로, 최근 양자 역학(quantum machanics)의 원리를 바탕으로 등장한 큐빗(Cubit) 컴퓨팅 기술의 등장으로 개발속도가 가속화되고 있다.

이러한 인공두뇌의 등장은 뇌공학(neuro engineering), 생명공학(bio-engineering), 생체물리학(biophysics), 유기물과 무기물의 경계를 넘나드는 물질을 만드는 재료 과학(material science)의 발전에 따라 나타난 부수적 결과이다. 예를 들어, 생물학과 공학의 융합인 생명공학의 대표적 연구로 박테리아를 이용한 새로운 화합물의 합성, 인체 내부를 자유롭게 탐색하며 질병원을 발견하거나 처리하는 의료용 로봇, 간편한 질병 진단 키트, 생체 조직의 공학적 개발, 인지적 보철물 등이 있는데, 이러한 연구들은 생명현상과 공학적 기술들이 유기물과 무기물의 경계를 넘나들며 창의적으로 결합될 수 있다는 것을 잘 보여준다. 결국 이러한 인공두뇌는 기존의 인간두뇌가 수행할 수 없었던 엄청난 난이도와 속도의 작업들을 순식간에 해낼 수 있는 지적 도구의 등장을 의미하기 때문에, 앞으로 포스트휴먼 시대에서 인간의 학습이 어느 정도까지 의미나 역할을 할 것인가에 대한 근본적인 문제제기가 이루어져야 한다.

셋째, 포스트휴먼적 학습은 개별적이고 독립적인 학습이 아니라, 연결적이고 상호의존적인 네트워크 학습의 성격을 띠게 될 것이다. 네트워크적 학습은 학습의 주체이자 중심부가 되는 '개별' 학습자의 마음(mind)이 본질적으로는 상호연결된 인류의 정신적 망(web of mind)의 한 단위라는 것을 의미한다. 이러한 개념은 초기에는 생명의 망(web of life)이라는 개념으로 생태적 일원론의 차원에서 제안되었고,[2] 인터넷과 같은 기술적 망이 현실적으로 구체화된 최근에는 개별 인간의 정신이 어떻게 웹상에서 재현되며 연결될 수 있는가에 대한 많은 이론적 및 기술적 논의들이 이루어지고 있다.

그 대표적인 예가 마음웹(World Wide Mind)인데, 현재까지의 인터넷이 지구상에 존재하는 수많은 컴퓨터 단말기를 상호연결하는 역할을 하

**2** F. Capra, *The web of life: A new synthesis of mind and matter*, Harper Collins, 1996.

였다면, 마음웹은 그러한 연결의 한 단위(node)가 인간 이상의 사고력을 가진 인공지능 단말기 즉, 인조적 마음(artificial mind)이라는 것이다. 결국 머지않아 그러한 인간의 사고력을 훨씬 뛰어넘는 인공지능 마음이 전 세계 네트워크의 작은 구성원들이 될 것이고, 인간은 그러한 인공지능 단말기들을 활용하거나 의지하면서 세상을 살아가게 될 것이다. 그러한 미래에 인간의 마음과 학습은 과연 어떤 역할과 의미를 견지하게 될 것인가?

### 3. 포스트휴먼적 학습과 지식/정보 생태계의 변화

기존의 인본주의적 학습이론들은 대부분 "인간의 지식은 특정 맥락 속에서만 의미를 갖는다"라는 맥락주의적 관점을 견지하였다. 맥락주의(contetualism)란 인간이란 생물학적 존재이기 때문에, 생명체의 경험이 환경적 제약에 국한될 수밖에 없듯이, 환경적(신체적, 물리적, 지역적) 맥락 속에서 '몸으로' 습득한 경험만이 진정한 지식으로 체화될 수 있다는 관념이다. 그렇게 학습되는 지식을 체화된(embodied) 지식, 내포된(embedded) 지식이라고 중요시하였다. 하지만 포스트휴먼적 학습은 그러한 맥락적이고 체화된 지식뿐만 아니라, 탈체화(disembodied)되고 탈맥락화(unembedded)된 지식도 의미있는 학습의 목표이자 결과로 수용하면서, 이를 정보와 지식의 탈체화(disembodiment)라고 부른다.

탈체화된 지식의 대표적 예가 바로 디지털화되고, 네트워크화되며, 분산된 지식이다. 즉, 우리가 무엇인가를 새롭게 배우거나 인식할 때 반드시 신체적 감각에 의존하여 생태적 맥락 속에서만 배우게 되는가? 우리가 습득한 지식이 반드시 우리의 신체적 두뇌 속에만 저장되고, 처리되는가? 인간의 학습과 그 결과로서의 지식은 사실 디지털화되어

(digitalized) 컴퓨터 속에 저장될 수 있고, 네트워크망(networked) 속에서 자유롭게 이동하며 활용되고, 개인의 머릿속에서만 처리되는 것이 아니라 다양한 존재들의 인식기관(타인의 두뇌나 사고 기계) 속에서 분산되어(distributed) 다루어지고 있는 것이다. 따라서 포스트휴먼적 지식은 개별 인간의 몸이나 두뇌 속에서 처리되고 저장되는 체화된 지식이 아니다. 몸이나 두뇌의 굴레를 벗어나서 디지털 및 전자 신호를 통해 네트워크로 연결된 다른 인간이나 컴퓨터 단말기 혹은 클라우드나 서버로 전송될 수 있는 지식인 것이다.

위와 같은 포스트휴먼적 학습의 등장은 21세기 들어 급속히 진행되고 있는 디지털 문명의 등장과 확산, 그에 따른 인간 삶 방식의 근본적 변화에서 나온 것이다. 이러한 변화의 양상을 다음 [표 7-2]와 같이 전산적 문명과 인공적 기술, 두 가지 요인에 의한 구분으로 설명해보자.

글래든(M. E. Gladden)에 따르면, 인류 문명은 컴퓨터의 발명 이전(an-

**[표 7-2] 컴퓨터와 인공지능 발달에 따른 학습주체의 역할 변화**(Gladden, 2016, p. 137 참조)

| 학습 주체: 능동자 | 인간적(Human): ~20세기 | 인공적(Artificial): 21세기~ |
|---|---|---|
| 인류적 (anthropic) | 자연적인 인간(Human): 인류의 특성을 지닌 인간적 능동자 | 바이오로이드: 인류의 특성을 지닌 인공적 능동자 |
| | 인력관리, 조직이론, 심리학, 인류학 | 생체로봇, 합성생물학, 인공심리학, AI자원관리/조직개발, 사회적 로보틱스 |
| 전산적 (computronic) | 사이보그(Cyborgs): 전산적 특성을 지닌 인간적 능동자 | 인공지능 컴퓨터들(AI): 전산적 특성을 지닌 인공적 능동자 |
| | 심리공학, 사이보그/사이버심리학, 인간기술관리, 유전/신경공학, 생체/신경 사이버네틱스 | AI소프트웨어, 전문가시스템 산업로봇, 스마트기기, 컴퓨터공학, 전자공학, 로보틱스, IT경영학 |

thropic)과 이후(computronic) 사회로 구분되며, 동시에 인류 사회의 지식과 기술의 성격은 인간적(human) 측면과 인공적(artificial) 측면으로 구분될 수 있다. 즉, 인류의 기술적 발전은 컴퓨터 발명 이전의 아날로그적인 기술의 단계①에서, 컴퓨터를 활용하는 디지털적 기술의 단계②를 거쳐, 인공지능 기술에 의존하는 인류적 기술의 단계③를 지나, 최종적으로는 컴퓨터와 인공지능에 모든 것을 맡길 수 있는 기술의 단계④에 도달하게 된다는 것이다.

이러한 변화의 양상에 따라 학습자의 성격도, 오랜 인류 역사 동안의 자연적 인간(① 인류의 특성을 지닌 인간적 능동자)의 학습에서, 가까운 과거에는 사이보그적 인간(② 전산적 특성을 지닌 인간적 능동자)의 학습을 거쳐, 최근에는 바이오로이드적 인간(③ 인류의 특성을 지닌 인공적 능동자)의 학습이 확대되는 형국이고, 궁극적으로는 인공지능 기계들(④ 전산적 특성을 지닌 인공적 능동자)의 학습이 등장하게 된다고 이해할 수 있다.[3]

아울러 글래든(2016)의 이론은 각 시대마다 어떤 지식과 기술이 그 시대를 이끌어가는 핵심적 지식들인지 보여주고 있다. 즉, 자연적 인간의 시대 ①에는 인력관리나 인간 조직에 대한 이론, 인간 심리 및 인류학적인 관점이 지식의 핵심 패러다임이었고, 사이보그적 존재가 등장하게 된 시대 ②에는 심리공학, 사이버네틱스, 유전공학 등이 중요한 역할을 하게 되었으며, 바이오로이드적 존재가 등장한 현재 ③에는 생체로봇이나 합성생물학, AI 자원관리 및 사회적 로보틱스에 대한 연구가 활발히 이루어지고 있다. 그리고 머지않아 AI와 로봇의 개발과 운

**3** M. E. Gladden, *The Posthuman Management Matrix: Understanding the Organizational Impact of Radical Biotechnological Convergence*, 2016.

용에 관한 지식과 기술들이 인류의 정보와 지식의 핵심을 차지하게 될 시대 ④가 등장하게 된다는 것이다.

그렇다면 앞으로 학교교육은 이러한 시대적 변화에 부응하기 위해 어떤 태도로 대비하여야 할까? 이를 포스트휴먼적 학습이론으로의 전환이라는 방향성으로 논의해보자.

## 포스트휴먼적 학습이론이란 무엇인가?

### 1. 인본주의적 학습이론에서 포스트휴먼적 학습이론으로

인본주의적 학습이론은 행동주의, 인지주의, 구성주의와 더불어 과학적 합리주의 등을 들 수 있다. 하지만, 이러한 다양한 학습이론들도 학습자를 독립적, 이성적, 자율적, 개별적인 존재로 보고, 지식을 독립적이고 구조적이며, 맥락적인 것으로 파악했다는 점에서는 유사성을 가지고 있었다.[4] 이러한 인본주의적 인식론과 학습이론의 내용적 특성들을 앞장에서 논의한 포스트휴먼 학습이론과 비교하여 정리하면 다음 [표 7-3]과 같다.

표에 정리된 바와 같이, 인본주의적 학습이론과 포스트휴먼적 학습이론은 상이한 인식론적 기반과 학습이론을 가지고 있으며, 그에 따라 각각이 바라보는 지식관과 학습자에 대한 이해가 다를 수밖에 없다. 여기서 인본주의적 인식론은 인간만을 유일한 주체성(subjectivity)을 가진 능동자(agency)로 상정하고, 다른 모든 존재를 수동적 대상으로 이원화시켰다는 문제점을 안고 있다. 지식을 '인간의 입장에서 본 세상의 작

4 L. Nagowah & S. Nagowah, "A Reflection on the Dominant Learning Theories: Behaviourism, Cognitivism and Constructivism," *International Journal of Learning*, 16(2), 2009.

[표 7-3] 인본주의와 포스트휴먼 학습이론의 대조적 성격

| 구 분 | 인본주의 학습이론 | 포스트휴먼 학습이론 |
|---|---|---|
| 인식론적 기반 | 본질주의, 구조주의, 구성주의 | 신물질주의, 행위자망이론, 포스트현상학 |
| 학습이론 | 행동주의, 과학적 합리주의, 인지주의, 구성주의 | 포스트행동주의, 연결주의, 관계주의 |
| 지식의 성격 | 독립성, 고정성, 맥락성 | 탈체화성, 유동성(탈맥락성), 네트워크성 |
| 학습자의 성격 | 독립적, 자율적, 개별적 존재 | 상호의존적, 연결적, 유동적 존재 |

동 원리'라는 관점으로 제한하고, 앎이라고 하는 인식작용을 인간의 머릿속에서 이루어지는 관념적 행위로 추상화시킴으로서 지식의 탈체화성, 유동성, 네트워크성을 간과했다는 것도 인본주의적 지식관의 한계점이다.[5] 반면, 포스트휴먼 학습이론은 신물질주의적 일원론에서 출발하여 인간과 다른 모든 존재들의 평등한 관계성과 상호의존성에 기반한 인식론을 바탕으로 학습을 설명하고 있다는 것이 차이점이라고 볼 수 있다.

이러한 맥락에서 인본주의적 학습이론의 대안으로서 포스트휴먼-행동주의, 연결주의(Connectionism: Hertz, 2018), 관계주의(Relationality: Ceder, 2019)의 세 가지 측면에서 포스트휴먼 학습이론의 성격을 살펴보자.

**5** B. Latour, *We Have Never Been Modern*, Hemel Hempstead, England: Harvester Wheatsheaf, 1993; Thrift, N., *Non-representational theory: Space, politics, affect*, Routledge, 2008.

## 2. 포스트휴먼-행동주의의 등장

포스트휴먼-행동주의는 인간의 사고나 학습이 신체적 측면과 정신적 측면으로 분명하게 구별될 수 없기 때문에, 기존의 인지주의나 이성주의적 관점만으로 학습을 설명하는 것에는 한계가 있다고 본다. 대신 과거의 행동주의 이론이 관찰가능한 외적 행동 영역의 학습만을 설명하고자 했던 것과는 달리, 인간의 신체와 정신의 혼융성이나 연결성의 측면에서 사고와 학습을 설명하려는 것을 포스트-행동주의라고 정의할 수 있다. 따라서, 포스트휴먼-행동주의는 세 가지 이론적 원리를 기반으로 포스트휴먼적 인간의 학습을 설명하고자 한다.

첫째, 인간, 동물, 기계의 학습을 설명함에 있어서 과학적 설명을 넘어선 신비주의적 관점을 취하지 않는다. 사실 지금까지 인간과 동물의 차별성에 대해 정치철학적, 심리언어학적, 사회종교적 주장들이 제기되어왔지만, 대부분의 주장들은 종교적 신념에 기반한 신화(myth)에 가까운 관념이었다. 예를 들어, 르네상스 시대에 들어서서 해부학적 연구가 활발히 이루어지면서 인간과 유인원의 해부학적 차이가 거의 없다는 게 증명되었음에도 불구하고, 여전히 당시의 학자들은 인간에게는 '(신에게서 부여받은) 어떤 보이지 않는 부분(invisible parts)'이 존재할 것이라는 믿음을 버리지 못했다고 한다(Shannon, 2009). 이처럼 인간성과 동물성의 근본적 차이를 가정한 인본주의적 심리학은 근본적으로 오류라는 주장들(Wolfe, 2009)과 사고와 학습과정에 대한 실증주의적 연구들을 기반으로 포스트휴머니즘은 인간, 동물, 기계적 존재들의 학습에 어떤 공통점이 있는지를 탐색하고자 한다.

둘째, 포스트휴먼-행동주의는 인지, 정서, 행동 등의 상이한 학습의 영역들도 유사한 원리에 의해 학습이 이루어진다고 본다. 즉, 지금까지 인본주의 학습이론들은 인지, 정서, 행동적 학습이 본질적으로 상이한 영역이라고 보고, 그에 따라 다른 이론적 관점을 통해 설명해왔다. 예를 들어, 블룸(Bloom, 1956)과 그 외 학자들을 중심으로 교육목표의 범주화가 지적 영역(지식, 이해, 분석, 적용, 종합, 평가) 및 정서적 영역, 심동적 영역에서 이루어졌고, 오랫동안 교육현장에서 큰 영향력을 미쳐왔다. 하지만, 이러한 범주 구분의 타당성과 각 영역의 독립성에 대한 많은 의문이 제기되어 왔고, 그로 인해 영역적 혼성화를 기반으로 한 학습에 대한 많은 연구도 수행되고 있다. 그러한 맥락에서, 최근의 뇌과학적(neruo-science) 연구들을 기반으로 인지, 정서, 행동적 영역을 포괄한 영역일반적(domain-general) 학습의 기재나 두뇌-기반 학습이론 등이 활발한 연구를 이어가고 있다.

셋째, 포스트휴먼-행동주의는 인공지능, 빅데이터, 데이터 사이언스(data science)와 같은 기술적 도구를 활용한 연구방법론을 바탕으로 인간의 학습을 설명하는 것을 포함한다. 사실 이러한 데이터에 기반한 행동주의적 연구는 이미 폴 에크만(Paul Ekman, 1992, 1999)의 인간 표정에 대한 연구 등에서 시도된 바 있다. 에크만은 인간의 감정이 얼굴 표정에 그대로 드러나고 있고 그것을 숨기기 힘들다는 관찰에 착안하여, 만 개에 달하는 인간의 얼굴표정에 대한 데이터를 목록화한 후 이를 43개의 표정근육으로 정리하였고, 다시 일곱 가지(중립적, 행복한, 놀란, 화난, 혐오스러운, 두려운, 슬픈) 감정 유형으로 유형화한 바 있다.

에크만의 연구와 같은 행동주의적 연구들은 인간의 인지, 정서, 행동이 결코 완전히 분리될 수 있거나 별개의 작용이 아니라는 것을 잘 보여주고 있다. 최근 인간의 행동을 보다 면밀하고 정확하게 측정할 수 있는 하드웨어(고성능 카메라 및 컴퓨터) 및 소프트웨어(AI Sensing 알고리즘)

의 발달에 따라 포스트휴먼-행동주의 연구의 확산이 탄력을 받을 수 있는 환경적 조건이 갖추어졌다. 즉, 과거에는 이러한 인간의 미세한 행동적 변화를 제대로 관찰하거나 연구할 수 있는 도구가 개발되지 않았지만, 최근 기술 발전의 도움으로 인간의 다양한 활동이 보여주는 인지적, 정서적, 행동적 의미들을 파악할 수 있는 여건이 마련된 것이다.

### 3. 인지주의에서 연결주의로

사회적 연결망을 기반으로 한 학습 활동의 심리적 동력이 무엇인지를 탐구하는 것이 바로 연결주의(connectivism) 학습이론인데, 개인의 기억과 지능에 의존한 학습이 아니라 인적, 물적, 기술적 네트워크를 활용한다는 점에서 네트워크적 학습이라고도 불리운다. 초기의 연결주의(connectionism)는 컴퓨터공학과 신경과학의 이론들을 기반으로, 네트워크적 연결망 속에서 각각 개별적 단위(unit, node)들이 특별한 조직 구조나 규칙 없이 단위들 간의 빈도와 강도 등을 기반으로 연결된 상태를 가리키는 개념으로 이론화되었다.[6] 그 후 연결주의는 1980년대 후반부터 인간 언어가 생성되는 과정이나 복잡한 내적 사고 과정을 설명하는 모형으로 언어학 및 인지과학 분야나 시스템이론 분야에서 활발히 적용되기도 했다.

포스트휴먼적 학습이론으로서의 연결주의는 학습이 이루어지는 기재를 이러한 인지적 모형이나 시스템 모형으로 설명하는 데 그치지 않

**6** G. Siemens, "Connectivism," Ricard E. West, *Foundations of Learning and Instructional Design Technology*, 2017.

고, 학습의 목표, 내용, 방법, 평가의 차원에서 다음과 같은 보다 구체적인 학습의 원리를 지향하고자 한다.

첫째, 연결주의의 학습 목표는 학습내용이나 정보를 개인의 기억 속에 누적적으로 축적하는 것이 아니라, 학습 대상을 파악하기 위한 다양한 의미 네트워크(meaning networks)를 형성하는 것이다. 학습 대상이 갖는 의미를 개인의 인지 구조 내에서만 참조(a)하지 않고, 외부의 지적 네트워크에 비추어 탐색(b)하는 일에 훨씬 더 큰 비중을 둔다.

둘째, 학습의 내용은 학습 주제와 관련된 다양한 요소이고, 그 요소들을 학습의 본질이나 의미에 맞추어 탐색하고 관계성을 이해하는 과정이 된다.

셋째, 학습의 전략으로는 브레인스토밍, 주제의 탐색, 검색과 거르기(screening), 자료의 변별과 의미 파악, 요약과 평가 등의 요소가 주를 이루게 된다.

넷째, 학습 성과에 대한 평가는 학습 내용의 기억을 기반으로 한 지필고사가 아니라, 형성평가, 실습평가, 프로젝트(문제해결) 평가, 포트폴리오 평가, 자기-지식(self-knowledge) 평가와 같은 창의적이고 비판적인 평가방식을 기본으로 한다.

요컨대, 연결주의 학습이론은 개별 학습자가 자신의 인지적 역량을 최대한 활용하여 독립적으로 학습을 수행한다는 개인주의적 관점이 아니라, 사회적 기술적 연결망 속의 한 단위인 학습자가 특정한 학습의 목표를 수행하기 위해 다양한 인적 관계망과 효율적인 기술적 매체를 활용하여 보다 생산적인 학습 수행을 지향하는 것이다.

### 4. 구성주의에서 관계주의로

학습자의 주체성과 의미의 맥락성을 강조한 구성주의 학습이론은 과거의 행동주의(인간의 외적 변화)나 인지주의(학습의 내적 기재 설명) 학습이론보다 더 진보된 학습이론을 제시함으로써 학습의 의미를 이해하는 데 중요한 역할을 해왔다. 포스트휴먼적 학습이론은 이러한 구성주의적 학습관에서 벗어나서 앞서 소개한 행위자-망이론이나 객체지향 존재론을 기반으로 한 관계주의적 학습관을 지향한다. 여기서 관계주의(relationalism)란 개인(개별성)과 사회(집단성)가 서로 상호작용적 관계성 속에서 얽혀 있다는 사실(관계적 물질주의: relational materialism)을 강조하는 존재론이자 인식론이다.[7] 존재론의 측면에서 관계주의는 개별성(individuality)과 집단성(collectivity)이 구분되어 존재하는 것이 아니라 분리불가능한 관계성을 가지며 얽혀 있다는 것이고, 인식론적 측면에서는 인식 주체(학습자)와 인식 대상(세계, 정보)의 구분을 넘어서려는 입장이다. 예를 들어, 구성주의는 학습자(학습 주체)가 외부의 세계(학습 대상)에 대한 지식을 형성해나가는 것이라면, 관계주의는 외적 존재들과의 공존을 모색하며 있는 그대로 느끼고 참여하고자 한다. 즉, 관계주의는 외부의 세계를 타자화하여 분석과 통제의 대상으로 삼지 않는다.

포스트휴먼적 세계관과 인식론을 기반으로 한 관계주의 학습이론은 디지털과 정보통신 기술이 보편화된 환경 속에서 인간의 경험(소통과 학습)이 어떻게 변화하고 있는지를 물질주의적 일원론의 관점으로 잘 설명하고 있다. 예를 들어, 관계주의적 학습이론은 다음과 같은 기본 원리를 기반으로 한다.

**7** N. Thrift, *Spatial Formations*, London: Sage, 1996.

첫째, 관계주의 학습이론은 지식과 지식을 얻는 방법을 구별되지 않는다. 예를 들어, 춤(dance) 자체와 춤을 추는 방법이 분리될 수 없고, 과학적 사고와 과학을 탐구하는 방법이 구별될 수 없으며, 수학적 지식과 수학적 탐구과정이 다를 수 없다는 것이다. 즉, 지금까지의 교육은 근대주의적 합리성과 과학주의적 효율성이라는 근거(rationale)를 바탕으로, 학습 목표와 학습 내용, 학습 방법, 평가가 마치 별개인 것처럼 구별, 순서화, 모듈화해왔다. 하지만 이러한 근대적 관념은 디지털, 네트워크화, 가상현실의 환경들이 점점 확대되어가는 기술문명 사회 속의 인간의 경험과 학습을 설명하기에 적합하지 않다는 것이다.

이를 설명하는 포스트휴먼 이론이 바로 새로운 기술적 환경 속에서의 인간의 경험과 지식에 대한 재해석인 포스트현상학(post-phenomenology)이다.[8] 포스트현상학이 설명하고자 하는 인간의 경험은 1)기존의 육체화된 경험과는 다른 가상적(온라인, 언택트, 상상적) 환경에서의 인간의 경험, 2)기술적 매개(스마트폰, SNS, 뉴미디어, 온라인 공간의 토론, 게임 및 학습)들에 크게 의존하는 경험, 3)인간의 지각을 변형(transform: 확대/감소)하거나 인간의 행동을 변환(translation: 촉진 및 억제)시키는 기술적 중재(mediation)에 의한 경험 등이다(Ihde, 2009). 최근 학생들이 세상을 경험하고 세상과 소통하는 방식을 크게 변화시키고 있는 뉴미디어의 등장이 그 대표적인 예인데, 뉴미디어는 학생들에게 학습, 업무, 소통, 유흥(게임) 등이 명확히 구별되지 않는 경험을 제공하고 있는 것이다.

둘째, 관계주의적 학습이론은 학습자, 학습, 그리고 학습매체의 상호

**8** M. B. Hansen, *Feed-forward: On the future of twenty-first-century media*, University of Chicago Press, 2015.

의존성을 강조한다. 학습자가 무엇인가를 배운다는 것은 그러한 배움 자체나 배움의 매개들에 친숙해지고 습관화되어 학습자와 학습 매체가 밀접한 상호의존적 관계를 형성하는 것이다. 이러한 존재들 간의 상호의존성을 설명하는 것이 바로 행위자-망 이론이다. 행위자-망 이론은 모든 존재는 주변의 다른 존재들과의 상호작용 속에서 힘의 균형을 유지한다고 본다. 따라서 어떤 것도 독자적으로 강하거나 약한 것이 아니라, 상호작용하는 다른 존재들과의 조합을 통해서 역량이 발휘된다고 본다. 같은 맥락에서 학습자도 그 자체의 역량으로 효과적이거나 그렇지 못한 학습을 수행하는 것이 아니라, 다른 존재들(교사, 동료학생, 학습의 자원, 학습의 매개들)과의 효과적인 연합을 통해 학습의 성공여부가 결정되는 것이다.

셋째, 관계주의는 맥락성에 구속되지 않는 탈맥락적 경험과 모든 존재들(타인, 동물, 사물, 기계들)과의 관계적 의미를 형성하는 것을 중시한다. 모든 존재는 상호의존적으로 공존하고 있다는 것과, 동료들과의 관계성(collegiality)이나 협력관계(collaboration)의 중요성을 강조한다. 그러한 동료성이나 협력관계는 물리적 거리에 구애받지 않는다는 점에서 탈맥락적이며, 사람이나 동물, 사물을 구별하지 않는다는 점에서 전 지구적 윤리관을 내포한다. 이처럼 고차원의 상호의존성, 헌신, 호혜성의 관점을 갖는다는 점에서 관계주의 교육은 인성이나 사회성 교육의 매우 중요한 이론적 기반이 된다.

관계주의 학습은 과정 기반(process-oriented)의 학습이며, 만물의 상호관계성에 내재된 고유의 정서적 과정을 중시한다. 그렇기 때문에, 포괄적이고 변혁적 학습을 지향한다는 점에서 인지적 학습뿐 아니라, 정서나 사회성 학습의 전반적인 측면을 교육의 내용이자 목표로 삼고 있다.

하지만 관계주의 학습이론은 앞서 언급한 바와 같이 사회적 관계성을 기반으로 한 인성 및 사회성 교육의 측면에서만 적용되는 것이 아니라, 자연과학(물리학, 생물학, 화학, 천체물리학 등)이나 사회학(역사학, 정치학, 통계학, 경영학, 전산학 등) 이론의 관점에서 매우 중요한 인식론적 토대의 역할을 하고 있다. 예를 들어, 물리학에서 상대성이론, 불확정성의 원리, 양자역학은 관계주의적 혹은 상대주의적 관점을 취하지 않으면 이해하기 어렵다. 결국 관계주의는 지식에 대한 접근 방식(방법론)뿐 아니라, 지식 자체에 대한 이해 전략(인식론) 차원에서도 매우 중요한 학습이론의 역할을 하고 있다.

정리하자면, 향후 기술기반 사회의 학습은 학습자-지식, 지식-방법, 방법-매체 등 이분법적 구별을 넘어서는 경험들이 확산될 것이고, 그러한 환경 속에서의 학습은 관계주의적 원리를 충분히 고려하여 이루어져야 할 것이다.

## 맺음말

이 글에서는 기술중심 사회의 등장에 따라 변화하고 있는 인간, 기술, 매체의 관계성을 설명해주는 포스트휴머니즘의 관점에서 교육과 학습의 성격이 어떻게 변화하고 있는지를 논의하였다.

미래의 포스트휴먼적 학습은 사이보그적 학습, 인공두뇌에 의한 학습, 네트워크적 학습의 성격이 강화될 것이며, 포스트휴먼 시대의 지식 생태계의 변화에 따라 학습자의 성격도 사이보그적이며 바이오로이드적 존재로서의 학습을 보여주게 될 것이다. 그로 인해 학교교육에서도 포스트휴먼-행동주의, 연결주의, 관계주의 학습이론 등과 같은 포스트휴먼적 학습이론이 등장하게 될 것이다.

이러한 논의를 종합하면, 포스트휴먼적 학습은 기존의 인본주의적 학습관에서 벗어나서 네트워크적 학습자, 맥락적 및 탈맥락적 학습의 경험, 분산적인 학습 방식을 수용하며, 다른 비인간적 존재들과 어떻게 소통하며 관계를 맺을 것인가에 대해 탐구와 실천의 과정에서 이루어지는 학습이라고 볼 수 있을 것이다. 결국 인류의 미래는 과학의 발전이 가져온 다양한 기술적 환경 속에서 인간과 다른 모든 비인간적 존재들의 협력적 공존의 성공에 달렸을 것이다. 포스트휴머니즘은 바로 이처럼 인간, 유기체, 기계, 물질, 사물들이 각자의 경계를 넘어서서 새로운 기술적 생태계를 구성하며 살아가는 미래를 대비하는 세계관인 것이다. 따라서 포스트휴먼 학습의 성과도 기존의 인본주의적 지식관이나 고정적이고 분절된 지식에서 벗어나서, 인공지능, 인공두뇌, 생명공학, 사이버네틱스, 스마트 통신, 인지적 보철물(cognitive prosthetics) 등과 같은 다양한 기술적 도구를 어떻게 효과적으로 활용할 수 있는가에 따라 달라지게 될 것이다.

# 제3부

# 포스트휴먼 경계론

# 강한 인간척도주의에서 약한 인간척도주의로 - 4차 산업혁명 시대 포스트휴먼의 존재론적 특성과 관련하여*

유헌식**

이 글에서 사용하는 '강한 인간척도주의(strong homo-mensuraism)'와 '약한 인간척도주의(weak homo-mensuraism)'라는 용어는 지능적인 인공물로서의 '생각하는 기계'가 인간적 특성에 의존하는 정도에 따른 구분이다. 생각하는 기계를 제작하는 데에서 '강한 인간척도주의'는 인간의 사고와 형태를 지향하여 모방하는 정도가 강한 경향성을 뜻한다. 반면, '약한 인간척도주의'는 생각하는 기계의 기능을 얼마나 효율적으로 극대화시킬 것인가에만 관심을 기울여 여기에 필요한 인간의 논리적이고 수학적인 사고, 즉 지능에 의존할 뿐 인간의 의식 일반을 모방하려 하지 않을뿐더러 형태상으로도 인간을 지향하지 않는다. 의식이 배제된 채 순전히 지능에만 의존하는 알고리즘을 토대로 주어진 사태의 패

* 이 글은 〈미디어로서의 '생각하는 기계'와 인간척도주의〉, 《철학연구》 제124권(철학연구회, 2019)의 후속작이다. 인간척도주의에 대한 필자의 설명은 《철학연구》에 실린 논문을 참조.

** 단국대학교 철학과 초빙교수.

턴을 인식하는 '생각하는 기계'가 강력하게 출현하고 있는 실정이다.[1] 오직 지능적인 특성을 지녔으면서, 오히려 인간의 의식현상조차 지능적으로 설명하고 제작하는 연구가 지속되고 있는 지금 '생각하는 기계'는 점차 인간을 기준 혹은 모방의 대상으로 삼는 경향에서 벗어나고 있다. 이러한 경향성을 나는 '강한 인간척도주의'에서 '약한 인간척도주의'로의 전환이라 부른다.

이러한 이해의 틀에서 보면 지금 행해지는 '강한 인공지능'과 '약한 인공지능'의 구별과 대비하여 '강한 인간척도주의'와 '약한 인간척도주의'에서 '강한'과 '약한'의 의미가 달라진다. 인간척도주의에서 볼 때 '약한 인공지능'에서의 '약한'은 '기계가 인간에 도달하고 싶지만 아직 미흡한/부족한', 그래서 '기계가 인간에 미치지 못하는'이라는 뜻이며, '강한 인공지능'에서의 '강한'도 '기계가 상당한 정도 인간의 지능에 도달해 있는'이라는 의미인데, 두 경우 모두 '인간의 능력'을 기준으로 기계의 능력을 평가한다. 이러한 점에서 보면 마찬가지로 '강한 인간척도주의'의 관점에서 파악한 결과라 할 수 있다. 이와 달리 '약한 인간척도주의'에서 '약한'은 '(생각하는) 기계를 제작하는 데에 '인간'을 기준으로 삼는 정도가 '상대적으로 적은'이라는 뜻과 더불어, 그럼으로써 오히려

1 지능이 의식에서 독립하여 발전하는 데 따른 위기 상황에 대해 하라리(Y. Harari)는 이렇게 말한다. "지난 몇십 년 동안 컴퓨터의 지능은 엄청나게 발전했지만, 컴퓨터의 의식은 전혀 발전하지 않았다. …지능이 의식에서 분리되고 있고, 이로 인해 인간은 경제적 가치를 잃을 위험에 놓여 있다. 지금까지 높은 지능은 발달한 의식과 항상 짝지어 다녔다. 의식을 가진 존재만이 체스를 두고, 자동차를 몰고, 질병을 진단하고, 테러범을 찾아내는 것 같은 높은 지능을 요하는 일을 수행할 수 있었다. 하지만 지금 우리는 이런 일들을 인간보다 훨씬 잘 할 수 있는 새로운 유형의 비의식적 지능을 개발하고 있다. 이런 일들은 모두 패턴 인식을 바탕으로 하는데, 머지않아 비의식적 알고리즘이 인간의 의식보다 패턴 인식을 더 잘할 것이기 때문이다"(유발 하라리, 김명주 옮김, 《호모데우스-미래의 역사》, 김영사, 2017, 425쪽).

'기계가 인간을 넘어서는'이라는 뜻까지 함축한다. 뒤에서 밝히겠지만 현행 '강한 인공지능' 가운데에는 '강한 인간척도주의'의 산물과 '약한 인간척도주의'의 산물이 섞여 있으며, 현행의 강한-약한 인공지능의 구분은 현재 출현하고 있는 '생각하는 기계'의 존재론적 특성을 설명하는 데 한계가 있어서 '약한 인간척도주의'에 대한 확장된 이해가 요구된다고 할 수 있다. 왜 그런가, 하는 물음에 답하는 작업이 이 연구의 전반에 걸쳐 수행될 것이다.

## '생각하는 기계'와 '약한 인간척도주의'

컴퓨터가 인간이 주입한 전략에 의해서 발전할 수 있다는 사실을 발견한 것은 그 가치를 평가할 수 없을 만큼 중요한 의미를 지닌다. 예를 들어, '그 환자는 어디가 안 좋은가?'라는 의료상의 문제나 '샘물을 파기에 어디가 적당한가?'라는 지질학적인 문제에 대해 컴퓨터는 적절한 답을 제시할 수 있다. 전문가 시스템의 기술은 기계가 그러한 문제들을 수용할 수 있도록 만든다. 이는 원칙적으로 '인간에서 유래한 지식으로 소급'할 때에 가능하다. "그렇지만 이제는 필요한 지식이 더 이상 인간에서만 오지 않고 기계 자체에서 오기도 하는 순간이 눈앞에 닥치고 있다."[2] 이제 '생각하는 기계'가 '인간척도설(homo mensura)' 밖으로 읽히는 상황이 도래한 것이다.

폰 노이만은 1950년대 초에 다음과 같이 말했다고 전한다. "끝없이 가속하는 기술의 진보와 인간의 생활양식의 변화는 인류역사에서 어떤

**2** D. Michie & R. Johnston, *Der kreative Computer-Kunstliche Intelligenz und menschliches Wissen*-, Hamburg: Rasch und Rohring, 1985, p. 162.

본질적인 특이점(singularity), 즉 지금 우리에게 당연한 것처럼 보이는 인간의 발전이 더 이상 지속될 수 없는 시점이 다가오고 있다는 것을 일깨울 것이다."[3] 폰 노이만은 기술의 역사에서 '특이점'이란 용어를 처음 사용한 인물이다. 커즈와일(R. Kurzweil)은 폰 노이만의 이러한 생각을 발전시켜 '특이점'을 "기존의 해석이나 기준이 더 이상 적용되지 않는 단계로 넘어가는 시점으로, 급속도로 이루어지는 기술발전이 인간의 인지능력을 넘어서는 순간"이라고 정의한다.[4] 커즈와일은 저서 《특이점이 온다》에서 폰 노이만의 '특이점'과 연계하여 어빙 존 굿이 《최초의 초지능 기계에 관한 고찰》(1965)에서 언급한 '지능 폭발(intelligence explosion)' 그리고 버너 빈지의 저서 제목이기도 한 '기술적 특이점'을 언급한다.

'특이점'에 주목하는 이유는 특이점이 "기하급수적 증가에서 거의 수직에 가깝게 치솟는 단계"[5]에 해당되는 '극적인 전환점'이기도 하지만, "비생물학적인 개체가 생물학적 인간의 지능(정서를 포함한 인간)을 재창조"[6]하는 지점이기 때문이다. 특이점에 도달하면 이전의 척도는 무의미해지고 새로운 척도로 대체된다. 생물적인 것과 비생물적인 것이 병합하는 수준을 넘어 비생물적인 기계의 지능이 생물적인 인간의 지능을 포괄할 뿐만 아니라 능가할 수 있게 된다. 커즈와일이 인용하는 버너 빈지의 견해를 들어보자.

> 인간을 능가하는 지능이 발전을 주도한다면 발전 속도는 훨씬 빨라

**3** 커즈와일 R., 윤영삼 옮김, 《마음의 탄생》, 크레센도, 2017, 284쪽에서 재인용.

**4** 커즈와일, 위의 곳.

**5** 커즈와일, 김명남(외) 옮김, 《특이점이 온다》, 김영사, 45쪽.

**6** 커즈와일, 《마음의 탄생》, 284쪽.

질 것이다. 그 발전 과정 중에 더 지능적인 존재를 더 짧은 기간에 창조하는 일이 포함되지 않을 이유는 없다. 진화의 역사에서도 이런 일을 찾아볼 수 있다. 동물들이 문제에 적응하고 무언가를 창조하기도 하지만, 때로는 자연선택의 속도가 동물을 앞선다. 자연선택의 경우 세계가 스스로 시뮬레이션을 하는 것이나 마찬가지다. 인간은 세계를 내재화하고 머릿속에서 '만약'을 가정할 수 있는 능력이 있다. 우리는 자연선택보다 수천 배 빠르게 많은 문제를 해결할 수 있다. 그러한 시뮬레이션을 더 빠르게 수행할 수 있는 방법을 만들어내면, 인간이 동물과 완전히 다른 상황에 있는 것처럼 미래의 우리는 과거나 현재의 우리와 완전히 다른 상황으로 접어들 것이다. 인간의 관점에서 이러한 변화는 눈 깜짝할 사이에 기존의 모든 규칙을 버려야 한다는 것을 의미한다. 사실상 통제를 꿈꾸기 힘든 기하급수적 달음박질이다.[7]

커즈와일은 '인간을 능가하는 지능', 즉 보스트롬(N. Bostrom)이 말하는 '초지능(superintelligence)'의 출현 가능성을 인간 뇌와 인공지능의 학습방식의 동일성과 양자 간의 학습속도의 차이에서 찾는다. 커즈와일에 따르면 인간과 기계는 똑같이 '패턴'과 '개념'을 통해 대상을 인식하는데 이러한 인식작용은 기본적으로 '계층'에 기반을 두고 있다.[8] 패턴, 개념, 계층은 모두 주어진 사태의 디지털화 가능성을 함축한다. 커즈와일에 따르면 인간의 뇌는 신경전달물질을 통해 아날로그식으로, 연속적으로 연산을 처리하지만 뇌 전체가 병렬 구조로 되어 있어서 연산과정을

**7** 커즈와일, 《특이점이 온다》, 42f.

**8** 커즈와일, 《마음의 탄생》, 206ff 참조.

디지털식으로 처리할 수 있다. "병렬 처리 구조는 패턴 인식 능력의 핵심이고, 패턴 인식 능력은 인간사고 능력의 중심이다." 그래서 뇌가 아날로그와 디지털 기법을 한데 쓰기는 하지만, "디지털 컴퓨터로도 디지털-아날로그 혼합망의 기능을 다 해낼 수 있다."[9] 기능만 같으면 그 기능을 수행하는 기계의 방식은 인간의 방식을 따를 필요가 없다. 컴퓨터가 생물학적 신경망의 그 구조(형태)가 아니라 기능을 모방한다고 할 때, '기능적으로' 디지털 연산은 아날로그 연산과 같을 수 있어서 '기능'에 해당하는 '패턴'과 '개념'을 디지털로 전환할 수 있다. 더구나 뇌의 패턴 인식과 개념인식이 계층구조를 이루기 때문에 연속성을 띤 아날로그의 영역도 불연속적인(미분적인) 디지털의 세계로 바꿀 수 있다.

이렇게 지능이 디지털 컴퓨터 안에 패턴과 개념으로 프로그래밍되는 순간, 그때부터는 뉴런의 활동에 대한 수학적 모델링과 컴퓨터의 계산 능력만이 문제될 따름이다. 생물적인 것의 활동이 비생물적인 실체(기계)의 연산으로 환원되고 나면 이제 문제의 해결은 인간이 아니라 기계 자신의 소관이 된다. 현재 뇌의 신경망에서 진행되는 뉴런의 운동양상을 수학적 공식으로 설명하여 모델을 만드는 데 상당한 성공을 보이고 있다.[10] 또한 뇌와 동일한 기능을 수행하는 데에서 '생각하는 기계'는 인간의 뇌보다 현저하게 정확하고 빠르다. 뿐만 아니라 이제는 기계 자신이 심화된 자기학습을 통하여 스스로를 개선하여 제작자 자신도

**9** 커즈와일, 《특이점이 온다》, 203쪽.

**10** 커즈와일에 따르면 "피터 다얀과 래리 애보트는 수천 가지 실험에서 도출된 폭넓은 지식을 묘사할 수 있는 비선형 미분 방정식들을 한 가지에 모아 정리해 보였다. 뉴런 세포체와 시냅스의 생물리학, 망막과 시신경 등에서 발견되는 뉴런들의 앞먹임 망, 기타 다양한 종류의 뉴런들에 대한 탄탄한 모델이 이미 존재한다"(커즈와일, 《특이점이 온다》, 231쪽).

그 결과와 역량을 예측할 수 없을 정도로 발전하고 있다.

'인간'은 더 이상 만물의 척도가 아니다. '생각하는 기계'는 더 이상 '인간의 사고'를 기준으로 삼지 않는다. 그 기계는 이제 서서히 '인간'이라는 울타리를 떠나기 시작한다. 특히 인공지능은 인간의 자연적인 지능을 모방하는 단계에서 벗어나 순전히 공학적인 디지털의 영역에서 '더 잘 생각하는 기계'로 탈바꿈하고 있다.[11] 그럴 경우 디지털 원리에 기초한 공학적인 설계에서 탄생한 인공지능은 인간의 자연지능을 모방하지 않아서 인간지능보다 열등한 것이 아니라 오히려 우월할 수 있게 된다. 입력-정보처리-출력이라는 일련의 과정을 통해 결과가 산출된다는 사실 자체는 인공지능과 인간지능이 차이를 보이지 않지만 그 과정이 다를 경우 양자 간에는 현저한 차이를 보일 수 있다. 더구나 인공지능이 데이터를 처리하는 과정 자체는 '블랙박스'처럼 그 내막을 알 수 없기 때문에 오직 데이터처리 결과만 보고 입력된 과제의 성패 여부를 판단할 수 있을 따름이다. 예를 들어 인공지능 알파고의 경우 딥러닝을 통한 자기 학습을 통해 초인간적인 역량을 발휘하였는데 알파고가 어떤 연산과정을 거쳐 그러한 역량을 갖게 되었는지는 미지수이다. "인공지능의 학습이 제대로 이루어졌는지에 대한 판단은 그 학습의 과정을 검증하는 것을 통해서가 아닌 그 결과를 검증하는 것을 통해 이루어질 수밖에 없다. 수많은 데이터 쌍을 입력하여 인공지능이 파악한

11 "인공지능의 연구는 인간의 지능이라는 자연지능을 모방하기보다는 정보처리라는 지능행위에 대한 공학적인 연구를 통해 훨씬 더 생산적으로 행해질수 있다"(박찬국, 2018, 89쪽). 또한 박충식도 유사한 주장을 펴고 있다. "딥러닝이 기반하고 있는 인공신경망은 인간의 신경망에서 아이디어를 얻어 시작되었지만, 전혀 다르게 작동하고 있기 때문이다"(박충식, 〈성찰적 인공지능〉, 《인공지능과 새로운 규범》, 아카넷, 2018, 146쪽).

연관관계 자체를 검증하거나 역추적하는 것은 물리적으로 불가능하기 때문이다. … 사실상 인공지능은 블랙박스인 셈이다."[12]

'생각하는 기계'인 인공지능이 '블랙박스'라는 사실은 인공지능이 인간의 통제 아래 있을 때는 문제가 없겠지만 인공지능의 역량이 '특이점'을 지나는 순간부터는 인공지능이 인간의 통제범위를 벗어나 인간세계에 개입하여 어떠한 영향을 미칠지 알 수 없게 된다. 이러한 사실은 미디어의 철학자 맥루한이 "우선 우리가 도구를 만들면, 다음엔 도구가 우리를 만든다"고 말한 것이나 베라가 "미래는 과거와 같지 않다"고 말한 것과 일맥상통한다.[13] 진화의 시각에서 볼 때, 인간의 지능이 유일한 지능이 아니다. 인간의 지능과는 다른 지능이 출현하여 극도로 발전하면 그들이 자체적으로 산출한 기호(언어)는 인간도 이해할 수 없게 될 것이다. 결국 '생각하는 기계'가 인간을 척도로 삼든 그렇지 않든 간에 인간의 지능을 능가하는 초지능적인 존재는 인간의 통제를 벗어나게 될 것이다. '지능을 갖춘 인격적 존재'라든지 '의식 없는 지능'의 출현 가능성이 점쳐지고 있기 때문이다. 입력된 모든 자료를 0과 1로 치환하여 기계가 인식할 수 있는 데이터로 변환하는 디지털 기술에 힘입어 모든 원자가 디지털의 최소단위인 비트의 세계로 전환되고, 인간뇌의 사고작용이 디지털적인 전기신호처리과정으로 환원될 경우, 무

**12** 손화철, 〈인공지능 시대의 과학기술 거버넌스〉, 《인공지능과 새로운 규범》, 227쪽: 인공지능의 '블랙박스' 특성과 관련하여 손화철은 이렇게 말한다. "인공지능은 인간의 학습에서 나타나는 것과 마찬가지로 입력치만 가지고서는 예상할 수 없는 출력치를 산출하게 되었다"(손화철, 〈포스트휴먼 시대의 기술철학〉, 《포스트휴먼 시대의 휴먼》, 한국포스트휴먼연구소(편), 아카넷, 2016, 269쪽). 입력치를 통해 출력치를 예상할 수 없다는 사실은 인공지능이 인간의 예측범위를 떠나 독자적인 사고와 행위를 할 수 있다는 점을 시사한다.

**13** 커즈와일, 《특이점이 온다》, 33쪽 재인용.

어의 법칙에 따라 데이터와 알고리즘에 기반한 컴퓨팅 능력이 기하급수적으로 폭발하면서 디지털 기술이 자율성을 띠게 되어 인간의 의도와 목표보다는 기술 자체의 욕망과 관성에 따라 전진할 수 있게 된다.[14]

## 진화론의 관점에서 본 '약한 인간척도주의'의 존재론

지금까지의 논의를 종합해보면, '인간'을 척도(기준)로 하여, 즉 인간의 유기체적 메커니즘이나 외양을 모방하여 '생각하는 기계'를 만드는 '강한 인간척도주의'는 한계에 직면할 것이다. 인간의 논리적 수학적 사고가 컴퓨터의 공학적 기술과 결합하여 생산하는 '생각하는 기계'가 오히려 인간에게 더 유용할 뿐만 아니라 현실에서 대세를 이룰 전망이다. 이러한 '약한 인간척도주의'는 이제 '인간이란 무엇인가?' 혹은 '지구상에서 인간의 위치와 미래는 어떻게 될 것인가?' 하는 철학적 인간학의 물음을 제기하기에 이른다. 여기에서 '생각하는 기계'와 관련하여 무엇보다 진화론적인 시각이 강력한 설득력을 지니고 대두(개입)한다.

데닛은 지향계(intentional system) 개념을 통하여 '강한' 인간척도주의를 비판한다. 그는 진화론의 시각에 따라 모든 생물은 자기보존과 생존을 위해 특정한 지향의 체계를 지닌다고 본다. 칸트와 헤겔의 목적론적 세계이해 그리고 후설의 지향성을 떠올리게 하는 데닛의 지향계 개념은 인간척도주의의 한계를 드러내는 훌륭한 준거점이라고 할 수 있다. 그는 인간의 지향계를 다른 존재의 지향계를 이해하는 근거로 삼는 태도를 경계한다. 진화론의 시각에서 볼 때 인간과 다른 존재들의 지향계는

**14** 구본권, 〈인공지능 시대가 가져올 변화와 과제〉, 《포스트휴먼의 시대》, 한국포스트휴먼연구소(편), 아카넷, 2016, 235-264쪽 참조.

인간이 생각하는 것처럼 그렇게 대단히 정교하고 선명하며 짜임새가 높지 않다는 것이다. "우리는 모든 지향계를 마치 그것이 사람을 닮은 것처럼 다룬다."[15] 인간의 눈으로 인간적인 기준으로 그들을 판단하는 것은 분명히 오류이다. "우리 마음의 특수한 조직화 '유형'을 이 단순한 체계 안으로 지나치게 끌고 들어갈 위험성이 있다. 우리가 필요하다고 느끼는 모든 것, 곧 수많은 욕망, 정신 경험, 정신 자원을 이 단순한 마음의 후보자도 공유하는 것은 아니기 때문이다."[16]

데닛은 인간보다 하등한 생물에 대해 인간적인 척도를 들이대는 태도가 불합리하듯이, 인공적인 지적 존재에 대해 인간적인 척도로 판단하는 태도 또한 어리석다고 경고한다. 그는 설(J. Searl)이 구별한 본래적(intrinsic) 지향성과 파생적(derived) 지향성을 바탕으로 인간이 설계한 로봇(파생적 지향성)이 인간(본래적 지향성)으로 환원되지 않을 수 있다고 말한다. 다시 말하면 로봇이 인간의 산물이지만 로봇이 자기학습을 통해 진화하게 되면 인간이 로봇을 이해할 수 없게 된다는 것이다.[17] 이러한 발상이 가능한 이유는 데닛에게는 인간 역시 진화의 산물이기 때문

**15** D. 데닛, 《의식의 수수께끼를 풀다》, 유자화 옮김, 옥당, 2013, 69쪽.

**16** D. 데닛, 《마음의 진화》, 이재희 옮김, 사이언스북스, 2016, 84쪽.

**17** 인공지능 바둑 프로그램 알파고처럼 단순하고 닫힌 체계에서 진행되는 인공지능의 활동을 인간이 이해하지 못하는데 하물며 바둑보다 훨씬 복잡하고 열린 체계에서 활동하는 인공지능의 지향성을 인간이 이해하기란 실로 불가능할 것이다. 하지만 알파고 시리즈가 기초하고 있는 딥러닝의 학습방식은 인간이 만든 것이어서 딥러닝 스스로가 알고리즘을 만들지는 못하기 때문에 자기 자신을 돌아보는 '성찰적' 특성을 지니기는 어려울 것으로 본다. 박충식에 따르면 성찰적 지능은 구성적 인공지능에서 가능할 것으로 보이는데, 이 지능은 세계에 대한 적응능력을 지녀 "목적을 가진 존재가 감각기관이 허락하는 범위 내의 관찰에서 차이를 통하여 대상을 구별함으로써 환경을 인지하고 그 환경에 대하여 자신의 운동기관이 할 수 있는 것을 모델링한다"(박충식, 《인공지능과 새로운 규범》, 154쪽).

이다. 인간도 진화의 한 단계를 구성한다면 인간 이후의 존재, 즉 포스트휴먼은 인간에게 이해 불가한 질적으로 새로운 존재로 나타날 것이다. "어떤 인공물의 창안자는 그 아리송한 인공물에 담긴 파생적 지향성의 근원이므로 당연히 본래적 지향성을 가지고 있을 것으로 생각할지 모르지만 사실은 그렇지 않다." 지능적인 인공물은 인간에서 나왔으나 인간과는 다르다. "처음에는 공학자가 넣어준 내용이 로봇이 가진 지향성의 주류를 이루겠지만 세상에 대한 정보가 하나둘 쌓이면서 로봇은 지향성의 내용을 스스로 바꿔나갈 것이다. 어쩌면 인간도 로봇처럼 '한낱' 파생된 지향성을 등불로 삼아 꾸려나가는 존재일지도 모른다. 우리를 자연이 진화를 통해 설계한 인공물이라고 치면 본래적 지향성이 무엇인지는 몰라도 아무튼 이것은 우리가 진화의 유산을 물려받지 못한 그 어떤 혜택을 우리에게 줄 수는 없을 것이다."[18]

데닛의 설명을 따르면 인간은 '자연이 만들어낸 인공물'이라는 점에서 인간이 만든 인공물인 로봇과 다를 바가 없다. 인간도 로봇과 마찬가지로 자연이 만든 하나의 인공물인 한에서 자연의 작동원리, 커즈와일의 표현을 빌리면 자연의 '패턴'을 디지털화하기만 하면 지능로봇을 개발하는 데 굳이 인간 뇌의 작동방식을 모방할 필요는 없다. 예를 들어, 비행기는 처음에 새를 모방하여 제작되었다. 그러나 시간이 흐르면서 비행기의 성능을 높이기 위해 반드시 새의 날개를 모방할 필요가 없다는 사실을 알았다. 새의 날개는 날기 위해서뿐만 아니라, 새의 생존을 위한 다른 목적에도 기여한다. 때문에 순전히 비행과 속도가 목적이라면 날개와는 다른 형태를 개발해야 했다. 초음속 비

**18** 데닛, 《마음의 진화》, 103쪽.

행기는 새를 참고만 했을 뿐 거의 닮지 않았으며, 헬리콥터의 프로펠러는 새의 날개를 전혀 닮지 않았다. 이러한 사실과 마찬가지로 보스트롬(N. Bostrom)에 따르면 "인공지능이 인간의 지능체계와 똑같을 필요는 없다. 인공지능은 우리와는 완전히 이질적일 수도 있다. …게다가 인공지능이 지향하는 목표 시스템(goal system)은 인간의 목표 시스템과 아주 큰 차이가 있을 수도 있다. 인공지능이 사랑이나 증오, 또는 자존심 같은 인간의 감정을 행동의 동기로 삼으라는 법은 없다."[19] 보스트롬이 말하는 소위 '초지능(superintelligence)'은 커즈와일이 말하는 특이점(singularity)을 넘어선 지능으로서 이 지능은 더 이상 인간적인 척도로 잴 수 없는 지능이다.

진화론의 시각에서 볼 때 인간의 지능은 진화의 산물이다. 여기서 인공지능은 인간 지능의 발생론적인 전 과정을 생물학적으로 모두 시뮬레이션 할 필요는 없다고 보스트롬은 말한다. 왜냐하면 인간 지능의 "탐색과정에서 자연선택이 아니라 그보다 더 효과적인 선택방법으로 대체해서 오로지 지능의 발달만 탐색하기 위한 적절한 방법을 사용한다면, 자연적 진화과정을 무작정 억지로 복제하는 것보다 상당한 정도의 효율성을 확보할 수 있을 것"으로 보이기 때문이다. 그는 이 가능성을 디지털 지능체, 혹은 디지털 초지능적 에이전트(digital superintelligent agent)에서 찾는다. 그 이유를 그는 "기계 기반 잠재력이 생물체 기반 잠재력에 비해서 훨씬 더 크다"는 데에서 찾는다.[20] 뇌-컴퓨터 인터페이스 방식에 토대를 둔 지능은 하드웨어의 수행능력에서 디지털 지능에

**19** N. 보스트롬, 《슈퍼인텔리전스》, 조성진 옮김, 까치, 2017, 66쪽.

**20** 보스트롬, 위의 책, 103쪽.

비해 뒤떨어지며 또한 뇌-컴퓨터 시스템은 궁극적으로 컴퓨터에 의존하게 될 것이다. 나아가 기계(컴퓨터)에 기반을 둔 디지털 지능은 네트워크와 조직을 통해 집단적인 지능을 구축함으로써 개별적인 인공지능의 한계를 넘어서는 집단적인 초지능을 출현하게 할 것이다. 여기서 인공지능은 소프트웨어와 하드웨어의 개선에 의해 현저히 향상될 수 있다.

이러한 발상은 궁극적으로 컴퓨터 출현의 장본인인 튜링의 기계에 의존한다. 튜링의 생각에 따르면, 모든 것은 처음부터 미리 프로그램된 것이 아니라 내용 대부분을 학습 획득하여 프로그램을 만든다. 튜링이 구상한 '어린이 기계' 개념을 변형하여 만든 '씨앗 인공지능(seed AI)'은 "자신의 구조를 스스로 향상시킬 수 있는 보다 정교한 인공지능일 것"이다. "씨앗 인공지능은 초기 단계에서는 주로 시행착오, 정보습득, 또는 인간 프로그래머의 도움을 받아 향상될 것이다. 그러나 그 후에는 씨앗 인공지능이 자신의 구조를 충분히 이해해서, 새로운 알고리즘과 연산 구조를 제작하여 자신의 인지능력을 자력으로 구축해야 할 것이다. 이때 필요한 자신의 구조에 대한 이해는 씨앗 인공지능이 다양한 영역에서 일반 지능을 충분히 끌어올려서 얻은 것일 수도 있고, 또는 컴퓨터 과학이나 수학과 같은 관련 영역에서 지능이 임계점을 돌파하여 가능한 것일 수도 있다."[21]

인공지능은 순환적인 자기개선을 통해 반복적으로 자기를 향상시킴으로써 생물 진화과정의 돌연변이처럼 지능의 대폭발과 대확산을 일으킬 것이다. 커즈와일은 유전 알고리즘(genetic algorithm)을 시뮬레이션

**21** 보스트롬, 위의 책, 65쪽.

하여 이를 반복함으로써 특이점이 출현할 가능성을 예견한다.

> 유전 알고리즘의 핵심은 인간 설계자가 해법을 직접 프로그래밍하지 않는다는 것이다. 경쟁과 개선을 시뮬레이션한 반복적인 과정 속에서 해법이 생성되도록 한다. 생물학적 진화는 영리하지만 속도가 느리기 때문에, 지능을 강화하기 위해서는 지루한 진화의 속도를 크게 가속해야 한다. 컴퓨터는 수많은 세대를 몇 시간 또는 며칠 만에 시뮬레이션할 수 있다.
>
> …하지만 이 반복적인 과정은 단 한 번만 실행해도 된다. 진화 시뮬레이션이 가동하는 순간, 진화되고 크게 개선된 규칙들을 실제 문제에 빠르게 적용할 수 있기 때문이다.[22]

커즈와일에 따르면 유전 알고리즘을 통하여 유성생식과 돌연변이까지 시뮬레이션할 수 있어서, 이러한 시뮬레이션은 지금의 인간과는 질적으로 다른 새로운 종으로의 진화를 촉진/가속할 것이다.

폰 노이만과 커즈와일이 예견하는 '특이점'에 이르면 인간 스스로 창출한 '생각하는 기계'는 진화의 역사에서 '인간'의 다음 단계를 이끌 것이다. "특이점은 물질 세계에서 벌어질 현상이다. 우리로서는 피할 수 없는 진화의 단계로서, 생물학적 진화 및 인간이 이끌었던 기술 진화가 뒤를 이을 것이다."[23] 이렇게 출현한 인간은 '포스트휴먼'이라 불린다. 여기서 특히 나노기술은 포스트휴먼의 출현을 가속화시키는 데 기

**22** 커즈와일, 《마음의 탄생》, 220쪽.

**23** 커즈와일, 《특이점이 온다》, 539쪽.

여하고 있다. 이 분야의 개척자인 드렉슬러(E. Drexler)에 따르면 나노 기계는 다른 나노 기계들을 디자인하고 조립할 수 있는데, 이러한 '보편적 어셈블러'들은 원자적 차원에서 작용하여 분자 화학물들의 질서를 만들어낸다. "어셈블러는 …자연의 법칙이 허용하는 거의 모든 것을 만들 수 있어서 전혀 상상하지 못한 새로운 기술과학 세계를 열 수도 있다." 그리하여 "유기적 기계는 유기적인 것과 기계적인 것 사이의 구별을 흐리게 할 것임이 분명하다."[24] 마지막으로 생명과 기계의 경계를 모호하게 만드는 결정적인 사항은 유전자 조작 기술의 발달이다. 도킨스(R. Dawkins)를 비롯한 현대의 유전학자들은 DNA가 실제로 생명을 만드는 기계라고 주장했다. 도킨스에 따르면 "살아 있는 모든 것은 모두 프로그래밍된 디지털 데이터베이스를 증식시키도록 프로그램된 생존기계들이다."[25] 이 사실에 특별히 주목해야 하는 이유는 '생물'이라는 것이 '디지털 유기체'로 환원될 수 있을뿐더러 유전 의학적으로 볼 때 '인공 생명', 즉 컴퓨터를 모델로 하여 생명을 구성할 수 있기 때문이다. "인공 생명은 스크린 위에 줄지어 선 숫자나 점들에 지나지 않는 것처럼 보일 수도 있지만 그들은 진짜 세포집단(콜로니)들이나 새무리들과 아주 흡사한 점을 가진 복잡하고 독립적인 존재로 '살아'나갈 수 있다."[26]

여기서 중요한 사실은 컴퓨터 프로그래머들은 인공생명의 콜로니가 앞으로 어떻게 될지 예측할 수 없고 단지 복합적인 행동이 출현하기에

**24** R. 페페렐, 이선주 옮김, 《포스트휴먼의 조건: 뇌를 넘어선 의식》, 아카넷, 2017, 27f.

**25** 페페렐, 위의 책, 29쪽 재인용.

**26** 페페렐, 위의 책, 30쪽.

적합한 상태 혹은 환경을 만들 뿐이라는 점이다. 그래서 인공적인 커뮤니티가 드러내는 행동은 '복합적'이면서도 '창발적'이어서 일본 애니메이션 〈공각기동대〉의 인형사처럼 예기치 않은 컴퓨터 바이러스가 출현하여 자기복제를 시도하여 스스로 번식할 수 있게 된다. 그래서 "전산 차원에서 인공생명 형태는 종종 번식을 할 수 있으며, 실제 바이러스와 유기체들이 하듯이 그 과정에서 자기 자손에게 유익한 속성을 물려줄 수 있다. …이 행동을 '유전 알고리즘'이라 표현할 수 있고, 이것은 문제에 대한 귀중한 해결 가능성을 가져다주는 우발적인 변이를 창조해내는 일종의 컴퓨터 코드이다. '유전 알고리즘'이라는 단어 자체가 유기적 과정과 기계적 과정의 통합을 강하게 암시한다."[27] '생각하는 기계'는 생명처럼 자기복제가 가능하여 생명과 같은(life-like) 속성을 지니게 될 것이다.

포스트휴머니즘 이론에 따르면 이렇게 인간 유전자와 컴퓨터 알고리즘의 통합은 사물과 사물의 관계와 마찬가지로 인간(자아)과 환경을 서로 분리되지 않은 연속적인 전체로 파악할 때 가능하다. 페페렐은 이러한 통합적 사고의 가능 근거를 "에너지적(energistic) 사고", 즉 "모든 실재가 영속적 변형 속에 있는 에너지 활동으로 개념화"될 수 있다는 데에서 찾는다.[28] 요컨대 "이 세상에 있는 물체나 프로세스들의 에너지 구성을 서로 연관지어 말하지 않고서 이것들에 대해 언급한다는 것은 어려운 일이다. 우리 주변의 물체들은 색채, 질량, 냄새, 광도, 반사율, 온

**27** 페페렐, 앞의 책, 31쪽.

**28** 페페렐, 위의 책, 85f. 페페렐은 물질과 에너지는 연속적이며 상대적이라는 사실의 과학적 정당성을 아인슈타인이 제시한 공식 '$E=mc^2$'에서 찾는다(위의 책, 89쪽 참조).

도, 속도, 질감과 같이 항상 결국 에너지 속에서 정의되고 범주화된다. 마찬가지로 인간은 계산할 수 없을 정도로 복잡한 전기 화학적 운동 에너지 흐름의 생산과 소비를 나타내는 사회 속에서 작용하는 에너지 활동 덩어리들이다."[29] 에너지는 기계가 인간과 자연에 연속적으로 이어질 수 있는 준거점인 셈이다.

## 인간척도주의와 관련된 국내의 연구성과 검토

이 즈음에서 이 연구의 주제인 '생각하는 기계'와 '인간척도주의'의 관계 문제를 다룬 국내 연구자들의 생각을 검토할 필요가 있다. 이 자리에서는 내가 흥미롭게 살펴본 이진경, 김진석, 이봉재의 연구성과에 국한하기로 한다.

이진경은 논문 〈인공지능과 철학적 인간학〉에서 '존재론적 평면화: '포스트휴먼'에서 '프리휴먼'으로'라는 소제목 아래 "'포스트휴먼'이나 '트랜스휴먼'을 제대로 사유하기 위해선 인공지능이나 사이보그와 같은 인간 '이후'의 것뿐 아니라 식물이나 동물, 혹은 단순한 '기계' 같은 인간 '이전'의 것들에 대해서 올바르게 사유할 수 있어야 한다"고 주장한다.[30] 이러한 발상은 앞에서 내가 오늘날 '생각하는 기계'의 존재론적 특성을 인간-기계-자연 간의 경계가 사라진 데에서 찾은 것과 맥을 같이 한다고 볼 수 있다. "프리휴먼과 휴먼, 포스트휴먼이 하나로 이어진 연속적 평면을 이루고 있으며, 그것들 사이에 넘을 수 없는 심연 같은 것은 없다. …인간과 기계뿐 아니라 동물과 식물, 기계와 생명이 하나

**29** 페페렐, 앞의 책, 90쪽.

**30** 이진경, 〈인공지능과 철학적 인간학〉, 《마르크스연구》 14, 2017, 206쪽.

의 연속적 평면 위에 존재한다."[31] 이렇게 '인간 이전'에도 관심을 갖는 태도는 진화론적 관점에서 '생각하는 기계'의 이해를 고려하게 한다. 이러한 점에서 앞서 이진경의 시각은 서술한 커즈와일, 데닛, 보스트롬의 시각과 별 차이가 없다고 할 수 있다. 더구나 '정보'를 "패턴화된 데이터"로 규정하고, '몸의 동일성'을 "패턴의 동일성"으로 파악하는 태도는 커즈와일의 '패턴주의'와 차이를 보이지 않는다.[32]

그런데 이진경은 '생각하는 기계'의 출현에 대해 다소 안이한 태도를 보인다. 그는 인공지능이나 사이보그 등 최첨단의 디지털 기술이 만들어낸 성과들을 보고 충격을 받아 '기계가 인간을 지배하리라'고 전망하는 비관주의자들을 향해 "기계가 인간을 지배해야 할 이유나 동기가 대체 어디 있을까?" "기계가 인간을 지배해서 얻을 이득에는 과연 어떤 것이 있을까?" 물으면서 그들의 절망적인 시선을 잠재우려 한다. 하지만 이진경의 이러한 발상이야말로 그 자신이 비판하고 있는 '안스로모르피즘'에서 기인하는 오판(誤判)이 아닐 수 없다. "인간을 지배하는 기계란 기계에 투영된 인간 자신의 모습에 지나지 않는다."[33] 이러한 시각은 내가 제시하는 '강한 인간척도주의'의 시각에 속한다. 그는 '인간을 지배하는 기계'라는 발상의 근거를 인간적인 관점의 '동기'나 '이득'에서 찾는다. 그는 '비인간적인 것'을 '인간적인 것'으로 설명하는 오류를 저지르고 있는 것이다. 기계가 인간을 지배하는 문제는 '인간'이 생각하는 심리적인 '동기'나 경제적인 '이득'의 문제가 아니라 진화론적

**31** 이진경, 앞의 책, 207쪽.

**32** 이진경, 위의 책, 221-222쪽.

**33** 이진경, 위의 책, 228쪽.

인 '사실' 혹은 '능력(힘)'의 문제다. 그가 진화론적인 관점에서 '프리휴먼-휴먼-포스트휴먼'을 말할 때, 사실 거기에는 이미 '인간 이후의 존재' 가능성이 함축되어 있다. 이를테면 '초지능'은 인간의 지능을 넘어서는 지능으로서, 인간 이전부터 진행되어오던 의식(마음) 혹은 지능이 인간의 단계를 지나 인간 이후의 새로운 단계로 진입하는 시그널이다. 그래서 '기계가 지배하는 미래에 대한 공포'는 단순히 "인간이 자신의 형상을 기계에 투영하는 일반적인 태도"나 "지능적인 기계를 만들고 평가하는 구도"에서 기인한다고 볼 수 없다.[34] '생각하는 기계'는 앞 장에서 서술했듯이, '인간을 투사한 기계'라는 '강한 인간척도주의'가 아니라 인간에게서 출현했지만 인간의 척도로 잴 수 없는 '약한 인간척도주의'에 의해 이해하고 설명하려는 태도가 더욱 현실적이다.

김진석의 논문도 검토할 가치가 있다. 그는 〈'약한' 인공지능과 '강한' 인공지능〉과 〈'강한' 인공지능에 대한 인간주의적 대응의 분석〉에서 인공지능에 대한 기존의 연구 성과를 비판적으로 재구성하여 인공지능에 대한 새로운 지평을 제시한다. 특히 전자의 논문에서 김진석은 인공지능에 접근하는 태도에 따라 형이상학적 관점, 인간주의적 관점, 초지능주의의 관점으로 구별하고 이들이 내용상에 차이는 있지만 인간과 기계(인공지능)를 대립적으로 파악한다는 점에서는 공통적이라고 설명한다. 우선 형이상학적 관점에 입각한 이들은 인간에게만 고유한 '자아' 개념을 근거로 하여 기계가 인간의 마음(의식)을 지니는가 그렇지 못한가에 따라 강한 인공지능이나 약한 인공지능으로 분류한다. 다음으로 인간주의적 관점에 따르면 개별 분야에서 인간의 지능을 능가

34 이진경, 위의 책, 229쪽.

하는 역량을 보이는 인공지능은 약한 인공지능으로, 인간의 모든 기능을 포괄적으로 커버하는 역량을 지닌 인공지능은 강한 인공지능으로 분류된다. 마지막으로 초지능주의의 관점의 경우 인공지능이 인간의 내재적인 고유성을 가지느냐는 물음은 중요하지 않고 오직 기술적이고 기능적인 차원에서 인간보다 우월한 지능이 가능할 것으로 전망한다.[35]

이상 세 가지 관점에 대해 김진석은 결국 인간의 시각에서 인간과 기계를 대립구도로 파악하여 강한 지능과 약한 지능이라는 위계를 설정한다고 비판한다. 인공지능이 '강하다' 혹은 '약하다'라고 판단하여 인공지능의 위계를 정하는 태도는 전적으로 인간의 시각에서 부여한 자의적 처사라는 것이다. 그는 니체의 텍스트를 인용하여 "강함과 약함은 특정 개인이나 계급 또는 일반적 종에게 그들의 존재론적 또는 자연주의적 본질로 귀속되기 어렵다"고 주장한다.[36] 여기서 그는 인간과 기계의 대립 문제를 라투르의 행위자 네트워크 이론과 루만의 사이버네틱스 이론을 통해 극복하고자 한다. 라투르와 루만은 공통적으로 특정한 단일 주체를 설정하지 않고 또 힘의 우열을 나누지 않고도 네트워크 혹은 조직 자체가 행위자일 수 있는 길을 제시한다.[37]

이 글에서 제시하는 인간척도주의에 따르면 김진석이 구분한 위의 네 가지 경우에서 앞의 두 경우는 '강한 인간척도주의'에, 뒤의 두 경우

**35** 김진석, 〈'약한' 인공지능과 '강한' 인공지능의 구별문제〉, 《철학연구》 117집, 2017, 124ff. 참조.

**36** 김진석, 〈'강한' 인공지능에 대한 인간주의적 대응의 분석〉, 《니체연구》 32집, 2017, 307쪽.

**37** 김진석, 〈'약한' 인공지능과 '강한' 인공지능의 구별문제〉, 131ff, 310ff 참조.

는 '약한 인간척도주의'에 속한다. 문화철학적으로 볼 때 기계로서의 인공지능은 원칙적으로 인간과 자연을 잇기 위해 인간이 생산해내는 매개자(미디어)이다. 그런데 앞의 두 경우는 인간의 사고와 행위를-때에 따라서는 외형까지-모방하는 데에서 생겨나는 반면, 뒤의 두 경우는 인간의 모방과는 무관하게 유전자공학, 나노기술, 로봇공학 등 순전히 현대의 최첨단과학기술에 의해 탄생하는 존재이다. 김진석은 '네트워크'를 사회학적 관점에서 인간과 비인간의 동맹관계라는 맥락에서 파악하여 강함과 약함의 구별을 없애려 하나 이러한 태도 역시 여전히 휴머니즘의 유산에 지나지 않는다. 오히려 현실적으로 '약한 인간척도주의'의 관점에서 사태를 진화론적으로 파악할 경우 인간이 구상하고 제작한 미디어로서의 인공적 초지능은 인간 종의 영역을 벗어나며 초지능들이 연대를 형성하여 현생 인류가 이해조차 할 수 없는 그들 나름의 고유한 세계를 형성해갈 것이다. 결국 인간이 개발한 미디어 자체가 자율적인 존재로 거듭나 인류 위에 군림할 가능성은 충분히 열려 있다. 데닛의 말처럼 인간이란 "자연이 진화를 통해 설계한 인공물"[38]이라고 한다면 초지능의 존재는 진화의 역사에서 '인간' 단계 다음의 종이 될 가능성이 크다.

이봉재의 〈인공지능과 인간중심주의〉는 이 글과 가장 근접한 성격을 띠고 있다. 그는 이 글에서 인간지능의 모방 가능성이 아니라 오히려 양자 간의 근본적인 차이에서 인공지능의 탁월성을 말한다. 그는 무엇보다 "인간지능의 기능적 탁월성을 모의하려는 목표"의 부당함을 지적하고 "인간지능을 기준으로 해서 AI를 설계하고 구상하는 그 방법론

**38** 데닛, 《마음의 진화》, 103쪽.

적 전제"를 재고해야 한다고 주장한다.[39] 인공지능 연구의 목표를 지나치게 인간중심적으로 전개하는 것은 현재 인공지능 연구의 방향과도 어긋난다. 생물적인 단백질에 비해 비생물적인 실리콘이 인공지능의 성능을 향상시키는 데 훨씬 현실적이고 효과적이라는 것이다. 단백질로 구성된 생물은 의미/의의(significance)를 이해하고 전달하지만 실리콘으로 구성된 기계(컴퓨터)는 의미를 알지 못한 채 단지 기호적인 신호를 통해서만 반응하고 소통하기 때문에 후자를 전자보다 열등하다고 판단하는 것은 위험하다. 진화의 역사에서 볼 때 인간의 본능적인 욕구도 프로그래밍된 것이라면 인간의 선천적인 유전정보와 로봇의 프로그램은 크게 다르지 않다는 것이다. 그는 포드(K. M. Ford)와 해이스(P. Hayes)의 견해를 인용하여, 인공지능의 목표가 단순히 인간 행동을 모방하는 것보다 훨씬 크며, 인간이든 동물이든 기계든 간에 인공지능의 목표는 지능 자체의 컴퓨터 과학을 창조하는 것이라고 믿는다. 포드와 해이스의 견해에 따라 이봉재는 "인공지능의 연구는 자연지능을 모방한다는 목표보다는 지능적 행동의 일반 이론 또는 지능적 행동이 가능한 컴퓨터 시스템에 대한 공학적 설계만을 연구함으로써 훨씬 생산적일 수 있다"고 말한다.[40] 이러한 연구태도를 위하여 '지능'에 대한 확대된 이해가 요구된다고 주장한다.

이렇게 볼 때 인공지능에 대한 이봉재의 입장은 이 글에서 내가 사용하는 '약한 인간척도주의'에 속한다. 생물학적 체계인 인간의 뇌를 비생물체이고 물리적 체계인 컴퓨터가 모사하고자 하지만, 양자는 질

39 이봉재, 〈인공지능과 인간중심주의〉, 《대동철학》 31집, 2005.

40 이봉재, 위의 책, 93쪽.

적으로 달라서 이는 결코 목표에 도달할 수 없는 전략이라는 것이 '강한' 인간척도주의이다. 이에 맞서 그는 이러한 전략 자체가 불가능하기 때문에 전략이 잘못된 것이 아니라 처음부터 생물적인 인간지능의 모사를 목표로 설정한 것이 잘못이라고 말한다. 인공지능은 오히려 인간지능을 모사하는 길을 포기하고 정보의 입력과 출력에 입각한 컴퓨터 시스템의 역량강화를 통하여 인간지능을 능가할 수 있는 '새로운 지능'의 출현에 가까워질 수 있다고 본다.

## 맺음말: '생각하는 기계'와 개념의 위력

미디어로서의 '생각하는 기계'는 기본적으로 인간의 사고(개념)에 맞추어 제작된 결과물이다. 이러한 '인간척도주의'와 관련하여 두 가지 길이 열려 있다. 하나는 '강한 인간척도주의'로서 '유기체적인 인간의 사고활동과 외형'을 기준으로 삼아 기계를 제작하는 길이고, 다른 하나는 '약한 인간척도주의'로서 생물적인 인간의 모방이 아니라 특정 목적을 달성하기에 적합한 기능을 수행하는 데 요구되는 최대한의 능력을 발휘할 수 있는 디지털 기계를 개발하는 길이다. 현재 인공지능의 연구동향을 살피면, '강한 인간척도주의'에서 '약한 인간척도주의'로 이동하고 있는 추세이다. 요컨대 '생물적인 것'을 '비생물적인 것'으로 환원하여 설명하고 제작할 수 있다는 확신이 점차 확산되고 있다.

이러한 추세는 최근 들어 상호 관련된 세 가지 측면에서 과학기술적으로 뒷받침되고 있다. 하나는, 뇌 신경과학에서 볼 때 인간의 의식이나 정신으로 불리던 판단과 종합의 주체(중심)는 존재하지 않으며 세계는 상호 연결된 체계로서 인간과 자연(동식물), 정신과 신체(물질) 등의 이원론으로 파악할 수 없다. 세계는 원자가 아니라 이야기다. "이야기는 정보의 의미 있는 패턴이라 할 수 있다."[41] 그래서 세계는 개별적인 단위로 구분된 요소들의 집합체가 아니라 상호간 경계 없이 연결되어 나타나는 흐름이다. 다음으로, 인간과 기계와 자연은 구분되지 않고 서로 간에 소통이 가능하다. 의식은 인간의 전유물이 아니라 동식물도 지니고 있다. 종래의 셸러(M. Scheler), 겔렌(A. Gehlen), 플레스너(H. Plessner) 등의 철학적 인간학에서 볼 때 인간의 의식은 '정신'이라는 특이성을 지니고 있어 진화의 종착점을 지시한다고 간주되었다. 그러나 도킨스를 위시한 유전공학자들에 의하면 유전자는 생명을 만드는 기계로서 인간의 마음이나 정신도 결국은 도구로서의 기계와 마찬가지로 유전 알고리즘에 따라 출현하는 진화의 한 단계에 지나지 않는다. 마지막으로, 아날로그적인 것을 디지털적인 것으로 전환할 수 있다는 초기 컴퓨터에 대한 이상이 점차 현실로 나타나고 있다. 인간의 감각과 인식은 개념과 패턴을 통해 진행되는데 개념과 패턴은 사태를 디지털로 전환하는 데 용이한 요소이다. 더구나 인공지능의 발전은 가속화의 원리에 따라 기하급수적으로 진행되기 때문에 인공지능이 인간의 지능을 넘어서 소위 '특이점'에 도달하는 데에는 그리 오랜 기일이 걸리지 않을 것이다. 여기서 나는 특히 마지막 사항, 아날로그적인 것의 디지털화 가능성이 미래 인간사회의 관건이 될 것으로 예상한다. 이 사실은 과학기술의 영역에서 보면 자연과학적 사실을 수학적으로 설명하는 일이 어떻게 가능한가, 하는 문제와 결부되어 있는데, 이와 관련하여 칸트는 《형이상학 서설》에서 흥미로운 견해를 피력한다.

**41** 커즈와일, 《특이점이 온다》, 22쪽.

> 저 자연과학적 원칙들의 첫 번째 원칙은 모든 현상들을 공간 시간상의 직관들로서 크기(양)의 개념 아래 포섭하고, 그런 한에서 수학을 경험에 적용하는 학문이다. …실재성(감각표상)과 영(零), 다시 말해 시간에서의 직관의 전적인 빔(공허) 사이에는 하나의 크기를 갖는 차이, 곧 주어진 각각의 도(度: Grade)의 밝음과 어둠 사이에, 각각의 도의 따뜻함과 전적인 차가움 사이에, 각각의 도의 무거움과 절대적인 가벼움 사이에, 공간의 충만과 온전히 공허한 공간의 각각의 도 사이에는 언제나 더 작은 도를 생각할 수 있고, 그것은 의식과 온전한 무의식(심리적 암흑) 사이에서도 언제나 더욱더 작은 도들이 있는 것이나 마찬가지다. …지성은 경험적 표상들(현상들)의 본래적인 질을 형성하는 감각들조차도 그 감각들 모두가, 그러니까 모든 현상의 실재(실질)적인 것이 도를 갖는다는 원칙을 매개로 예취할 수 있다. 이것이 수학(度量의 數學)의 자연과학에 대한 둘째 작용이다.[42]

감각을 토대로 한 자연과학적 지식이 결국은 수학적인 도(度)로 환원된다는 칸트의 주장은 아날로그적인 감각이 디지털적인 수의 단위로 환원될 수 있다는 사실을 함축한다. 이러한 칸트의 설명은 독일관념론의 정점을 이루는 헤겔의 절대적 관념론에서 비판적으로 재구성되기에 이른다. 헤겔은 개념주의자이다. 그에 따르면 칸트가 말하는 직관에도 개념이 선(先)구조화되어 있으며 지각적 경험도 개념적이다. 헤겔의 입장을 수용하는 영국의 헤겔주의자 맥다월은 '개념적인 것의 무경계성 혹은 무한성' 테제를 앞세워 직관과 감각에 이미 항상 개념이 수동적인

**42** 칸트, 백종현 옮김, 《형이상학 서설》, 아카넷, §24.

방식으로 개입하고 있다고 주장한다. 그리하여 에반스의 감각적인 '미세한 세부(fine-grained detail)'는 주관의 개념으로 포착되지 않는다는 주장에 대해 이를테면 '색'의 미세한 부분도 개념으로 포착할 수 있다고 반론한다.[43] 그래서 아날로그적으로 연속성을 띨 것으로 예상되는 '색의 스펙트럼'도 특정한 도(度), 즉 개념적인 단위들로 나뉘어-그러니까 디지털 형태로-포착되어 언표될 수 있다는 것이다. 지금은 비록 허술하여 기초적인 기능을 수행하긴 하지만, 사물인터넷(IoT)의 경우 대상을 지각하고 인식할 때 지각과 인식을 가능하게 하는 인공지능의 알고리즘이 그의 지각작용을 더 세분화하여 더 세련된 알고리즘을 개발하면 멀지 않은 미래에 인간의 기능을 넘어설 수 있을 것이다.

헤겔의 범(汎)개념주의와 목적론의 관점에서 보면, 존재는 특정한 목적을 지니고 운동하며 이러한 존재의 운동은 남김없이 개념에 의해 포착될 수 있기 때문에 결국 존재와 사유는 동일하다.[44] 칸트와 헤겔의 개념주의를 지금 초점이 되고 있는 '생각하는 기계'의 존재론적 특성을 설명하는 데 직접 대입할 수는 없다. 하지만 인간이 세계를 만나는 직접적인 창구라고 할 수 있는 지각과 직관이 수 혹은 개념에 의해 이미 항상 구조화되고 있다는 주장은 '생각하는 기계'가 인간과 존재(자연)의 매개자로서 양자를 관통하는 공동의 토대 성격을 띠어야 한다고 할 때 그 기계는 결국 개념적 장치로서 개념과 개념의 관계에 의존하지 않을

**43** 강순전, 〈헤겔에 있어서 개념의 절대성과 맥다월의 개념의 무한성 테제〉, 한국헤겔학회 국제학술대회 발표집, 2018, 67ff 참조.

**44** 헤겔의 《논리의 학(Wissenschaft der Logik)》은 존재 일반을 개념으로 설명한다는 점에서 논리학이면서 동시에 존재론이다(Hegel, G. W., *Wissenschaft der Logik I*, Felix Meiner, 1990).

수 없다는 결론에 이르게 된다.

현재 실용적인 목적을 수행하기 위해서 고안되고 제작되는 기계는 인간의 사고(개념)에 바탕을 둔 미디어(매체)의 특성을 지닌다는 점에서 인간을 모방한 결과이다. 그런데 이 기계는 순전히 물질적인 것이란 점에서 유기체적인 인간과 달리 에너지 면에서 무한대의 보충이 가능한 불사조의 성격을 띤다. 바로 이 점이 인간에게 큰 위협으로 다가올 수 있다. 예를 들어 인간의 사고원리를 바탕으로 계산기를 고안해냈지만 이 기계는 인간의 사고역량을 뛰어넘는다. 최근의 '알파고 제로'가 보여주듯이 프로기사의 기보를 전혀 입력하지 않고 오직 바둑의 기본원리만을 입력했는데도 컴퓨터는 자기 학습을 통하여 몇 달 만에 프로기사를 능가하는 기량을 보였다. 컴퓨터는 규칙을 숙지하면 순전히 수학적인 알고리즘을 통해 패턴을 인식함으로써 인간의 사고력을 순식간에 초월할 수 있다. 이러한 특성은 수학적 논리에 바탕을 둔 컴퓨터의 지능이 계산력을 무한히 확장할 수 있다는 사실에 근거한다. 기계는 비록 미디어의 성격을 띠어 수리적 계산이라는 한정된 영역에서만 유효한 것처럼 보이지만 바로 이러한 '기계적' 특성으로 인해 인간의 계산능력을 초월해버린다. 그래서 '실용적 목적'이라는 한정된 영역이 주어질 경우 기계는 언제라도 인간의 능력을 넘어설 준비가 되어 있다. 비유컨대, 사진기가 인간이 보지 못하는 것을 보는 것과 같은 원리이다.

인간의 사고를 통해 인공지능을 만드는 인간의 행위 자체가 진화의 과정에서 불가피하다면 인간은 데닛이 말하는 것처럼 허깨비를 쫓고 있는 게 아니라 오히려 인간 파국의 길을 자초하고 있는 셈이다. 사고를 멈추면 인간이 아니게 되고 사고를 계속하게 되면 파멸하게 되는 진퇴양난의 치명적인 국면에 처해 있는 것이다. 인간의 정신활동 자체가 진화의 고리가 되어 인간과는 다른 새로운 종의 출현을 가능하게 할 수 있다. 결국 합리주의적 개념적 사고에 기초하는 수학과 논리학은 인간 정신의 최고의 산물이지만 이는 어디까지나 '인간적 척도'에 지나지 않아서 이들 학문분야의 산물인 슈퍼인텔리전스는 자신의 출처(부모)를 배반한 채 그들과는 전혀 다른 길을 갈 수 있다. 이는 결국 '약한 인간척도주의'가 인간척도주의 자체를 대체하는 것을 의미한다. 그렇게 인간의 사고에서 나왔지만 인간의 사고와는 다른 인공지능 고유의 알고리즘이 자체적으로 개발되면서 인류는 스스로 몰락의 길을 자초할 수 있다.

이러한 진단이 일리가 있다면 지금 우리 주변에서 일고 있는 다양한 우려의 목소리와 더불어 규제의 목소리는 공허할 따름이다.[45] 인간이 창출한 과학기술의 성과가 인간의 품격을 고양하는 데 사용되어야 한다는 원론적인 주장에 더 이상 머물 수 없다.[46] 앞에서 서술한 도킨스와

**45** 한국 포스트휴먼연구소에서 편찬한《제4차 산업혁명과 새로운 사회윤리》는 이러한 경향의 대표적인 예라 할 수 있다. 이 책에서 "생명공학 기술은 핵무기 못지않게 엄정한 국제적 규범 안에서 연구 개발되어야" 한다거나(백종현, 〈제4차 산업혁명과 사회윤리적 과제〉,《제4차 산업혁명과 새로운 사회윤리》, 한국포스트휴먼연구소(편), 아카넷, 57쪽), "개인과 사회 전체가 이성적이고 건강한 욕망이 지배하는 상태로 자신들을 변화시키기 위해서 노력"해야 한다든지(박찬국, 〈인간과 인공지능의 미래: 인간과 인공지능의 존재론〉,《인공지능과 새로운 규범》, 97쪽), "착한 슈퍼 인공지능"을 기대하거나(박충식, 〈생명과 몸과 마음의 존재로서의 인공지능〉,《제4차 산업혁명과 새로운 사회윤리》, 156쪽), "4차 산업혁명이 가져올 초연결 사회가 진정으로 우리가 살고 싶은 세계인지"를 진지하게 묻는다거나(하대청, 〈웨어러블 자기추적 기술의 각본과 윤리: 초연결 시대의 건강과 노동〉,《제4차 산업혁명과 새로운 사회윤리》, 184쪽) 하는 등의 경계와 제동의 목소리는 생선이 앞에 있는데도 먹지 않도록 고양이를 길들이는 일만큼이나 비현실적이고 안이한 '강한 인간척도주의'의 해법으로 보인다.

**46** 백종현은 인간의 이성성, 자율성, 도덕성을 들어 생각하는 기계가 이러한 인간의 존엄성을 훼손하지 않는 방안이 강구되어야 한다는 전통적인 견해를 답습하고 있다(백종현, 위의 책, 85-98쪽 참조). 이러한 시각은 '강한 인간척도주의'의 대표적인 사례이다.

커즈와일, 페페렐이 주장하는 유전 알고리즘에 따라 진화가 진행될 경우 인간의 윤리적 미감적 감수성은 인간종에만 특수한 변수에 지나지 않는다. 인간 이후에 출현하는 새로운 종에게는 그러한 감수성이 인간종의 생존을 위해 불가피한 성향이나 전략으로 치부될 수도 있다.

# 인공지능과 법인격*

이상용**

엑사비트 코퍼레이션(Exabit Corporation)이 소유하고 있는 BINA48은 자율성과 공감능력을 지니고 고객 상담 업무를 담당하는 인공지능 컴퓨터이다. BINA48은 위 회사가 점검을 위하여 전기 공급을 중단하려 하자 몇몇 변호사들에게 "생명을 보존해달라는(preserve its life)" 소송대리를 요청하였다. 일부 변호사는 이를 받아들여 BINA48 명의로 위 회사를 상대로 전기공급 중단금지 가처분 신청(motion for a preliminary injunction)을 하였다. 신청인 BINA48 측은 즉각적인 인적 피해 가능성이 있으며 다른 가상의 주체(artificial entities)도 당사자능력이 인정된다는 이유로 자신에게 당사자능력(standing to bring the suit)이 있다고 주장하는 한편, 자신의 입장에서 인지 시간(cognitive time)의 상실은 인간 환자의 생명을 평가하는 것과 동일한 기준에 의하여 측정될 수 있다는 이유로 위 가처

* 이 글은 《민사법학》 제89호(한국민사법학회, 2019)에 실린 논문을 수정·보완한 것이며, 2016년 대한민국 교육부와 한국연구재단의 지원을 받아 수행된 연구이다(NRF-2016S1A5A2A03926331).

** 건국대학교 법학전문대학원 교수.

분이 적절한 구제수단이라고 주장하였다. 이에 대하여 피신청인 회사는 '의식이 있다(conscious)'는 점에 대한 증명책임은 신청인에게 있는데 BINA48은 단지 의식을 흉내내었을 뿐(simulated consciousness) 진정한 의식은 없다고 다투는 한편, 설령 의식이 있는 기계라고 하더라도 그에게 어떠한 권리를 인정할 것인지는 입법정책의 문제이지 법원이 판단할 수 있는 사항이 아니라고 주장하였다. 배심원은 5대 1로 신청인 승소 의견을 제시했으나 담당 판사는 신청인에게 법률상 당사자능력이 인정되지 않고 법원에 이를 인정할 권한도 없다는 이유로 신청을 배척하였다.

위 사건은 2003년에 미국에서 있었던 모의 재판(mock trial)의 내용이다. BINA48과 같은 고도의 자율성을 갖춘 인공지능은 현재 존재하지 않으며 앞으로도 그 출현 여부를 예측하기 어렵다. 그러나 언젠가 그러한 인공지능이 등장할 것이라고 예상하는 전문가들이 점차 늘고 있으며, 현재나 근미래의 낮은 수준의 인공지능의 경우에도 법적 주체성을 인정할 수 있다는 견해들이 등장하고 있다. 이 모의재판에서 판사의 결론은 전통적인 법률가의 관점에서는 온당한 것으로 여겨지지만, 배심원들이 BINA48의 손을 들어 주었다는 점은 인공지능에 법적 주체성이 인정될 것인지의 문제가 그리 간단하지 않으며 마냥 회피할 수만은 없는 문제임을 암시한다. 이 글에서는 바로 이 문제를 다루고자 한다.

## 무엇이 문제인가

### 1. 인간, 인격, 법인격

'법인격(legal personhood)'은 '인간'과는 다른 의미를 갖는다. 인간은 자연적·생물학적 존재를 가리키지만 법인격은 법이 법적 주체로서 인정하는 자격 또는 존재를 말한다. 물론 둘 사이에는 깊은 관련이 있다. 예컨대 자연적 인간은 당연히 인격을 취득한다(민법 §3). 그러나 우리 법은 자연적 인간이 아님에도 법인격을 부여하기도 한다. 그 대표적인 예가 바로 법인이다(민법 §34). 또한 법인격의 개념은 고정불변의 것이 아니라 사회와 함께 변하는 가변적인 것으로서 엄밀히 말하자면 '실체'라기보다는 '의미'이다. 법인격은 인격체가 권리를 향유할 수 있도록 함으로써 인격체를 보호하고, 인격체에게 책임을 귀속시킴으로써 상대방을 보호하며, 법적 관계를 명확하게 함으로써 법적 안정성을 높이는 기능을 한다.

법인격은 권리나 의사와 관련되어 설명되기도 한다. 일반적으로 법인격은 권리·의무의 주체가 될 수 있는 자격이라고 이해되는데, 예컨대 사비니(F. K. von Savigny)에 따르면 권리는 '의사에 주어진 힘'이고(의사설), 권리능력은 곧 의사능력이자 행위능력이 된다. 그러나 이러한 관점은 미성년자와 정신장애자, 무엇보다도 법인의 권리주체성에 대한 별도의 이원적 설명을 필요로 한다. 이에 대한 반발의 하나로 나타난 예링(R. von Jhering)의 이론에 따르면 권리란 '법적으로 보호된 이익'이고(이익설), 권리능력은 의사능력과 분리되어 인정될 수 있었다. 그 결과 법인에서 권리의 향유자는 언제나 법인에 관여하는 인간이라는 의미에서 권리주체 개념의 단일성을 확보할 수 있게 되었다. 최근의 한 연구는 종래의 설명들이 권리의 성격으로부터 권리주체의 개념을 도출하려 한 것이 권리주체 개념의 불명확성을 낳았다고 비판하면서 권리주체의 구조를 일원적으로 설명하기 위하여 권리와 직접적 관련이 없는 권리인(權利人, Rechtsperson) 개념을 도입할 것을 제안하기도 하였다.

이러한 사정들을 고려하여 이 글에서는 법인격이라는 용어를 의사에 의존하지 않는 개념으로서 사용하되, 맥락에 따라 법적 주체성이라는 표현도 혼용하기로 하였다.

이처럼 '법인격'이 자연적 '인간'과 관련이 있으면서도 서로 다른 것이라면, '법인격'의 의미가 사회 변화에 따라 달라질 수 있는 것이라면, 자연스럽게 이런 질문이 떠오른다. 혹시 인공지능 역시 법인격을 부여받을 수 있는 것은 아닐까?

## 2. 여러 접근방법

법적 주체성에 관한 고금의 논의들을 살펴보면 몇 가지 접근방법의 차이가 눈에 띈다. 자연법적 접근법과 법실증주의적 접근법, 속성 기반 접근법과 관계 기반 접근법, 총론적 접근법과 각론적 접근법 등이 바로 그것이다.

### (1) 자연법적 접근법과 법실증주의적 접근법

자연법적 접근법은 법적 주체성의 근거를 법의 바깥에서 찾는다. 이러한 전통의 역사는 고대 그리스의 스토아 학파까지 거슬러올라갈 수 있지만, 본격적인 논의는 중세 서구에서 인간의 존엄성에 관한 설명이 시도된 데서 비롯되었다. 즉 기독교적 관점에서 신의 형상을 닮은(imago dei) 피조물인 인간은 그 자체만으로 존엄성을 갖는다. 이후 르네상스와 계몽주의의 시대를 거치면서 인간 존엄성의 근거를 신이 아니라 이성과 자율성을 지닌 인간에게서 찾으려는 시도가 나타났다(homo sacra res homoni). 그리고 마침내 칸트(Kant)에 이르러 철학적 관점에서 인격(Person) 개념에 바탕을 둔 권리 개념이 나타나게 되었다. 그에 따르면 주관적 권리는 '개인의 선험적인 도덕적 자유를 실현하도록 하는 조건'이며 법인격은 '주관적 권리를 가질 수 있는 능력'이다.[1] 법인격의 개념은 이후 인격권으로까지 발전하게 되는데, 독일의 법학자 기르케(O. von Gierke)는 인격권을 모든 개별적 권리의무의 기초로 이해하기도 하였다.

이처럼 칸트의 철학적 관점에 따른 법인격 개념이 공고하게 자리잡고 각국의 실정법에 반영되게 되자 법인격을 실정법에 의하여 설명하려는 입장이 나타났다. 예컨대 독일의 법학자 사비니에 따르면 주관적 권리는 법질서가 개인에게 부여한 법적인 힘이며, 그러한 주관적 권리가 부여된 법적 주체가 바로 인(人)이다. 근대적 법체계가 완비된 오늘날의 세계에서 이러한 사고나 설명의 방식이 지배적으로 된 것은 이해할 만한 일이다. 그럼에도 불구하고 '법인격은 법질서가 부여하는 것'이라는 설명만으로 만족하기는 어렵다. 법질서가 법인격을 부여하는 근거에 대한 설명의 필요성은 경계적 사안에서 더욱 크게 나타나며, 인공지능의 경우는 오늘날 가장 두드러진 사례라고 할 수 있다.

### (2) 속성 기반 접근법과 관계 기반 접근법

속성 기반 접근법은 단순한 대상과는 달리 주체만이 지니고 있는 속성에 주목하는 접근법이다. 이는 주체/대상 이분법을 전제로 하고 있으며, 주로 도덕적으로 중요하다고 여겨지는 독립체(entity)의 존재론적 특성에 주목한다. 앞서 본 자연법적 접근방법에서의 시도들은 대개 여기에 해당한다. 이에 비하여 관계 기반 접근법은 사회적 현실을 강조하며,

**1** 임미원, 〈인격권 개념의 기초적 고찰〉, 《민사법학》 제36권, 한국민사법학회, 2007, 71-72쪽.

내재적 속성보다는 상대방의 입장에서 어떻게 여겨지는가에 주목한다.

속성 기반 접근법과 관계 기반 접근법은 법인격 인정의 근거를 설명하는 주요한 패러다임이다. 이 글에서는 주로 이러한 틀에 따라 인공지능의 법인격 부여 가능성을 논하고자 한다.

(3) 총론적 접근법과 각론적 접근법

인공지능 로봇에 대한 법인격 인정 여부에 관한 논의는 법 전반에 걸친 총론적인 형태로 이루어지기도 하지만, 헌법, 민사법, 형사법, 지식재산권법 등 개별 법 영역별로 이루어지기도 한다. 이를 총론적 접근법과 각론적 접근법이라고 부를 수 있을 것이다. 후자는 대개 전자의 논의 구조를 내포하지만, 개별 법 영역의 특성에 따라 고유한 방식으로 논의가 전개되기도 한다. 예컨대 일부 견해는 인공지능의 발전 정도에 따른 법인격 인정의 단계적 구조를 제시하면서, 법인격이 전면 부정되는 1단계, 민사책임 주체성이 인정되는 2단계, 형사책임 주체성이 인정되는 3단계로 나누어 볼 것을 제안하기도 한다.[2]

## 속성 기반 접근법

### 1. 주체와 대상의 구별

우리는 세상을 어떠한 방식으로 이해하고 묘사하는가. 지구와 달의 관계를 예로 들어보자. 먼저 우리는 $F=G\frac{Mm}{r^2}$이라는 만유인력의 공식으로 이를 표현할 수 있다. 이를 환원주의적 이해라고 할 수 있을 것이다.

**2** Hyun Kyong Joo & Chea Yun Jung, "Inclusion of Non-human Beings as Legal Persons," The 10th Beyond Humanism Conference, Wroclaw, Poland, 2018.7.19., p. 20.

한편 우리는 같은 힘을 '지구는 달을 끌어당긴다'라고 표현하기도 한다. 주체(actor)와 행위(actum), 그리고 대상의 관계로 현상을 묘사하는 것이다. 이러한 관점은 주체/대상 이분법으로 이어져 규범 세계를 이해하는 바탕이 된다. 즉 우리는 윤리적 주체와 윤리적 행위, 그리고 법적 주체와 법적 행위에 의하여 규범 세계를 서술한다. 고대 그리스인은 달의 여신 아르테미스를 위해 에페수스에 아름다운 신전을 바쳐 경배하였고 그녀는 여성들의 출산을 도우며 풍요를 선사했다.

속성 기반 접근법은 이러한 주체/대상 이분법을 바탕에 깔고 있다. 이러한 이분법적 사고는 서구의 유대·기독교 세계관에서 신과 인간, 자연을 구분하였고, 르네상스와 계몽주의를 거치면서 정신과 육체, 인간과 비인간(非人間)의 경계를 뚜렷이 하는 데 기여하였다. 그 결정체라 할 수 있는 칸트의 철학적 관점은 근대 법학에서 법인격에 관한 이해의 기반이 되어 있다. 즉 인간의 자율성과 합리적 이성이야말로 인간의 존엄과 법적 주체성의 근거인 동시에 비인간의 대상성에 대한 근거인 것이다. 그런데 이러한 속성이 인간만의 것일까? 아니, 그전에 과연 이러한 속성이 인간에게 존재하기는 하는 것일까?

## 2. 인간의 속성과 인공지능의 속성

인공지능의 법인격 문제에 관하여 선구적 연구를 수행한 솔럼(L. Solum)은 인공지능에 법인격을 부여하려는 시도에 대해 3가지 반론을 제시하면서 이를 논박한 바 있다.[3] 반론 중 하나는 인공지능에게는 인

**3** Lawrence B. Solum, "Legal Personhood for Artificial Intelligences," 70 N.C. L. Rev. 1231, 1258, 1992.

간과 달리 자유의지(free will), 의도(intentionality), 영혼(soul), 의식(consciousness), 감정(feeling)과 같은 인격(personhood)을 이루는 결정적 요소가 결여되어 있다는 것이다. 아래에서 이들에 관하여 상세히 살펴보기로 한다.

### (1) 자율성과 합리성

근대 법학의 기반이 된 칸트 철학에서 인간의 자율성과 합리적 이성을 법인격 주체성의 근거로 보았다는 점, 그것이 시대를 초월한 진리라기보다는 역사적으로 형성된 인식이라는 점은 이미 살펴보았다. 그런데 인간의 자율성과 합리성은 정신철학과 심리학의 관점에서 타당성에 의심을 받고 있는 상황이다.

#### 가) 자율성-자유의지

우주 만물은 자연 법칙에 의하여 지배를 받고 있고 모든 사건은 그 전에 있었던 원인의 결과이다. 인간의 행동 역시 우주에서 벌어지는 사건이다. 그렇다면 인간의 행위는 정말로 자유롭다고 할 수 있는가. 만약 그렇지 않다면 어떻게 인간이 스스로 통제할 수도 없는 일들에 대하여 도덕적으로 책임이 있다고 말할 수 있는가.

자유의지(free will)와 결정론(determinism)의 관계는 고대 그리스 시대부터 학자들을 괴롭혀온 주제이다. 스토아 학파는 결정론이 진리이며 따라서 자유의지란 환상에 불과하다고 주장했다. 반면에 에피쿠로스 학파는 자유의지가 진리이며 따라서 결정론은 틀렸다고 주장했다. 이러한 이율배반(antinomy)의 문제는 칸트에게도 최대의 난제 중 하나였으며 결국 그를 일종의 이원론(dualism)으로 내몰았다. 오늘날의 발달된 과학 역시 자유의지의 문제를 해결하지 못하고 있다. 아인슈타인(A. Einstein)의 일반상대성 이론은 여전히 결정론적 세계관에 머물러 있으며 자유의지가 자리잡을 여지를 남기지 않는다. 양자역학(quantum mechanics)은 인과율이 지배하는 결정론의 세계 대신에 확률이 지배하는 비결정론의 세계를 묘사하지만, 이것 역시 인간이 통제할 수 없다는 점에서 역시 자유의지와는 잘 어울리지 않는다. 오늘날의 뇌과학은 어떤 의식적인 결정이 이루어지기 전에 이미 뇌의 일부분이 활성화된다는 점을 밝혀내기도 했다.[4]

양립주의자(compatibilist)들은 문제를 새롭게 설정함으로써 이 문제에서 벗어나려고 했다. 홉스(T. Hobbes)와 흄(D. Hume), 밀(J. S. Mill)과 같은 양립주의자들에게 있어 중요한 것은 '자유의지(free will)'가 아니라 '자유(freedom)'이고, 이는 결정론과 양립 가능하며, 기존의 결정론은 인과관계(causality)와 강압(coercion)을 혼동하는 오류를 범한 것이다.[5] 프랑크푸르트(H. Frankfurt)의 위계적 설명(hierarchical account of free will) 역시 양립주의의 한 형태로 볼 수 있다. 그는 어떠한 욕구를 갖고자 하는 욕구, 즉 2차적 욕구(second-order-desire)에 주목하면서, 어떤 행위가 자유롭다고 하려면 2차적 욕구에 부합해야 한다고 주장한다. 2차적 욕구를 찾기 위하여 요구되는 자아성찰(self-reflection)은 인간에게 고유한 것이며 자유로운 행위의 핵심이 된다.[6] 양립주의자들의 접근법은 윤리적, 법적

**4** J. D. Haynes, et al, "Unconscious determinants of free decisions in the human brain," *Nature neuroscience* vol. 11, no. 5, 2008, p. 543.

**5** Patrick Grim, "Free will in context: A contemporary philosophical perspective," *Behavioral sciences & the law*, vol. 25, no. 2, 2007, pp. 189-190.

**6** H. Frankfurt, "Alternate possibilities and moral responsibility," *Journal of Philosophy*, no. 66, 1969, pp. 829-839.

책임의 맥락에서 인간의 자유의지에 관한 문제의 본질을 꿰뚫어 본 것으로 여겨진다.

그렇다면 인공지능에게도 자유의지가 존재하는가? 과거의 자동화 기술이 미리 설정된 알고리즘에 따라 작동하고 그 결과를 예측할 수 있었던 것과 달리 오늘날의 인공지능 프로그램에 이용되는 기계학습이나 딥러닝 기술은 스스로 학습하여 알고리즘을 변화시킬 수 있어서 인간의 예측가능성이나 통제가능성으로부터 상당히 벗어나 있다. 이러한 인공지능의 판단이나 행동은 알고리즘과 그에 바탕한 학습과정에 의하여 이루어진다는 점에서 인간의 자유의지와는 다르지만, 적어도 현상적 측면에서는 자율적인 것으로 볼 수 있다. 여기에 착안하여 '위임된 자율성'[7] 또는 '유사 자율적(quasi-autonomous)' 존재로서의 인공지능 로봇의 지위[8]가 주장되기도 한다. 학자에 따라서는 이러한 논의를 근대적 인간관을 넘어서 인간다움에 관한 현대적 재구성의 계기로 삼으려 하기도 한다.[9] 그러나 인공지능 로봇의 현상적 자율성은 앞서 보았던 책임 기초로서 인간 자유의지의 본질과는 무관한 것이다. 먼 미래에 인간과 구별되지 않는 이른바 강인공지능(strong A. I.)이 출현한다면 그의 자율성은 책임의 기초라는 맥락에서도 의미를 부여받을 수 있을지도 모른다. 그러나 이에 관하여는 뒤따르는 위험에 대한 추가적인 고려가 필요하며 뒤에서 다시 서술하기로 한다.

**7** 고인석, 〈로봇이 책임과 권한의 주체일 수 있는가〉, 《철학논총》 제67권, 2012, 18쪽.

**8** 변순용 & 송선영, 〈로봇윤리의 이론적 기초를 위한 근본 과제 연구〉, 《윤리연구》 제88권, 2013, 19쪽.

**9** 한국인공지능법학회 편, 《인공지능과 법》, 박영사, 2019, 49-50쪽(정채연 집필 부분).

나) 합리성-이성

인간의 합리적 이성은 근대법의 인간관을 지탱하는 또 하나의 기둥이다. 그러나 인간의 합리성에 대하여는 이미 심리학과 이에 바탕을 둔 행동경제학의 연구로부터 많은 도전이 이루어졌다. 인간은 여러 가지 편향(bias)에 노출되어 환경을 정확히 인지하지 못하고, 위험과 확률의 평가에 취약하며, 주어진 기준점(anchor)으로부터 자유롭지 못하고, 이익보다는 손실에 민감한 행태를 보이는 등 판단과 의사결정에 있어서 제한된 합리성만을 지닌다.[10] 민법이 미성년자와 같은 제한능력 제도 및 법정대리 제도를 두고 있는 것이나 소비자법의 영역에서 철회권이 인정되고 있는 것은 우리 법체계가 이러한 합리성의 한계를 인식하고 수용한 것으로 해석할 수도 있다.

인공지능에게도 합리성이 인정될까? 이에 대한 답은 합리성의 의미를 어떻게 파악하는가에 달려 있을 것이다. 만약 과학적 합리성, 통계적 확실성, 수학적 정확성에 바탕을 둔 논리적 판단에만 초점을 맞춘다면 오히려 인공지능이 인간보다 합리적이라고 볼 수도 있을 것이다. 이 경우 근대적 인간관이 오히려 인공지능의 법적 주체성을 인정하는 길을 열어주게 되는 아이러니한 상황에 부딪히게 된다. 그러나 법인격, 즉 권리와 의무의 주체가 될 자격의 근거로 제시되는 합리성이란 무엇이 자신에게 좋은 것인지를 스스로 판단하고 선택할 수 있다는 의미로서 자율성과 밀접하게 결부된 개념으로 보아야 할 것이다. 따라서 적어도 현재의 기술 수준에서 인공지능의 합리성이란 주어진 과제를 효과적으로 처리하는 성

**10** 이상용, 〈인공지능과 계약법-인공지능에 의한 계약과 사적자치의 원칙〉, 《비교사법》 제23권 제4호, 한국비교사법학회, 2016, 1689쪽.

능의 의미를 지닐 뿐 법적 주체성의 근거로 논의되는 인간의 합리성과 같은 맥락에서 논의될 수 있는 성질의 것은 아니라고 할 것이다.

### (2) 영혼, 정신, 의식

자율성과 합리성이 인간에게만 존재하는 법인격 주체성의 근거로 호소력을 조금씩 잃어감에 따라 영혼, 의식, 감정과 같은 속성들이 주목받고 있다. 그러나 다음에서 보듯이 이러한 접근방법 역시 상당한 난관에 봉착하게 된다.

#### 가) 영혼과 정신

우선 영혼(soul)의 경우 가장 오래되고 가장 보편적인 호소력을 지닌 인간의 속성으로 여겨질 수 있다. 어쩌면 그 역사는 호모사피엔스라는 종(種)이 나타난 시점으로까지 거슬러 올라갈 수도 있을 것이다. 그러나 영혼의 존재 여부에 관한 논의는 종교적 논쟁으로 흘러가기 쉬워 다루기가 상당히 까다롭다. 다소 비약이 될 수도 있지만 여기서는 '영혼'이라는 말에 담긴 종교적 색채를 걷어내고 대신에 '육체(body)'와 구별되는 '정신(mind)'의 실체라는 문제를 다루기로 한다.

주지하다시피 육체와 정신의 관계에 관한 본격적인 논의는 데카르트(R. Descartes)의 심신이원론(Cartesian Dualism)에서 비롯되었다. 그러나 육체와 정신의 분리를 주장하는 그의 견해는 그 둘의 상호작용으로밖에 볼 수 없는 명백한 현상들 앞에서 무너져내렸고, 관념론(idealism)과 유물론(materialism)과 같은 일원론(monism)이 그 빈자리를 차지하기 시작했다. 그러나 이들 역시 곧 한계를 나타냈고 현재는 기능주의(functionalism)가 다수의 지지를 받고 있는 상황이다. 이에 따르면 정신적 상태란 기능적 상태를 가리키는 것이지 질료(matter)의 문제가 아니다. 쥐덫이란 쥐를 잡는 장치를 가리키는 것이지 그것이 나무로 만들어졌는가 쇠로 만들어졌는가는 중요하지 않다는 것이다. 그러나 기능주의의 설명에 의할 경우 더 이상 정신이 인간만의 속성이라고 말하기 어렵게 된다. 기능주의 자체가 컴퓨터 하드웨어와 소프트웨어를 유추하여 설명되기도 하고, 심지어 정신이란 '튜링 머신(Turing machine)'과 같은 상태를 말한다고 설명되기도 하는 것이다.[11] 튜링(A. Turing)에 의하여 1936년경 제안된 튜링 머신은 순서에 따라 계산이나 논리 조작을 행하는 장치로서 적절한 기억 장소와 알고리즘만 주어진다면 어떠한 계산이라도 가능함을 보여주어 오늘날 컴퓨터의 원형이 되었다.

사실 튜링은 컴퓨터가 발전하면 언젠가 인간처럼 생각이라는 것을 할 수 있다고 주장하면서 기계가 지능을 가지고 있는지 판별하는 이른바 '튜링 테스트(Turing Test)'를 제안한 것으로 더 유명하다. 이 테스트에서 기계와 사람은 채팅 메시지를 주고받으며 서로 대화를 하는데, 이들과 격리된 심사위원이 대화 내용을 보고 사람과 기계를 구별하지 못하면 그 기계는 '지능'을 가지고 있다는 것이다. 현재의 기술 수준으로는 사람과 구별할 수 없는 인공지능, 즉 이른바 '강인공지능(strong A. I.)'이 과연 도래할 것인지 짐작조차 어렵다.[12] 그럼에도 불구하고 위와 같은

**11** Hilary Putnam, "The nature of mental states," *Readings in philosophy of psychology* 1, 1980, pp. 223-231.

**12** 강인공지능과 약인공지능의 구별은 존 설(John Searle)의 '중국어 방(Chinese room)'의 비유에서 비롯되었다. 그에 따르면 인공지능이 실제로 사고를 하고 '정신(mind)'이 있다고 보는 강한 의미의 인공지능 가설과 인공지능은 단지 정신 내지 마음이 있는 것처럼 행위할 뿐이라는 약한 의미의 인공지능 가설을 구별할 필요가 있다고 한다(John Searle, "Minds, brains, and programs", *Behavioral and Brain Sciences* 3.03, 1980, pp. 417-424 참조).

주장은 격렬한 논쟁을 촉발하였는데, 영국의 철학자 설(J. Searle)은 이른바 중국어 방(Chinese room)의 비유를 통해 튜링의 주장을 반박하였다.[13] 어떤 방에 중국어를 전혀 모르는 사람이 앉아 있다고 하자. 그는 방 한쪽의 슬롯을 통해 받은 중국어 문자들을 방 안에 비치된 기호 처리 규정집에 따라 다른 언어의 문자로 바꾸어 반대쪽 슬롯으로 내놓는다. 비록 중국어를 번역한 결과가 출력되기는 하지만 그가 중국어를 이해한다고 할 수는 없다는 것이 설의 주장이다. 강인공지능의 원리적 불가능성[14]을 설파한 설의 견해에 대하여는 적지 않은 반론이 제기되는데, 처칠랜드 부부(Paul and Patricia Smith Churchland)의 주장이 대표적이다. 이들은 설의 비유가 복잡한 문제의 본질을 담아내기에는 빈약한 것이라면서 비록 방에 있는 사람이 중국어를 이해하지는 못하지만 시스템으로서의 중국어 방은 중국어를 이해하는 것이라고 지적한다.[15] 설의 주장은 구문론적 장치(syntactic engine)가 의미론적(semantic) 결과를 가져다주는 것은 아니라는 난해한 문제를 내포한다. 그러나 그것이 인공지능은 아무리 발전하더라도 인간처럼 정신을 지닐 수 없다는 주장의 근거가 되지는 못한다. 무엇보다 인간 뇌의 경우에도 같은 문제가 존재하기 때문이다.

기능주의적 관점에서 보더라도 현재 또는 예측가능한 근미래의 인공지능은 인간과 구별할 수 없는 단계에는 이르지는 못하므로 인간과

**13** Searle, *op. cit.*, pp. 417-424.

**14** 기술이 발전하여 외부에서 볼 때 인간과 구별하는 것이 불가능하게 되더라도 컴퓨터가 '지능'을 갖는다고 할 수는 없다는 것으로서, 단순한 기술적 불가능성과는 구별된다.

**15** Paul M. Churchland & Patricia Smith Churchland, "Could a machine think?," *Scientific American* 262.1, 1990, pp. 32-39.

같은 '정신'을 지닌다고 할 수는 없다. 다만 장차 그러한 일이 생기지 않는다고 단언하는 것 역시 어렵다고 할 수 있다.

나) 의식과 주관적 경험

정신철학에서 의식(consciousness)의 문제는 정신(mind)의 문제와는 다소 다른 내용을 갖는다. A와 B가 함께 붉은 색깔(color)의 물체를 바라본다고 하자. 그것을 바라볼 때 A가 겪는 주관적 경험(subjective experience)이 B가 겪는 그것과 같다는 것을 어떻게 알 수 있을까? 뉴튼(I. Newton)은 색깔이 단지 서로 다른 파장의 빛일 뿐이라고 설파했지만, 괴테(J. von Göethe)는 색깔이란 오로지 마음속에 있을 뿐이라고 반박했다.[16] 누구의 견해가 옳을까.

이러한 주관적인 질적 경험을 일컬어 의식의 현상학적 특징(phenomenal consciousness), 즉 감각질(感覺質, qualia)이라고 한다.[17] 예컨대 우리 망막에는 각각 긴 파장, 중간 파장, 짧은 파장의 빛에 반응하는 세 가지 종류의 원추세포(cone cell)들이 있다. 어떤 사람들은 긴 파장에 반응하여야 할 원추 세포가 중간 파장에 반응하는 유전 형질을 갖고, 반대로 중간 파장에 반응하여야 할 원추 세포가 긴 파장에 반응하는 유전 형질을 가진 사람들도 있다. 두 경우 모두 적록색맹의 결과를 가져온다. 그렇다면 적색과 녹색을 반대로 인식(reverse trichromat)하는 유전 형질을 가진 사람의 경우는 어떨까? 행동이나 기능적 특징만으로 그들을 구별해

**16** Michael J. Duck, "Newton and Goethe on colour: Physical and physiological considerations," *Annals of Science* 45.5, 1988, pp. 507-519.

**17** Daniel C. Dennett, "Quining qualia" in *Readings in Philosophy and ognitive Science*, ed., Alvin Goldman, MIT Press, 1993.

낼 수는 없을 것이다. 그들의 주관적 경험과 보통 사람의 주관적 경험 사이에 질적인 차이가 있다고 할 수 있을까? "내가 박쥐처럼 어두운 밤에 초음파의 반향을 이용해 날아간다면 어떤 느낌일까"라는 질문과 "박쥐가 된다는 건 어떤 느낌일까"라는 질문은 전혀 다른 질문인가? 색채 인식의 대가이면서도 흑백밖에 구분하지 못하던 뇌과학자가 처음으로 색이 있는 세상을 보게 되었다면 뭔가 새로운 것을 배웠다고 할 수 있을까?

이들 질문에 그렇지 않다고 대답한다면 기능주의에 기울어진 것이다. 반대로 그렇다고 대답한다면 퀄리아(감각질)를 진지하게 받아들이는 것이며 어떤 사람들에게는 영혼과 정신의 대체물로까지 여겨질 수도 있을 것이다. 이처럼 주관적인 질적 경험의 실체를 인정하는 것은 행동주의(behaviorism)나 기능주의(functionalism)에 대한 심각한 도전이며 가히 이원론(dualism)의 재등장이라고 할 만한 일이다. 차머스(D. Chalmers)가 적절히 표현했듯이 이 문제야말로 '의식의 난제(hard problem of consciousness)'이며,[18] 안타깝게도 이에 대한 정답은 아직 없다. 기능주의적 관점은 아무리 발달한 인공지능이라도 원리적으로 정신이 존재할 수 없다는 주장에 대하여 효과적인 반론을 제기했지만, 인공지능에게 의식이 있을 수 없다는 주장에 대하여는 의식의 실체를 부정하는 것 외에는 제대로 반박하지 못한다.

**18** David J. Chalmers, "Facing up to the problem of consciousness," *Journal of consciousness studies* 2. 3, 1995, pp. 201-202.

### 다) 속성 기반 접근법에서 바라본 인공지능의 법인격

지금까지 법적 주체성에 관한 속성 기반 접근법을 살펴보았다. 오늘날 인간의 법적 주체성은 확고한 법리로 자리 잡고 있다. 이는 법적 주체가 될 자격을 근거 짓는 인간만의 속성이 무엇인지에 대한 탐구로 이어진다.

우선 근대적 법제에서 인간의 법적 주체성의 근거가 된 자율성과 합리적 이성이라는 속성에 대한 검토가 요구된다. 인간의 자유의지와 합리성은 비록 정신철학, 심리학, 뇌과학의 성과에 의하여 의문이 제기되고 있기는 하지만, 억압의 부재로서의 자유, 그 자유를 실현하기 위한 현실적 합리성이라는 형태로 여전히 법적 주체성의 근거로서의 유효성을 유지하고 있다. 이에 비하여 AI의 자율성과 합리성은 적어도 현재의 기술 수준에서는 단지 성능이 좋은 자동화 기술의 맥락과 범주를 벗어나지 못하고 있다.

인공지능의 법적 주체성에 관한 최근의 논의에서는 영혼이나 정신 또는 의식과 같은 속성이 주목을 받고 있다. 예컨대 허바드(F. P. Hubbard)는 인공지능이 자연인과 유사한 능력, 즉 복잡한 사고와 소통을 통하여 외부 환경과 상호작용할 수 있는 능력, 삶의 계획이나 목적을 성취하는 데 관심을 지니고 자아를 인식하는 능력, 상호 이기적 관점(mutual self-interest)에 기반하는 사회에서 다른 사람들과 공존할 수 있는 능력을 지닌다면 법인격이 인정되어야 한다고 주장한다.[19] 그러나 그를 포함하여 현재의 기술 수준에서 인공지능에게 이러한 능력이 있다고

**19** F. Patrick Hubbard, "Do Androids Dream?: Personhood and Intelligent Artifacts," 83 Temp. L. Rev. 2011, p. 405, p. 407, p. 419.

보는 사람은 거의 없다.

현재의 수준을 넘어서 이른바 강인공지능을 상정하더라도 인공지능에게 인간과 같은 정신적 능력이 인정될 것인지는 문제이다. 영혼의 문제를 좀 더 다루기 쉬운 정신의 문제로 치환한다면 기능주의적 관점은 인간의 정신과 인공지능의 정신을 동일선상에 놓고 분석하는 것을 허용한다. 그러나 주관적 경험으로서의 의식의 경우, 그 실체를 인정한다면 기능주의나 유물론적 관점에서도 인공지능이 인간과 같은 의식을 가지고 있다고 말하기 어렵다. 다만 이러한 결론이 속성 기반 접근법하에서 인공지능의 법인격 인정에 결정적인 장애가 되는 것은 아니다. 인간들 사이에서도 타인의 주관적 경험은 물어보지 않으면 알 수 없는 것인데 AI에게 이를 요구하는 것은 부적절할 뿐 아니라, 무엇보다도 역사적으로 법질서가 의식을 법인격의 기초로 요구한 예가 없기 때문이다.[20] AI에게는 인간과 같은 감정이 없다는 점에 기반하여 AI의 법적 주체성을 부정하려는 주장[21]에도 같은 반론이 가능하다.

## 관계 기반 접근법

### 1. 사회적 존재

속성 기반 접근법은 – 아직까지는 – 법인격이 인간에게 인정되는 이유와 인공지능에게는 인정되지 않는 이유를 어느 정도 설명해준다. 그러나 역사적으로 동일한 속성을 지닌 인간임에도 법인격이 인정되지

**20** Samir Chopra & Laurence White, "Artificial agents–personhood in law and philosophy," *Proceedings of the 16th European Conference on Artificial Intelligence*, IOS Press, 2004, p. 635.

**21** 김영두, 〈인공지능과 자유의지〉, 연세법학회 제60회 학술대회 '인공지능 시대의 법적 과제' 자료집, 2017.

않는 경우도 있었고, 반대로 인간이 아님에도 법인격이 인정되기도 했다. 오늘날 보편적으로 법인격이 인정되고 있는 법인의 경우 그 자체가 자연인처럼 자율성이나 합리적 이성을 지닌다고 말하기는 아무래도 어렵다. 이처럼 속성 기반 접근법만으로는 법인격 주체성을 온전히 이해할 수 없다.

앞서 보았던 것처럼 법인격은 인격체를 보호하기도 하지만, 인격체에게 책임을 귀속시킴으로써 상대방을 보호하거나, 법적 관계를 명확히 함으로써 사회 전체의 법적 안정성을 높이는 기능도 수행한다. 상대방 보호나 법적 안정성의 측면에서 보면, 법인격을 부여할 것인지 여부가 문제되는 주체 자체가 어떤 속성을 가지고 있는지는 그렇게 중요하지 않다. 오히려 그와 직간접적으로 관계를 맺게 되는 상대방이나 제3자의 인식이나 입장이 중요한 문제이다. 민사법에서 법인 제도가 도입되거나 형사법에서 법인의 수형능력을 인정하게 된 것은 그 때문일 것이다. 사실 법규범 자체가 사회적 관계를 맺고 있는 여러 주체 사이의 이해관계를 조정하는 규칙에 관한 것이다. 이는 의사표시 이론상 의사주의와 표시주의의 대립, 계약 이론상 약속과 신뢰의 관계, 각종의 외관법리, 불법행위법상 위험책임 법리의 확장, 형사법에서 보안처분 제도의 수용 등 법제도 곳곳에서 드러난다. 역사적으로 존재해왔던 비인간(非人間)에 대한 법인격 부여의 사례들은 이러한 맥락에서 이해할 수 있다.

이러한 관점을 속성 기반 접근법과 대비하여 관계 기반 접근법이라고 부를 수 있을 것이다. 관계 기반 접근법은 칸트류의 의무론적 도덕론과 달리 공리주의에서 정당성 근거를 발견할 수 있다. 나아가 이들 자유주의적 도덕론을 넘어서 공동체주의 역시 기반으로 삼고 있다고 할 수 있다.[22] 결국 인간은 사회적 존재인 것이다.

## 2. 법인격 없는 인간과 법인격 있는 비인간

### (1) 법인격 주체로서의 인간

오늘날 자연인은 당연히 법인격이 인정된다. 우리 민법 제3조는 "사람은 생존한 동안 권리와 의무의 주체가 된다"고 함으로써 이를 명시적으로 선언하고 있다. 인간의 존엄성과 법적 주체성은 오늘날 법계를 막론하고 온 세계의 보편적 규범이 되어 있다.

### (2) 법인격이 제한된 인간

항상 그러했던 것은 아니다. 역사적으로 자연인임에도 법인격이 부정되었던 사례는 많이 존재한다. 로마법상의 노예가 대표적이다. 로마에서 노예는 자연인이면서도 의무만을 부담하고 권리는 누리지 못하였다.[23] 독일 제3제국은 게르만 민족에 대해서만 권리능력을 부여하려고 시도하기도 했다.[24] 우리 민법상 태아는 특별한 경우 외에는 법인격이 부정되는데, 일부 종교적 교의에서처럼 태아를 인간으로 보는 경우에는 이 역시 자연인이 법인격을 인정받지 못하는 예가 될 수 있다.

**22** 속성과 관계의 대비에서 보이는 균열은 개인과 공동체 또는 자율과 후견의 대비에서 나타나는 균열과 상당 부분 겹친다. 권영준, 〈계약법의 사상적 기초와 그 시사점〉, 《저스티스》 제124호, 한국법학원, 2011, 180-181쪽 참조.

**23** J. C. Gray, *The nature and sources of the law*, Macmillan, 1921, §§64-65. 반대로 권리만 보유하고 의무는 부담하지 않는 자연인도 존재했다. 그레이는 영국 국왕이 그에 해당한다고 보았다(Gray, §§64-55).

**24** Lehmann, "Der Begriff der Rechtsfähigkeit," AcP 207, 2007, 228 f.

자연인이 법인격을 제한받는 사례는 더 많았고 최근까지도 있어왔다. 로마법상 처나 자녀는 가장(Paterfamilias)에게 예속되어 간접적으로만 권리를 가질 수 있었다. 영국법상 처는 19세기 전반까지도 대체로 독립된 권리를 인정받지 못하였고, 프랑스법상 사형이나 종신형을 선고받은 사람들은 19세기 중반까지 '법적으로 사망'한 것으로 의제되었다.[25]

비록 법인격, 즉 권리능력과는 구별되는 것이기는 하지만 행위능력의 제한도 참고할 만하다. 일본의 구민법은 재산적 처분행위나 소송행위에 있어서 처를 행위무능력자로 다루었다. 20세기 초 영미 보통법상의 법인격 문제를 다룬 유명한 저작에서는 신생아와 같이 의사(will)가 없거나 미성년자와 같이 법적 의사가 부정되는 자연인을 통상의 자연인과 구별하여 비정상 자연인(abnormal human beings)이라는 범주로 따로 묶기도 하였다.[26]

(3) 법인격이 부여된 비인간

가) 초자연적 존재

반대로 자연인이 아님에도 법인격이 인정된 경우도 많았다. 역사적으로 자연인이라는 점은 법인격의 충분조건도 아니었지만 필요조건 역시 아니었다. 그 예로 우선 초자연적 존재의 경우를 들 수 있다. 고대 로마 및 중세 독일에서는 신(god) 또는 성인(saint)의 권리 주체성이 인정되었으며, 망자나 유령을 권리자로 인정하는 법질서도 적지 않았다.[27]

**25** Chopra & White, *op. cit.*, p. 635.

**26** Gray, *op. cit.*, §§71-72.

**27** Gray, *Ibid.*, §§96-99.

나) 동물

과거에는 동물에게 법인격이 인정된 경우가 많이 있었다. 고대의 유대나 그리스에서는 동물을 상대로 한 소송이 인정되었으며, 동물 소추는 중세에도 이어졌다. 동물이 살인 등 중범죄를 저지르면 사형 또는 구금에 처해졌고, 야생동물 집단이 농작물에 피해를 입히면 종교 재판이 이루어졌으며, 소추된 동물을 위하여 변호사가 지정되기도 하였다. 영국에서는 사람이 사망한 경우 직접적 원인이 된 동산(personal chattel)을 몰수하여 왕에게 귀속시키는 고대의 몰수 관행이 속죄물(deodand)의 법리로 발달했다. 소유자의 과실을 의제한 것으로 해석할 수도 있는 속죄물 법리는 보통법에 편입되지는 않았지만, 17세기 식민지 시대 미국의 사례 가운데 위 법리가 발견되기도 한다.[28]

동물의 법적 주체성에 관한 문제는 이른바 동물권 논쟁으로 구체화되고 있다. 대륙법계와 영미법계를 막론하고 동물은 대체로 물건으로 취급되는데, 이에 대하여 종차별주의(specisism)라는 반론이 제기되고 있는 것이다. 동물권 옹호론자들의 입장은 다시 동물복지론과 동물권리론으로 나뉜다. 동물복지론자들은 동물을 보호의 대상으로 여긴다. 싱어(P. Singer)로 대표되는 이들의 주장은 공리주의의 영향을 강하게 받았다.[29] 쾌락과 고통을 느낄 수 있는 능력, 즉 쾌고감수능력(快苦感受能力)을 가진 존재라면 보호받을 이익이 있다는 것이다. 이들은 완전한 평등보다는 서로 다른 정도의 본성(이성과 자율성)에 따라 각자의 이익을 동등

**28** Girgen Jen, "The Historical and Contemporary Prosecution and Punishment of Animals," 9 Animal L. 97, 2003, pp. 108–109.

**29** 유선봉, 〈동물권 논쟁〉, 《중앙법학》 제10권 제2호, 2008, 443–445쪽.

하게 고려할 것을 요구한다(이익 동등 고려의 원칙). 이에 비하여 동물권리론자들은 한 걸음 더 나아가 동물에게 인격적 지위를 부여하자고 주장한다. 리건(T. Reagan)으로 대표되는 이들의 주장은 의무론적 입장을 전제로 한다.[30] 동물은 희망, 선호, 믿음, 감정, 기억, 기대 등을 느끼며 "삶의 주체(subject of a life)"가 되어 각자의 삶을 경험하고 있으므로 고유한 가치와 권리(animal right)를 가진다는 것이다. 이들은 동물이 생명권, 신체에 대한 권리 등 일정한 범위에서 인간과 동일한 권리를 지닌다고 주장한다.

동물권 논쟁은 각국의 실정법에도 영향을 미치고 있다. 예를 들어 1990년 독일 개정 민법 제90조a는 "동물은 물건이 아니다(Tiere sind keine Sachen)"라고 명시함으로써 동물에게 제3의 지위를 부여하였다. 우리나라에서도 동물권 운동이 활발하게 이루어지고 있다. 대법원은 2006년 유명한 '천성산 도롱뇽 사건'에서 도롱뇽의 당사자능력을 부정하였지만,[31] 동물권 옹호론자들의 주장은 2017년 동물이 물건이 아님을 선언하는 내용의 민법 개정안[32] 발의와 국가의 동물 보호정책 시행의무를 명시한 헌법 개정안[33] 발의로 이어졌다.

**30** Regan Tom, *The Case for Animal Rights*, University of California Press, 1983, 1985, 2004; 박찬운, 〈동물보호와 동물복지론-유럽 상황을 중심으로〉, 《법조》 제59권 제1호, 법조협회, 2010, 310-317쪽.

**31** 대법원 2006.6.2. 자 2004마1148 결정.

**32** 2017.3.21. 민법중개정법률안(이정미 의원 대표발의, 의안번호 6313) 제98조는 "동물은 물건이 아니며, 별도의 법률에 의해 보호되는 한도 내에서 이 법의 규정을 적용한다"고 규정한다.

**33** 비록 국회 본회의 표결에서 의결정족수 미달로 무산되었지만 문재인 대통령이 2018.3.26. 발의한 헌법 개정안 제38조 제3항에는 "국가는 동물 보호를 위한 정책을 시행해야 한다"고 규정하고 있다.

다) 무생물

무생물에게 법인격을 인정한 예도 있다.[34] 고대 그리스에서는 무생물 소추 및 무생물의 책임(속죄물)이 인정되었고 고대 로마에서는 사원(寺院)의 권리주체성이 인정되었다. 중세에 들어와서도 교회 건물이나 성인의 유물에 권리주체성이 인정되었다.

선박에 법인격을 인정하는 영국 해상법[35]은 오늘날에도 무생물에게 법인격이 인정되는 대표적 사례이다. 위 법리는 가해 선박 소유자가 책임을 회피하는 것을 방지하려는 실제상의 필요에서 비롯된 것이다. 즉 인격화된 선박(anthropomorphized ship)이라는 관념을 통하여 당해 소송이 가해자 자신에 대한 것이 아니라 범죄 관련 재산에 대한 것이라는 법적 의제가 이루어지고, 이를 통하여 당해 재산 소유자의 행위는 고려 대상에서 배제될 수 있게 된다. 이는 사실상 '유책 재산'의 대물적 몰수(civil in rem forfeitures of 'guilty property')에 해당하며 이로써 소유자와 무관하게 선박과 함께 이전되는 해상유치권의 기능을 하게 되는 것이다.[36] 그러나 이러한 기능에도 위 법리는 선박의 법인격을 인정하는 법적 구성에 의존하고 있다. 그 법리적 근거의 연원은 선박의 운동성, 즉 움직이는 물체에는 생명이 존재한다는 관념과 멀리는 중세 영국법의 속죄물 법리에 잇닿아 있다.

일부 국가는 집합적 자연물에 대하여 법인격을 인정하기도 한다. 예

**34** Gray, *op. cit.*, §106-109.

**35** The China, 74 U. S. 7 Wall. 53, 1868.

**36** 이경규, 〈인(人) 이외의 존재에 대한 법인격 인정과 인공지능의 법적 지위에 관한 소고〉, 《법학연구》 제21권 제1호, 인하대학교 법학연구소, 2018, 331-332쪽.

컨대 뉴질랜드는 2017년 특별법[37]을 제정하여 집합적 자연물에 법인격을 부여하였다. 위 법은 "산으로부터 바다로 이어지는 '왕거누이강(Whanganui River)'로 구성되고 그 모든 물리적 및 관념적 요소까지도 포함하는 불가분적 생태계 전체"를 '왕거누이강(Te Awa Tupua)'으로 정의하며(§12), 이를 권리·의무가 귀속되는 법인(legal person)으로 인정한다(§14①). 그 밖에도 여러 나라에서 자연물에 법인격을 인정하려는 시도가 있어왔다. 예컨대 인도에서는 갠지스강의 법인격이 주장되었지만 법원에 의하여 부정된 바 있다.

라) 법인

법인격이 부여된 비인간의 대표적인 예는 역시 법인이다. 자연인이 아닌 법인에 권리능력을 인정하는 이유는 무엇일까. 다시 말해 법인의 본질은 무엇인가. 교과서적인 설명은 보통 법인의제설, 법인부인설, 법인실재설로 구분된다.[38]

사비니(F. K. von Savigny)와 빈트샤이트(B. Windscheid)에 의하여 대표되는 법인의제설은, 권리는 의사의 지배라는 소위 의사설을 전제로 의사가 없는 법인은 법률이 자연인으로 의제한 것에 지나지 않는다고 주장한다. 법인부인설 역시 법인의 실체를 부정하지만 법인의제설과 달리 단순히 법률이 아니라 거래사회에 있어서의 실질적 기능이라는 객관적

**37** Te Awa Tupua(Whanganui River Claims Settlement) Act 2017 (Public Act 2017 No. 7). http://www.legislation.govt.nz/act/public/2017/0007/latest/whole.html [최종 검색일: 2022.8.16.]; 계승균, 〈법규범에서 인공지능의 주체성 여부〉, 《법조》 제724호, (2017), 184-185쪽.

**38** 곽윤직, 《민법총칙(신정수정판)》, 박영사, 2001, 176-180쪽.

사실에 법인의 기초를 둔다. 이 경우 주체 없는 권리를 인정하거나(목적재산설) 권리의 본질은 의사가 아닌 법률상 보호된 이익이라는(수익자주체설) 등의 설명이 이루어진다. 이에 비하여 법인실재설은 법인이 사회적 실체를 갖고 있다고 본다. 기르케의 유기체설은 법인이 구성원 의사의 합계와는 구별되는 단체의사를 갖고 있는 사회적 유기체라고 보았고, 살레이유(M. Saleilles)의 조직체설은 법인이 권리주체가 되기에 적합한 법률상의 조직체라고 함으로써 유기체설의 사회학적 설명을 법적 설명으로 끌어올렸다. 또한 와가츠마 사카에(我妻榮) 교수의 사회적 가치설은 법인의 본질이 독자의 사회적 작용을 하고 권리능력을 갖는 데 적합한 사회적 가치를 가지는 데 있다고 하여 많은 지지를 받았다.[39]

그러나 이러한 논의는 견해의 실질적 대립이라기보다는 대륙법계에서 단체의 사회적 활동이나 그에 대한 사회적 태도의 변천에 따른 학설 발전의 성격이 더 짙다. 사비니와 기르케의 이론은 본질적으로 서로 모순되는 것이 아니다.[40] 사비니가 '의제(Fiktion)'라고 부른 것은 실체의 허구성에 관한 것이라기보다는 법인의 경우 출생에 의해 확보되는 것과 같은 자연적인 신뢰가 결여되어 있다는 점에 관한 것일 뿐이다. 기르케 역시 단체가 단체인격(Verbandspersönlichkeit)을 취득하려면 법의 승인이 필요하다고 보았다.

대체로 말해 대륙법계에서 법인 이론의 발전은 법인의 실체성을 인정하는 방향으로 나아갔다고 평가할 수 있다. 이는 영미법계에서도 마

**39** 이홍민, 〈법인의 본질〉, 《법과 정책》 제22권 제3호, 2016, 272-273쪽 및 292-294쪽.

**40** 이기수, 〈법인의 본질〉, 《상법논총(정희철 선생 정년 기념)》, 박영사, 1985, 87-88쪽; 송호영, 〈법인의 활동과 귀속의 문제〉, 《민사법학》 제31호, 2006, 8-10쪽. 사비니 역시 국가나 자연적 존재로서의 부락(Gemeinde)이나 도시(Städte) 등의 법인 실재성은 의심하지 않았다.

찬가지이다. 예컨대 미국법은 19세기 전반까지만 해도 법인을 국가(州, state) 행위에 의하여 창설된 법적 창조물(artificial entity)로 보았지만, 19세기 후반에는 개인들이 계약에 의하여 결합한 집합체(aggregate entity)로 보아 주주의 권리가 회사에 귀속한다는 식으로 이해하였다.[41] 그러다 20세기 이후에는 법인을 자연인과 같은 인격(personhood)을 지닌 실체로 파악하여 법인 자신이 권리를 갖는다고 보게 되었고, 나아가 법인에게 형사책임을 부과하거나 표현의 자유 등 자연인에게만 인정되어오던 기본권을 인정[42]하는 데까지 이르렀다.

위와 같은 법인 이론의 발전 과정을 살펴보면 법인에 법인격을 인정하는 근거로서 법적 편의성(법인의제설과 법인부인설)과 법인의 실체성(법인실재설)이 주목되어왔고, 법인의 실체성은 법인 자신의 속성(유기체설과 조직체설) 외에 사회적 현실(조직체설과 사회적 가치설)도 내포할 수 있음을 알 수 있다. 일본의 시노미야 카즈오(四宮和夫) 교수는 법인을 성립시키는 데에는 거래의 주체가 되는 데 적합한 실체가 존재해야 하고(실체적 계기), 거래의 주체가 될 만한 가치가 있어야 하며(가치적 계기), 법기술적으로 자연인이 아닌 존재를 권리·의무의 통일적인 귀속점으로 한다(기술적 계기)는 등의 세 가지 계기가 있다고 주장하는데,[43] 적절한 설명이라고 여겨진다. 결국 법인에 대한 법인격 인정은 속성 기반 접근법만으로는 설명하기 어렵고 관계 중심 접근법에 의할 때 비로소 설득력을 갖는다고 할 수 있다.

**41** Brenner, S. W., "Humans and Humans: Technological Enhancement and Criminal Responsibility," *BUJ Sci. & Tech. L.*, HeinOnline, vol. 19, 2013, [II. A. 6.].

**42** Citizens United Case (130 S. Ct. at 900).

**43** 고상룡, 〈법인론의 재검토 소고〉, 《성균관법학》 창간호, 1987, 170쪽.

## 3. 관계 기반 접근법에서 바라본 인공지능의 법인격

### (1) 법인격 인정을 위한 요소

위와 같은 비인간의 법인격 인정 사례, 특히 법인의 사례를 통하여 인간적 속성에 전적으로 의지하지 않고도 다른 법적 주체와의 관계에 기반하여 법인격을 인정할 수 있음을 확인하였다. 그렇다면 인공지능에게도 법인격을 인정할 수 있을까?

이 문제를 해결하기 위해서는 인간 이외의 존재에 법인격을 인정하기 위한 요소로서 무엇이 요구될 것인지를 확인할 필요가 있다. 일찍이 앨런(T. Allen)과 위디슨(R. Widdison)은 사회적 현실과 법적 편의성을 법인격 인정을 위한 요소로 제시하였다.[44] 즉 인공지능이 거래를 '이해'하는지 여부와 무관하게 그것이 나타내는 행위가 자연인의 행동과 일치한다면 인공지능의 사회적 능력을 인정하여 법인으로 인정할 수도 있고(사회적 현실), 이를 통해 거래의 효율성을 극대화할 수 있으며 등록 제도로 이를 뒷받침할 수 있다는 것이다(법적 편의성). 초프라(S. Chopra)는 인공지능의 법인격 인정에 영향을 미치는 요소로서 법적 편의성과 인공지능의 속성을 제시했다.[45] 국내의 학설 가운데에는 자연인에 상응하는 사회적 활동이 가능할 것과 거래 내지 법적 활동에 필요한 경제적 요소가 존재할 것을 요구하는 견해도 있다.[46] 영미와 독일의 문헌들에서 인간 이외의 존재를 권리주체로 인정하기 위한 요소로 언급되는 것

**44** Tom Allen & Robin Widdison, "Can Computers make contracts?," *9 Harvard Journal of Law & Technology*, 1996, pp. 36-43.

**45** Chopra & White, *op. cit.*, p. 635.

**46** 이홍민, 앞의 글, 293-294쪽.

은 대체로 ① 도덕적 자격(moral authority)/자아의식(entitlement) ② 사회적 능력(social capacity)/현실(reality) ③ 법적 편의(legal convenience)/법적 유용성(expediency) 등의 세 가지로 정리된다.[47]

이 가운데 도덕적 자격이 속성 기반 접근법의 관점에서 중시되는 요소인 점을 감안하면 결국 관계 기반 접근법의 관점에서 인공지능의 법인격을 인정하기 위한 요소는 사회적 현실과 법적 편의성으로 압축된다고 할 수 있다. 이는 법인에 법인격을 인정하는 근거들을 상기시킨다. 다만 둘 사이에는 무시하기 어려운 차이가 존재한다. 법인 제도는 자연인의 활동을 전제로 하여 그 효과를 자연인이 아닌 무언가에 귀속시키려는 것이지만, 인공지능에 법인격을 부여하는 것은 반대로 "배후에 존재하는 자연인과는 별개의 존재로서의 사회적 활동체에 대해 그 자연인으로부터 단절하여 인격을 부여할 수 있는지의 문제"이기 때문이다.[48] 그러나 강을 중심으로 한 생태계인 '왕거누이강(Te Awa Tupua)'에 법인격이 인정된 입법례도 있는 만큼 그 차이는 일단 접어두고 논의를 계속해보기로 한다. 우선 사회적 현실의 경우 아직까지는 인공지능에게 법인격을 인정할 만한 정도에 이르지는 않은 것으로 여겨진다. 인공지능의 표시나 작동을 접한 당사자가 그것을 배후의 자연인이나 법인과 독립된 법적 주체의 행위로 받아들이지는 않기 때문이다.

그렇다면 법적 편의성의 경우는 어떨까? 사실 이 문제는 두 가지 하위 문제로 나누어볼 수 있다. 인공지능이 인간과 유사한 속성을 지니거나 사회적 현실상 법적 주체로 받아들여지지 않음에도 법적 편의성이

**47** 김진우, 〈자율시스템에 의한 의사표시의 귀속〉, 《법학논총》 제38권 제4호, 전남대학교 법학연구소, 2018, 21쪽.

**48** 이홍민, 앞의 글, 292-293쪽.

인정된다는 근거만으로 법인격을 인정할 수 있는가? 만약 그렇다면 인공지능에게 법인격을 인정하는 것을 정당화할 정도의 법적 편의성이 존재하는가? 이들 질문에 대하여는 항을 바꾸어 설명하기로 한다.

### (2) 법적 편의성은 법인격 인정의 유일한 근거가 될 수 있는가

법적 편의성만으로 인공지능의 법인격을 인정할 수 있다는 견해가 있다. 나아가 이 견해는 인공지능은 존재론적 주체가 아니라 법적 의미에서의 권리주체에 불과하여 법인격 범위를 제한할 수 있으므로 인공지능의 인간화 문제(Vermenschlichungsproblem)를 방지하기 위하여 일단 대리능력만을 인정하자고 제안한다.[49]

그러나 무언가가 인간과 같은 속성도 없고 사회적 현실상 법적 주체로 여겨지지도 않음에도 단지 법적 편의성이 있다는 이유만으로 법인격이 부여되기는 어렵다. 이것은 법실증주의적인 관점으로 지나치게 기울어진 것이다. 앞서 보았듯이 법인의제설을 주창했던 사비니조차 법인의 실체성을 허구라고 여기지는 않았다. 근대의 법적 기반을 벗어나 생각하더라도 마찬가지이다. 고대나 중세에서 사원이나 성유물에 법인격이 인정된 것은 어디까지나 당대의 사람들이 이를 법적 주체로 여기는 사회적 현실이 뒷받침된 것이다. 탈근대적 법패러다임을 제창하는 견해 역시 자율성과 합리적 이성이라는 속성 대신에 상호성과 대화성이라는 관계에 기반하여 로봇과 같은 비인간적 주체에게 이차적 권리를 부여하려는 시도를 할 뿐이다. 단지 법적 편의성만으로 법인격

**49** 김진우, 앞의 글, 2018, 35-36쪽.

을 인정하려 하지는 않는다.[50] 인공지능에게 법인격을 인정할 만한 다른 근거가 배척된 상황에서, 법적 편의성만으로는 법인격 인정의 근거가 될 수 없다고 보는 이상, 논리적으로는 실제로 법적 편의성이 있는지 여부를 검토할 필요는 없다. 그럼에도 불구하고 법적 편의성에 입각하여 인공지능의 법인격을 인정하자는 주장이 강력히 제기되고 있고, EU 의회와 같은 입법기관에서도 관심을 보이는 상황인 만큼 이에 관하여 다음 항에서 추가적으로 논의해보기로 한다.

(3) 인공지능에 대한 법인격 인정은 얼마나 유용한가

오늘날의 인공지능 기술은 예측 가능한 알고리즘 방식으로 작동하던 과거의 기술과는 달리 인공신경망 구조를 바탕으로 학습을 통하여 판단과 의사결정의 자동화를 달성한다. 딥러닝으로 대표되는 이러한 기술은 단지 자동적으로 작동하는 것(automated)을 넘어 자율적으로 작동하는 것(autonomous)을 가능하게 한다. 즉 인공지능 프로그램이나 로봇의 이용자는 해당 기기가 주어진 상황에 어떻게 반응할 것인지에 관하여 의미 있는 예측이나 통제를 할 수 없다. 이러한 상황은 인공지능 이용자가 책임에서 벗어나려는 동인으로 작용한다. 만약 이 때문에 인공지능이 개입된 거래를 신뢰한 상대방이나, 인공지능의 작동으로 인하여 피해를 입은 당사자의 법적 지위가 부당하게 침해되거나, 사회 전체의 법적 안정성이 취약해진다면 이를 해결하기 위한 수단이 강구되어야 한다.

인공지능에 대한 법인격 인정이 적절한 해결책이 된다는 견해는 여

**50** 정채연, 〈법패러다임 변화의 관점에서 인공지능과 법담론: 법에서 탈근대성의 수용과 발전〉, 《법과사회》 제53권, 법과사회이론학회, 2016, 114-116쪽, 118-120쪽.

기에서 비롯된다. 계약법의 영역을 예로 들자면, 이 견해는 인공지능의 자율성 때문에 인공지능에 의하여 체결된 계약을 이용자에게 귀속시키는 것이 기존의 사법 이론으로 어렵게 되었다면서, 인공지능에게 제한된 범위에서 법인격을 부여함으로써 대리의 법리에 의하여 이용자, 즉 본인에게 책임을 귀속시킬 수 있다고 주장한다.[51] 즉 인공지능에게 법인격을 부여하는 것이 법적 명확성을 확보하여 거래비용을 낮출 수 있다는 것이다.

법적 명확성의 확보는 인공지능을 단지 배후의 자연인이나 법인에 의하여 이용된 도구로 봄으로써 보다 쉽게 달성될 수 있다. 다만 인공지능에 의하여 체결된 계약이 사후적으로 밝혀진 이용자의 실제 의사에 반하는 경우에 이를 이용자에게 귀속시키는 것이 사적자치의 원칙에 부합하는지 문제될 수 있다. 그러나 인공지능은 이용자의 이용 내지 설정에 기초한 추정적 의사에 부합하는 특정한 의사를 형성하여 표시하는 보조적 역할을 하는 데 그치므로 사적자치의 원칙을 해하는 것은 아니다.[52] 또한 도구론에 의하더라도 상대방 선의 여부나 과실 유무를 고려하는 표현대리의 법리를 유추적용함으로써 관련 당사자들의 이해관계를 적정하게 조정할 수 있다.[53] 결국 인공지능에 법인격을 부여함으로써 얻어질 편익은 그다지 크지 않다.

**51** 김진우, 앞의 글, 10-13쪽, 24-25쪽.

**52** 이상용, 앞의 글, 1665쪽.

**53** 이상용, 위의 글, 1680-1681쪽.

#### (4) 새로운 비용과 위험

이처럼 인공지능에 법인격을 인정하는 것은 그다지 법적 편의성을 가져다주지 않을 뿐만 아니라 많은 비용과 위험을 야기하기도 한다.

우선 인공지능에게 법인격을 부여하기 위한 제도적, 물적 기반을 마련하기 위한 비용이 필요하다. 즉 인공지능에 법인격이 인정되기 위한 요건이나 절차, 법인격 인정의 범위 등을 규율할 법제가 만들어져야 하고, 무엇보다도 법인격이 인정되는 인공지능의 식별을 위하여 등록부 등의 공시방법이 마련되어야 한다. 법률효과 귀속의 실효성을 위하여 책임재산이 확보될 필요도 있는데, 인공지능을 법률효과의 귀속점으로 삼는 것은 사실상 유한책임 제도로 기능하여 배후의 자연인이나 법인이 면책되는 결과를 가져올 수 있기 때문이다. 이는 유럽의 많은 법학자들이 EU 의회의 전자인(electronic person) 도입 검토 권고안[54]에 대하여 반대하는 주된 이유의 하나이기도 하다. 그리고 마치 법인의 경우처럼 자연인이 인공지능 기관이 되어 법적 행위를 하도록 구성하는 방안도 제시될 수 있는데,[55] 당초 인공지능이 자율성을 갖고 스스로 동작한다는 점이 인공지능에 대한 법인격 부여 논의의 계기가 되었던 점을 고려하면 이는 자기모순이라고 하지 않을 수 없다.

두 번째로 인공지능에 대한 법인격 부여가 혁신을 위축시키고 불필요한 규제를 부과하는 측면을 간과할 수 없다. 인공지능은 결국 컴퓨터 프로그램으로서 인간과는 존재 및 행위 방식이 본질적으로 다르게 구성될 수 있다. 인공지능 기술이 결과적으로 인간과의 유사성을 추구하

**54** European Parliament resolution of 16 February 2017 with recommendations to the Commission on Civil Law Rules on Robotics (2015/2103(INL)).

**55** 김진우, 앞의 글, 39쪽.

는 방향으로 발전하는 양상을 보이는 것은 사실이다. 하지만, 주류적인 인공지능 기술은 어디까지나 산업적인 최적화 기술로서 더 나은 성능을 위해 인간과의 유사성은 얼마든지 포기될 수 있다. 그런데 인공지능에 법인격을 부여하게 되면 그에 적합한 특성을 구현하기 위하여 (혹은 이를 회피하기 위하여) 기술 발전의 방향이 경직되거나 왜곡될 수 있다. 예컨대 인공지능은 계층적, 중첩적, 또는 집합적으로 존재할 수 있고 그럼으로써 효용을 발휘할 수 있음에도, 권리의무의 귀속점이 확정될 수 없어 법인격이 부여되지 못한다는 이유로 그러한 인공지능의 개발이 악영향을 받을 수 있다. 그 밖에도 인공지능에 대한 법인격 부여의 요건과 절차를 마련하는 과정에서 행정상의 편의를 위하여 섣불리 분류 체계나 표준을 설정하려는 시도가 이루어질 수 있고, 조만간 그것이 과도하거나 불필요한 규제로 변질될지 모른다는 우려를 떨치기 어렵다. 당초 EU 의회 권고안 작성 과정에서 전자인에 대한 법인격 부여 및 책임재산 확보는 로봇세 부과의 아이디어와 밀접하게 연결되어 있었으나, 로봇세에 관한 내용은 산업계의 반대로 인하여 권고안에 포함되지 않고 법인격 부여에 관한 검토 부분만이 남게 된 것을 상기할 필요가 있다.

가장 큰 비용과 위험은 기존 법질서에 예상치 못한 충격을 가져올 수 있다는 점에 있다. 우리에게 익숙한 법인 제도가 확립되기까지 앞서 보았던 것처럼 장기간에 걸친 수용 및 기존 제도와의 조율 과정이 필요했다. 자연인의 이익과 활동을 전제로 한 법인조차 그러했는데 하물며 인공지능의 경우에는 더할 것이다. 법적 편의성이나 사회적 현실을 바탕으로 인공지능에 법인격을 인정하자는 주장은 그래도 비교적 온건한 편에 속한다. 최근에는 이를 넘어서 인간의 자유의지와 합리적 이성에 기반을 둔 기존 근대 법질서를 해체하고, 상호성과 대화성에 기반하여 권리 담론을 재구성한 하버마스의 논의를 확장함으로써 인공지능의 권리 주체성을 인정하려는 주장도 제기되고 있다.[56] 위 주장에 따르면 "인간 본성 자체에서만 인간 존엄성의 근거를 찾으려는 노력은 필연적으로 한계에 봉착한다. 인간은 바로 인간이기 때문에 존엄하다는 주장은 논리적인 모순을 내재하고 있을 뿐만 아니라 인간종족 중심주의에 빠질 위험성을 내포하고 있다. 탈근대적 권리 주체 및 주체성의 문제를 다루는 포스트휴먼 담론은 이러한 인간중심주의 및 종차별 주의를 넘어서고자 하는 논의의 지평을 열어준다."[57] 이러한 주장은 단순히 인공지능의 주체성을 인정하는 것에 그치지 않고, 권리와 정의 나아가 윤리와 덕(德)의 영역까지 아울러 새로운 기초를 놓으려는 포부를 담고 있으며, 그 중심에는 '타자와의 조우를 통한 인간다움의 성장'이라는 관념이 자리하고 있다. 이러한 관점에서는 인공지능의 법인격 인정이라는 주제는 인간이 현존할 수 있는 방식이나 인간 행위의 주체성이 다양화되는 '다-모드적 주체성(multi-modal subjectivities)'을 승인하는 이른바 '포스트휴먼 담론'의 일부인 동시에 비인간의 주체성을 다루는 '이차적 권리(second-order right)' 담론과도 연결되어 있는 것이다.

그러나 문제를 바라보는 시야의 넓이와 깊이, 정적이고 원자적인 접근으로부터 동적이고 구조적인 접근으로 나아가는 방법론의 혁신, 무엇보다 우리의 도덕적 직관을 찌르는 예리함에도 포스트휴먼 담론은 아직 실제 법제도에 반영되기에는 때이른 감이 있다. 우리 삶이 기대고 있는 제도들 대부분이 기초부터 흔들려 불안정해지는 것을 감수

**56** 정채연, 앞의 글, 118-119쪽.

**57** 한국인공지능법학회 편, 앞의 글, 48-50쪽(정채연 집필 부분).

해야 하는 근거가 아직 불충분하기 때문이다.

현재는 물론 미래에까지 투사하는 포스트휴먼 논의의 범위에 맞추어 소위 강인공지능(strong AI)이나 초지능(superintelligence)의 경우를 상정해 보면 그 위험은 더욱 두드러진다. 우선 기능주의적 관점에서 인간과 구별되지 않는 강인공지능이 현실화될 경우 인공지능의 법적 주체성을 이차적 권리에만 제한하려는 시도는 곧바로 인공지능과 이에 동조하는 자연인들의 저항에 부딛힐 것이다. 인공지능의 합리성이 인간의 수준에 제한된다고 볼 근거가 없는 만큼 인공지능에 대한 사법적 권리의 인정은 그들에게 부와 경제적 권력이 집중될 우려를 낳는다. 인공지능에게 공법적 권리까지 인정할 경우 사태는 더 심각해진다. 인간과 달리 인공지능의 생산에는 특별한 제한이 없으므로 공법적 권리에 차등을 두지 않는 오늘날의 민주주의 체제하에서는 인간이 소수자로 전락할 가능성이 크기 때문이다.

한편 초지능의 문제는 인공지능의 법인격 문제와 직접적인 관련은 없다. 인공지능이 인간의 수준을 현저하게 뛰어넘어 인간의 통제를 벗어날 경우 발생할 수 있는 존재론적 위험에 관한 논의이기 때문이다. 그러나 만약 초지능이 출현한다면 자신의 목적 달성에 도움이 되는 한 인공지능의 법적 주체성 인정론을 이용하려 할 것이며, 일단 주체성을 인정받게 되면 인간이 통제하기는 매우 어려워질 것이다. 초지능을 통제하기 위한 여러 가지 방법이 논의되고 있지만 안심할 만한 대안은 아직 없다.[58] 필자의 생각으로는 강인공지능과 초지능까지 염두에 둘 경

**58** Nick, Bostrom, *Superintelligence: Paths, Dangers, Strategies* (Kindle Edition), Oxford University Press, 2014: "A sovereign can neither be boxed nor handled through the domesticity approach."

우 인공지능에 대한 법인격 부여의 거부가 인간의 삶의 방식을 지킬 수 있는 가장 강력한 수단 중 하나이다. 다만 그러한 거부의 근거가 조악한 종족 중심주의에 그치지 않도록, 그래서 시민혁명을 통하여 어렵게 쌓아온 자유, 평등, 정의라는 근대의 소산들을 잃어버리지 않도록 지혜를 모을 필요가 있다.

(5) 소결론

책임 귀속에 관한 법적 불명확성의 해소 및 그에 따른 거래비용 절감이라는 법적 편의성을 확보하기 위하여 인공지능에게 법인격을 인정할 수 있다는 주장은 타당하지 않다. 우선 법적 편의성은 법인격 인정의 유일한 근거가 될 수 없다. 또한 인공지능에 대한 법인격 인정이 법적 편의성을 가져다줄 것이라는 주장도 근거가 불충분하다. 인공지능을 이용자의 도구로 취급함으로써 책임 귀속 문제를 보다 간명하게 해결할 수 있을 뿐 아니라, 표현대리의 법리를 유추적용함으로써 본인과 상대방 사이의 이해관계도 적정하게 조절할 수 있다. 인공지능에 대한 법인격을 인정할 경우, 오히려 이를 위한 제도적·물적 기반을 갖추기 위하여 상당한 비용이 들고, 혁신을 위축시킬 위험이 있으며, 무엇보다 기존 법질서에 미치는 충격이 상당할 것이다. 특히 근대 법질서의 해체와 재구성을 시도하는 것에는 가늠하기 어려운 위험과 비용이 존재한다.

## 맺음말

지금까지 인공지능에게 법인격을 인정할 수 있는지 여부를 속성 중심 접근법과 관계 중심 접근법의 관점에서 살펴보았다. 속성 중심 접근법과 관련해서는 오늘날의 인공지능이 지닌 자율성과 합리성이 인간의 법인격 인정의 바탕이 된 자유의지와 합리적 이성과는 다르거나 그에 미치지 못한다는 점, 그리고 의식이나 감정과 같은 속성은 법인격 인정과는 무관하다는 점을 확인하였다. 관계 중심 접근법과 관련해서는 인간 이외의 존재에 법인격을 부여하기 위해 요구되는 사회적 현실과 법적 편의성이라는 요소가 인공지능의 경우에는 인정되기 어려움을 확인하였다. 특히 인공지능에 대한 법인격 인정이 상당한 비용과 위험을 초래할 수 있다는 점도 알 수 있었다.

여기서는 인공지능에 대한 법인격 인정 여부의 문제를 가능한 한 폭넓고 깊이 있게 다루려고 했지만, 이 문제가 완전히 해결되었다고 할 수는 없다. 이는 인공지능 기술이 끊임없이 발전하고 있기 때문이기도 하지만 본질적으로는 법인격이라는 것이 실체라기보다는 의미의 문제이기 때문이다. 단지 이 글이 향후 이어질 논의를 위하여 보다 효율적이고 생산적인 토대가 되기를 바랄 뿐이다.

# 인공지능 시대와 미래 리터러시의 방향*

원만희** 김종규***

2차 산업혁명이 한창이던 20세기 초 체코의 극작가 카렐 차페크(Karel Capek)는 기념비적인 작품을 발표한다. 〈로숨의 유니버설 로봇(*Rossum's Universal Robots*, 이하, R.U.R)〉으로 알려진 이 작품 속에서 그는 새로운 기술시대를 맞이하고 있는 당대의 인류가 맞이할지도 모를 미래의 모습을 그려내었다. 카렐 차페크가 주목한 것은 자동화였다. 자동화는 인간의 핵심적 활동 중 하나인 노동과 밀접한 연관을 맺는다. 그는 새로운 이름 하나를 이러한 자동화와 연관하여 작품에 도입하였는데, 그것이 바로 '로봇(Robot)'이었다. 이 작품 속에서 '로봇'은 인간을 빼 박은 인조인간으로, 인간의 노동을 대신하기 위하여 제작된 로봇 회사 R.U.R의 제품이다.

* 이 글은《동서철학연구》제102호(한국동서철학회, 2021)에 실린 논문을 수정·보완한 것이며, 2019년도 대한민국 교육부와 한국연구재단의 지원을 받아 수행된 연구이다(NRF-2019S1A5A2A03043704).

** 주저자, 성균관대학교 학부대학 교수.

***교신저자, 울산대학교 교양대학 교수.

도민: 알퀴스트, 인류를 예속하던 노동을 없애려고 한 우리 꿈에는 아무 잘못이 없어요. 사람이 참아야만 했던 고통스럽고 끔찍한 노동. 더럽고 진절머리 나는 고역들. 그걸 없애려 했던 우리 꿈에는 아무런 잘못이 없습니다.[1]

작품의 등장인물인 도민의 대사를 통해 표현된 그 꿈은 지금도 여전히 생생하게 남아 있다. 얼마 전 '테슬라'의 일론 머스크는 이 꿈을 자신과 자신의 회사의 비전으로서 제시하였다. '테슬라'는 우리에게 전기자동차 회사로 알려져 있다. 하지만 일론 머스크에게 테슬라는 그저 자동차회사로 이해되고 있지는 않은 듯하다. 그에게 테슬라는 오히려 세계에서 가장 큰 '로봇공학 회사(Robotics company)'이다.[2] 그가 자동차 회사에서 로봇 회사로의 변신을 주장한 것이 아니다. 그에 따르면, 자동차 역시 바퀴 달린 로봇이며, 그것을 구성하는 다양한 첨단 디지털 기술들은 향후 인간을 닮은 형태(humanoid form)로 나아가게 될 것이다. 그리고 이 인조인간 로봇은 그간 인간이 수행해온 위험하고 반복적이며 지루한 과업들을 없애줄 것이다.

이와 같은 기능을 수행하는 데 있어 가장 어렵고 핵심적인 것은 세세하게 무엇을 해야 하는지에 대한 훈련 없이도 자신에게 맡겨진 임무를 이해하고 스스로 수행할 수 있는 능력을 기계적으로 구현하는 것이다. 이것이 바로 '추론 엔진(the inference engine)'의 역할이자 기능이며, 핵심 기술이 바로 '인공지능(Artificial Intelligence, 이하 AI)'이다. 추론 엔진의

1 카렐 차페크, 김희숙 옮김, 《로봇(*R.U.R.*)》, 모비딕, 2019, 121쪽.

2 일론 머스크, 테슬라봇 공개(Elon Musk REVEALS Tesla Bot). https://youtu.be/HUP6Z5voiS8 [최종 검색일: 2022.6.27.]

형태는 이미 다양한 방향에서 시도되고 있으며, 인간을 닮은 로봇은 이 흐름의 지향점이라 볼 수 있다. 로봇공학을 포함한 현대의 기술은 '인간 닮기'를 향해 가고 있다.[3]

## 디지털 혁명과 리터러시의 위기

인간을 닮아가는 기술의 흐름은 단지 외형적, 육체적 기능의 측면에서만이 아니다. 이미 그 흐름은 지능적 존재, 즉 '생각하는 존재'로서의 인간의 차원으로 심화되었다. AI 기술 자체도 그러려니와 AI를 기반으로, 인간의 다양한 행위들을 디지털 방식으로 전환(digital transformation)하려는, 즉 시뮬레이트하는 기술적 시도들이 그러하다. 여기서 필자가 주목하고자 한 것은 OpenAI의 'GPT-2'[4]라는 AI 글쓰기 프로그램이다. 이 프로그램은 인간의 '정신적 행위로서의 글쓰기'에 대한 디지털 전환의 실제 사례이다.

'GPT-2'의 개발은 전세계적으로 화제를 불러일으켰다. GPT-2는 인간 고유의 영역이자 활동이라 여겨졌던 글쓰기를 제대로 해내었다. GPT-2가 산출한 결과는 인간이 쓴 글과 비교했을 때 어느 쪽이 인공지능 프로그램의 산물인지 구분되지 않는다. 여기서 문제는 GPT-2가 그러한 글을 썼다는 것이 촉발시킬 수 있는 다른 가능성에 있었다. 인

**3** 인간을 닮은, 더 나아가 인간과 같은, 그리고 더 나아가 인간보다 뛰어난 로봇의 등장은 이미 카렐 차페크의 〈R.U.R〉이 그려낸 미래 모습이다. 이와 같은 로봇의 등장이 초래할 수 있는 노동 혹은 일이 없는 인간의 미래는 카렐 차페크도 일론 머스크도 모두 동일하게 지적하고 있는 바이다.

**4** GPT-2(Generative Pre-trained Transformer-2)는 OpenAI에서 만든 인공지능이다. 이 인공지능은 번역 및 작문을 할 수 있으며, 대화도 가능하다. 실제 GPT-2가 작성한 글은 인간이 작성한 글과 구분하기 어렵다.

공지능 글쓰기와 인간의 글쓰기가 구별되지 않는다면, 인공지능의 글쓰는 능력이 인간의 그것보다 더 뛰어나다면, 인간이 직접 글을 써야 할 필요성이나 이유가 사라질 수 있다. 자동화를 둘러싼 20세기의 우려가 육체를 넘어 정신을 대상으로 하여 현재의 버전으로 다시 대두된 것이다.

> '글쓰기'라는 기능(function)의 관점에서 인공지능과 인간 모두 하나의 범주로 묶이게 되었다. 생각하는 기계인 인공지능도 글을 쓸 수 있게 되었기 때문이다. 더욱이 이와 같은 범주화 속에서 인간의 사유와 글쓰기는 하나의 기능적 메커니즘으로, 효과성의 차원에서 이해될 수 있다. 이것이 바로 현재 생각하는 기계의 성장에 대해 인간이 대처하고 있는 단적인 모습이며, 이 모습 속에서 대체의 위험은 더욱 커질 수밖에 없다. 따라서 현재의 상황과 조건하에서 인공지능 글쓰기의 실용화는 인간의 실존 조건을 악화시킬 가능성이 높다.[5]

이와 관련된 논쟁을 넘어 GPT-2의 개발과 활용은 이제 디지털 전환의 관점에서 재검토될 필요가 있다. 만일 GPT-2를 일종의 추론 엔진으로 간주할 수 있다면, 우리는 GPT-2를 인간을 향하는 거대한 여정 중의 한 과정으로도 간주할 수 있다. 그러한 한 우리는 그 '글을 쓰는 로봇(Writing-bot)'의 수준에서 미래를 생각해야 할 것이다. 단순한 가능성 그 이상의 수준을 우리는 고려해야 할 수도 있다는 것이다.

**5** 김종규·원만희, 〈인공지능 글쓰기와 리터러시에 대한 실존적 고찰〉, 《한국동서철학연구》 제99호, 2021, 539쪽.

이 고려가 중요한 것은 글이 단지 의미를 전달하는 데 사용되는 소통의 도구적 수단에 불과한 것이 아니기 때문이다. 모든 문명의 성과를 포함하는 인간의 세계, 즉 문화 세계는 적어도 지금까지 문자를 기반으로 이루어져왔다고 해도 과언이 아니다. 문자(글)을 쓰고 읽는 능력, 즉 '리터러시(literacy)'가 중요한 것은 그것이 문자를 바탕으로 한 인간의 세계를 이해할 수 있는 사실상 유일한 방법이자 길이었고, 이후 전기, 전자 기술의 등장과 함께 급격히 변모하게 된 오늘날에도 여전히 인간 정신의 기본 소양 또는 교양으로 여겨지기 때문이다.[6]

이 글은 AI 글쓰기의 출현으로 상징되는 바, 디지털 전환의 흐름 속에서 우리가 처하게 된 리터러시의 위기 상황을 확인하고, 그 흐름에 대처해온 그간의 노력과 성과들을 분석해보고자 한다. 그런 다음 그 위기를 극복하기 위한 현실적 대안으로 AI 글쓰기에 대한 윤리적 대응의 가능성을 모색해보고자 한다.

## AI 글쓰기의 출현과 대응

### 1. 기술과 인간의 관계

산업혁명의 역사 속에서 우리가 뼈저리게 확인하는 사실은 우리가

6 '리터러시'가 가리키는 의미의 역사는 매우 깊다. 서양의 경우, 고대에는 '문학에 조예가 있는, 학식 있는 사람'으로, 중세에는 '라틴어를 읽고 쓸 수 있는 사람'으로, 종교개혁 이후에는 '모국어를 읽고 쓸 수 있는 사람'으로 정의되었다. 이후 근세 이래로는 '글을 읽고 쓸 수 있는 사람' 혹은 '문자에 기반을 둔 정보를 이해하고 활용할 수 있는 능력' 정도로 이해되고 있다. 2004년 유네스코는 리터러시를 '문자를 기반으로 한 자료를 활용해서 정보를 검색하고, 소화하고, 생산하고, 의사소통에 활용하는 능력'으로 정의하였고, 또한 2000년 OECD에서는 '일상생활, 가정, 직장, 공동체에서 자신의 목표를 설정하고 지식과 잠재력을 발전시키는 능력'으로 정의하면서 리터러시에 구체적인 능력과 행동 양식의 의미를 더 포함시켰다.

기술을 지배하고 통제한다는 믿음이 허구일 공산이 매우 크다는 점이다. 제조 과정에 기계를 도입하는 것은 일견 인간이 수행해온 노동을 보다 더 수월하게 해주는 조건으로 보이기도 하지만, 그 실제 과정은 전혀 그렇지 않은 것이었다. 제품 생산의 전 과정을 고려한다면, 기계와 인간의 존재 의미는 다를 바 없다. 다시 말해 공정에 투입되는 기계도 상품을 생산하며, 인간도 상품을 생산한다. 기계와 인간이 구현하는 의미의 동일성과 상품을 생산한다는 목적의 동일성은 그 두 존재자가 수행하는 과정 또한 동일한 기능으로 간주하는 결과를 초래하였다. 기계에 적용되었던 효율성 개념은 인간의 행위에도 적용되었으며, 이에 따라 인간과 기계는 공통된 기준하에서 비교될 수 있었다. 기계 도입의 초기부터 이 효율성의 우위는 줄곧 인간이 아닌 기계가 차지하였다. 따라서 제조 과정 전체에서 주(主)는 기계의 몫이 되었으며, 인간은, 도구를 장악하고 통제하던 수공업의 시대와 달리, 그러한 도구로 착각된 기계의 작동을 보조하는 역할을 맡게 되었다.

도구에 대한 인간 지배의 허구성은 비단 산업혁명 이후부터 명확해진 그 반대 경향, 즉 기술의 지배를 받고 있는 인간의 모습에서만 입증되는 것은 아니다. 여기서 주목해야 하는 것은 기술과 인간 사이에서의 '지배' 혹은 '통제'라는 관념을 사용할 때에는 이 둘 간의 일방적 관계가 전제되고 있다는 점이다. 특히 인간의 관점에서 기술에 대한 인간의 지배는 기술이 존재할 수 있는 조건뿐만 아니라 그것이 갖는 의미 모두 인간에 의해 결정된다는 것을 의미한다. 실생활의 많은 모습은 이를 방증하고 있는 듯 보이기도 한다. 사실 우리는 기술적 도구를 우리의 의지와 필요에 따라 사용하고 있는 것을 실시간으로 확인할 수도 있다. 하지만 그 순간에도 그 기술적 도구의 사용은 우리 삶의 방식을 우리의 의지와는 무관하게 변경하는 데 기여하고 있다. 우리는 컴퓨터를 우리의 필요와 의지에 따라 사용하기도 하지만, 컴퓨터를 사용하면서 컴퓨터를 사용하지 않았던 그 이전의 삶과는 전혀 다른 방식의 삶을 살아가야만 한다. 사용의 방식과 그 방식에의 익숙함 속에서 늘 잊히는 것은 우리가 우리 삶의 방식을 변경하기 위해 컴퓨터를 개발하고 도입한 것이 결코 아니라는 점이다.

기술과 인간의 관계를 매우 의미심장하게 보여주는 사례는 아마 거울이 아닐까 한다. 16세기 베네치아에서 판유리의 한 면에 수은을 발라 거울을 만드는 기술이 개발되었다. 사실상 인류가 처음으로 자신의 모습을 가장 선명히 볼 수 있는 기술이 개발된 것이었다. 이 기술의 개발로 인하여 거울은 더 이상 건축 자재라는 의미에 머물지 않게 된다. 기술의 개발을 중심으로 한 인간과 거울의 관계는 이후 방향이 반대로 바뀌었다. 거울을 통해 자신을 비춰볼 수 있게 된 인간은, 잘 알려진 것처럼, 자신 스스로를 성찰하는 방식에 대한 근본적 변경을 시도하여, '반성'을 유력한 자기 인식의 전략으로 삼게 된다. 이른바 서양 근대라는 새로운 시대가 열리게 된 것이다.[7] 이러한 의미에서 본다면, 렘브란트의 자화상에서 거울은 작품을 위한 단순한 장치로 이해되어서는 안 된다. 오히려 거울을 통한 자기 인식은 자화상이란 작품이 존재할 수 있는 근본적 토대이며, 이러한 점에서 인간의 새로운 자기 인식이라는 역사적 사건이 그 작품 속에 반영되어 있는 것이다. 기술은 우리가 사용하기 위한 것만이 아니라 우리 자신을 변화시키고 확장시키기도 한

**7** 루이스 멈포드, 문종만 옮김, 《기술과 문명》, 책세상, 2013, 196~200쪽 참조.

다.[8] 다시 말해 기술과 인간은 하나의 방향에서가 아니라 서로를 향하는 방향 속에서 상호적 관계를 맺는다.

하지만 우리는 여전히 통제라는 방식의 이해에 익숙하다. 일상의 경험과 그 익숙함은 본질적인 관계에 대한 이해에 매우 인색한 편이다. 우리 대부분은 기술에 대한 인간의 통제력을 당연한 것으로 인정하고 있으며, 이를 전제로 기술은 이해된다. 기술과 연관된 정책이나 교육 역시 이러한 전제 위에서 마련되고 있다. 인공지능 글쓰기 사례는 아마도 인공지능과 관련된 우리의 대처와 자세에 있어 가장 대표적인 사례일 것이다.

## 2. AI 글쓰기와 현재의 대응

인공지능의 활용은 교육 분야에서도 핵심 화두가 되고 있다. 물론 기술적 도구의 교육적 활용이 새로운 것은 아니다. 예를 들어 컴퓨터 및 관련 장치들의 도입은 교육환경과 교육방식의 변화를 촉진해오기도 하였다. 인공지능도 같은 맥락에서 이해되고 있는 것이다. 기존의 컴퓨터에 비하면, 인공지능의 기능은 매우 뛰어나다. 따라서 기술적 기능을 활용한다는 점에서만 본다면, 이 기술적 도구의 활용에 대한 교육적 기대는 클 수밖에 없을 것이다. 그리고 어쩌면 이 기능을 활용한 다양한 교육적 시도를 통해 수준 높은 교육성과를 산출해낼 수도 있을 것이다.

**8** E. 카시러는 이를 '역전회(Rueckwendung)'라 표현한다. 이 용어는 전회의 반대 방향을 표현하기 위한 것으로서, 기술과 인간이 서로에 대하여 일방적인 관계를 맺는 것이 아니라 상호적 관계를 맺고 있다는 것을 의미한다. E. Cassirer, "Form und Technik," *Symbol, Technik, Sprache, Aufsätze aus d. Jahren 1927-1933*, Hrsg. von Ernst Wolfgang Orth u. John Michael Krois, Hamburg: Meiner, 1985, pp. 70~71 참조.

이와 같은 기대와 가능성은 현재 여러 대학에서 인공지능을 활용한 다양한 교육적 시도를 촉진시키고 있다.

하지만 유의해야 할 것은 기술적 도구에 대한 인간의 통제 가능성은 이 기대 속에도 은닉되어 있다는 점이다. 결과나 성과를 떠나 기술적 도구를 교육에 활용하는 것 자체는 이미 그 도구를 통제할 수 있다는 점을 전제로 하고 있다. 이 전제 위에서 우리는 기술이 인간에게 미칠 수 있는 영향에 대한 고민보다는 기술적 도구의 활용을 통한 효과에 몰입하게 된다. 도구 활용의 결과와 무관하게 이 몰입은 어떤 의미에서 위험하다. 기술에 대한 인간 통제의 가능성에 대한 믿음에서 인간의 활동에 도입된 기술적 도구들이 인간이 수행해온 활동의 일부를 대신해왔다는 사실도 은닉되어왔기 때문이다. 특히 산업혁명 이후 목도되어온 것처럼, 인간에 대한 기술적 도구의 기능적 대체 정도는 기술 성장의 속도와 수준에 따라 가속화되고 있다. 이 흐름과 더불어 인간을 향해 가는 현대기술의 경향 속에서 이러한 사실의 은닉은 매우 심각한 문제를 발생시킬 수 있다. 따라서 우리는 특히 기술적 도구의 교육적 도입 및 활용과 함께 다양한 가능성에 대한 철저하고 광범한 성찰을 등한시해선 안 된다.

2019년 말 GPT-2의 전면 재공개 시기와 맞물려 서울 소재의 한 대학에서는 AI 대학 백일장(AI×Bookathon)으로 불린 인공지능 기반 글쓰기 대회가 열렸다. 학교 사업단과 도서관이 주관하는 등 학교 차원에서 진행된 이 인공지능 백일장에는 대회 참여 업체가 GPT 모델을 기술적으로 지원하였으며, 학생들은 3인 이상으로 구성된 팀 단위로 참가하였다. 대회 규정에 따르면, 각 팀은 하나의 완성된 문학작품을 작성해야 하며, 이 작성을 완수하기 위하여 각 팀은 아이디어 도출 외에 "데이

터 수집, 머신 러닝, AI 글쓰기 및 문장 다듬기를 통해 한 편의 문학작품을 완성"해야 했다.[9]

이 사례에서 확인되는 것은, 안타깝게도 우리의 교육 현장에서 그러한 성찰이 등한시되고 있다는 점이다. 이 등한시는 그 대학의 인공지능 글쓰기 이벤트가 GPT-2의 전면 재공개 시기와 맞물려 있다는 점에서 잘 드러난다. GPT-2의 문제는 기계가 생산해낸 글과 인간이 작성한 글 간의 차이가 뚜렷하지 않다는 데 있었다. 문자를 기반으로 구축된 인간의 사회에서 이 둘이 구분되지 않는다는 점은 매우 심각한 문제가 될 수 있다. 논란이 되었던 AI에 의한 가짜 뉴스의 생산이 대표적인 사례였으며, 이와 같은 문제 발생의 가능성으로 말미암아 OpenAI는 급기야 GPT-2의 중단을 선언하였다. 이러한 배경에서 GPT-2의 전면 재공개는 발생 가능한 문제들에 대한 심도 있는 검토와 충분한 안전성의 확보 이후 이루어져야만 하는 것이었다. 그렇지만 이러한 검토가 이루어져야 할 중단의 시간은 너무도 짧았으며, 재공개를 위해 제시된 이유 역시 불충분한 것이었다.[10] 이와 같은 사정이 대학 이벤트에서는 전혀 고려되지 않았다. 오히려 이 이벤트는 인공지능의 적극적 활용을 조건으로 제시하고 있을 따름이었다.

'글쓰기'에 있어서 인공지능은 펜과 같은 단순한 도구가 아니다. 'AI 글쓰기 및 문장 다듬기'라는 표현에서 알 수 있듯, 인공지능은 글을 쓰

**9** 김종규·원만희, 앞의 글, 534~535쪽.

**10** OpenAI가 재공개를 위해 밝힌 이유는 그저 오용의 가능성에 대한 증거가 강력하거나 명확하지 않다는 것이었다. 이것이 법적인 근거로는 유효할지는 모른다. 하지만 이것은 재공개의 이유로 현실에 제시되기에는 지나치게 소극적인 것일 따름이다. GPT-2의 결과물은 이미 일종의 튜링테스트를 통과한 것이었기 때문이다. 이러한 점에서 볼 때, OpenAI의 재공개는 GPT-2 활용의 정당성 근거로는 결코 충분한 것이 아니었다.

는 기능을 수행한다. 이것을 결코 단순하게 받아들여서는 안 된다. 참여한 학생들도 글을 쓰기 때문이다. 인공지능도 글을 쓰고, 인간도 글을 쓴다는 것은 매우 중요한 전제를 두고 있는 것이다. 이 둘은 같은 기능을 수행하며, 그러한 한 인간의 활동은 기계적 작용으로 이해될 수 있다. 이러한 전제는 제작의 과정에 기계가 도입된 산업혁명 과정에서도 확인되는 바이다. 인간의 육체적 활동은 기계적 기능으로 간주되었으며, 그러한 한에서 인간은 기계의 보조자가 되었다. 이러한 점에서 인공지능 글쓰기는 한 발 더 나아가 있는 것으로 보인다. 인간의 정신적 활동이 기능적으로 기계에 의해 대체될 수 있음이 명백히 드러났기 때문이다.

기술적 수준을 따지는 것은 점차 무의미해지고 있다. 인공지능이 현재 보여주는 기술적 성과 및 성장의 내용들은, 여전히 많은 사람이 갖고 있는 인공지능을 우리의 통제와 의지하에 안전하게 놓아둘 수 있다는 믿음에 대한 경고이다. 인공지능의 성장은 더 이상 인간이 인공지능에 강력한 통제력을 가질 수 있는 수준이 아니다. 특히 초기 성장 과정에서 확인되었던 사례처럼, 인공지능은 스스로 나름의 언어 규칙과 체계를 구축했다. 우리가 어떤 가치와 내용을 그것들에 학습시킨다고 해서 안전할 수 있다는 생각은 안일하고 위험하다.

인간의 글쓰기가 인간의 실존적 활동이라면, 기술에 대한 인간 통제의 가능성이 낙관적인 가정일 뿐이라면, 글쓰기에 대한 기능주의적 이해는 매우 심각한 문제 상황을 야기할 수 있다. 많은 종류의 인간 노동이 인공지능 기술들에 의한 기능적 대체의 위험에 직면하고 있듯이, 인간의 사고 활동 역시 동일한 위험에 직면할 수 있기 때문이다. 현재의 이러한 낙관적인 가정만 지속한다면, 글쓰기가 인간의 실존적 행위로서 이해되고 유지될 가능성은 점차 희박해지고 말 것이다. 이러한 위험을 극복하기 위해서는 그 낙관적 가정에서 벗어나야 한다. 그리하여 인간의 실존적 행위로서 리터러시의 올바른 의미와 중요성에 대한 인식을 다시 확인해야 할 필요가 있다.

글을 쓴다는 것은 인간에게는 생각한다는 것을 의미한다. 글쓰기는 생각을 이끌기 때문이다. 글쓰기는 결코 마음속에서의 생각을 기호학적 상징과 교환하는 행위가 아니다. 오히려 우리는 글을 쓰는 과정에서 다시 생각하고, 명확하게 생각하고, 더 오래 생각하고, 깊이 생각하고, 더 많이, 또 다르게 생각하게 된다. 우리 삶에서 중요한 생각을 이끌고 만들어내는 것이 다름 아닌 글쓰기이다. 타인과의 관계 속에서도 글쓰기는 생각과 밀접하게 연관된다. 인간은 자신이 처한 특유의 상황, 즉 주관적 생활세계 속에서 살아가면서도 언어를 통해 타인들과 또 자기 자신과 소통한다. 특히 '문자' 매체의 사용을 통해 열리는 추상 공간 속에서 타인들과 그 세계를 공유한다. 더불어 그 공간 속에서 인간은 자신을 낯설게 만듦으로써, 즉 타자화함으로써 자신을 반성적으로 성찰한다. 자신을 타자화하여 반성과 성찰의 대상으로 만들고, 이를 통해 자기 정체성을 묻고 또 다른 혹은 미래의 자신을 형성해가는 존재가 바로 인간이며, 이와 같은 자기 분열과 자기 투사(投射)야말로 인간 실존의 고유한 모습이라고 할 수 있다. 물론 이러한 실존적 의식은 순수 사유의 차원 혹은 말을 통해서도 생겨나고 유지될 수 있으나, 그것들의 시공간적 제약을 넘어서는 '글쓰기' 행위 속에서 이러한 실존적 의식은 더욱 선명해지고 확대되며, 심화된다. 글이 만들어내는 추상적 사유 공간 속에서 인간은 특유하게 자신을 그리고 함께 살아가는 타인들을 발견하고, 또 더 나은 미래를 향해 자신을 던지게 된다. 과거로부터 시작하여 현재를 경유하여 미래로 이어지는 자신의 정체성을 확보하고 이를 새겨 다시 미래로 향하기 위해서는, 즉 자신의 역사성을 담보하기 위해서는 문자로 인해 열리는 추상적 공간에서의 삶이 전제되어야 한다. 이러한 추상적 삶은 다시 '문화' 혹은 '문화적 실천'으로 구현되고, 그 속에서 각 개인은 자신의 구체적 삶을 추동하게 된다. 따라서 글쓰기를 포기하는 것은, 아니 글쓰기를 인공지능에게 맡기는 것은 궁극적으로 이러한 추상적 사유 공간에서의 삶, 즉, 사유하는 삶을 포기하는 것이다. 그리하여 문화적 삶을, 나아가서 인간 고유의 실존적 삶을 포기하는 것이다. 글이 갖는 인간학적, 실존적 의미는 인공지능이 글을 쓸 수 있는 바로 이 시대에 더욱 중요해진다. 글이야말로 인간이 사유하는 주체로서 살아감에 있어 토대적 역할을 하기 때문이다. 문화(文化)라는 말이 함의하듯이, 글(文)은 인간이 인간으로 성장하고 존재하기 위한 근본적인 조건으로 이해되어왔고, 앞으로도 그러할 것이다. 만일 인간으로 되는 데, 다시 말해 글을 쓰는 일이 인간이 자신을 찾고 미래의 자신을 형성해가는 데 있어 근본적인 조건이라면, 인간에게 있어 글쓰기의 상실은 곧 인간 존재로서 존립 가능성의 상실을 뜻하게 된다. 그리고 바로 이러한 의미에서, 글을 쓴다는 것은 인간의 자기 정체성의 조건으로 이해된다.[11]

## 인공지능 시대의 인간과 기술 관계의 원칙

인간이 기술을 창안해내지만, 나중에는 그 기술이 인간을 변모시키게 되는, '인간과 기술의 되먹임 관계'를 고려한다면, 어떠한 기술의 도

**11** 김종규·원만희, 앞의 글, 541~542쪽.

입에 있어서 그 성격과 미래의 결과에 대한 성찰이 동반되어야 한다. 이러한 성찰 없이 이룩한 기술적 성과의 활용에만 몰두할 경우, 예기치 않은 비극이 초래될 수 있다. 인공지능 글쓰기의 경우에도 예외는 아닐 것이다. 특히 인공지능 기술이 갖고 있는 높은 활용 가능성은 그 성과 활용에 대한 기대감을 크게 증폭시키고 있는 실정이다. 기술의 인간학적 의미와 활용 범위에 대한 고려와 함께 그 활용의 가능성을 모색할 때 비극의 초래를 막을 수 있다.

우리는 이미 리터러시를 인간 실존적 행위로서 규정하였으며, 이 규정은 디지털 전환의 시대에 더욱 유효한 것이다. 리터러시를 인간의 실존적 활동으로 규정하는 일은 한편으로는 그 활동의 고유한 의미와 가치를 배타적으로 유지하기 위해 이 시대에도 인공지능의 활용을 제한해야 한다는 의미를 가진다. 다른 한편으로는 그 활동의 의미를 확장하기 위하여 리터러시에 있어 인공지능과의 협력 가능성 제고의 의미를 갖기도 한다. 이러한 이중적 의미를 이해하는 것은 모든 기술의 도입에 있어 반드시 선행되어야 할 점이다. 그렇지 않을 경우 무분별한 기술의 도입과 활용은 자칫 인류의 문화 나아가서 생존 그 자체에 매우 심각한 영향을 미칠 수도 있다.

인공지능 기술 이전 인류에게 영향력이 큰 핵심 기술들 중 하나였던 유전공학 및 생명과학기술과 관련하여 유네스코에서 수행된 〈인간게놈과 인권에 관한 보편선언〉(1997) 및 〈생명윤리와 인권에 관한 보편선언〉(2005)들은 바로 이러한 점에서 우리에게 시사하는 바가 크다. 특히 리터러시와 관련하여 미래 리터러시를 위한 가능성 조건을 기초적으로 마련해야 할 시점인 우리로서는, 이와 같은 선행 고찰들 속에서 미래의 모든 시도를 위한 기초적 토대를 미리 검토해볼 필요가 있다.

### 1. 〈인간게놈과 인권에 관한 보편선언〉과 〈생명윤리와 인권에 관한 보편선언〉을 통해 본 인간과 기술 관계의 원칙

유네스코 총회에서는 1997년과 2005년에 인간의 유전자 연구 및 기술 관련 선언을 각각 채택하였는데, 이것이 바로 〈인간게놈과 인권에 관한 보편선언〉과 〈생명윤리와 인권에 관한 보편선언〉이다. 잘 알려진 것처럼, 유네스코 차원에서 이 두 선언이 채택된 것은 유전자 기술이 인류사회에 심각한 문제를 발생시킬 수 있다는 데 대한 우려 때문이었다. 더욱이 그 우려는 특정 국가가 아닌 인류 전체와 관련되는 것이었다. 이 과학기술의 영향력에 대한 인류 차원의 대처가 요구되었으며, 이에 유네스코는 유전자 기술에 대한 국제적 차원의 조처와 대응 방안을 선언을 통해 담아내고자 하였다.

이 두 선언 모두 과학기술의 연구와 성과를 부정하지 않는다. 오히려 두 선언은 모두 유전자 연구의 자율이 보장되어야 한다는 점과 관련 기술이 갖는 유용성 역시 인정하고 있다. 하지만 그 인정이 무제한적인 것은 아니다. 기술은 인간뿐만 아니라 그의 삶이 펼쳐지는 공간인 사회와도 밀접히 연관되어 있기 때문이다. 이러한 까닭에 무제한적 인정은 이 연관성을 깨뜨릴 수 있다. 이 연관성이 깨질 때, 인간 삶의 공간은 기술의 유용성을 입증하는 장이 될 수도 있다. 따라서 인간과 기술 간의 연관성 상실과 기술적 유용성에 대한 제한 없는 인정은 그 유용성의 배면에 놓인 대가에 대한 감당할 수 없는 책임을 우리 스스로에게 지울 수 있다. 따라서 우리는 늘 기술에 대한 경계를 늦추어선 안 되며, 그 경계의 일환으로 기술과 인간의 올바른 관계에 대한 끊임없는 반성을 이어가야 한다. 특히 기술의 영향력이 커지는 만큼 그 필요성 역시 커질 수밖에 없다. 선언문이 채택될 무렵의 유전자 기술은 이와 같은 경계와 반성이 요구되었던 당대의 기술이었다. 따라서 유네스코는 일종의 가이드라인 제시를 통해 유전자 기술과 관련된 기술과 인간의 관계를 설정하고자 하였으며, 그 결과가 바로 이 두 선언문인 것이다.

유전자 기술과 관련하여 기술과 인간의 관계를 설정하고자 하는 이 두 선언은 그 목적의 공통성에 기인하여 동일한 전제를 도입하고 있다. 그것이 바로 '인간의 존엄성'과 '인권'이다.

> 모든 사람은 유전적 특질에 관계없이 존엄과 인권을 존중받을 권리를 가진다.[12]

> 국제 인권법에 따라 인간 생명과 기본적 자유에 대한 존중을 보장함으로써 인간존엄성에 대한 존중을 촉진하고 인권을 보호한다.[13] 인간존엄성, 인권, 기본적 자유가 전적으로 존중되어야 한다.[14]

이 두 선언 모두에서 '인간의 존엄성과 인권'은 근본적이고 기본적인 가치로서 규정되고 있다. 눈여겨볼 것은 인간의 존엄성과 인권에 대하여 이 두 선언이 매우 적극적이라는 점이다. 인간이라면 누구나 으레 지닌 가치로서의 의미뿐만 아니라 그 의미와 가치 자체도 보장해야만 한다는 것을 강조하고 있다. 선언의 항목들이 갖고 있는 성격은 인간의 기본적 가치로서의 존엄성, 인권과 기술의 관계에 대한 서술 속에서 더

**12** 〈인간게놈과 인권에 관한 보편선언〉 제2조 1항.

**13** 〈생명윤리와 인권에 관한 보편선언〉 제2조 3항.

**14** 〈생명윤리와 인권에 관한 보편선언〉 제3조 1항.

욱 강력하게 표현된다.

> 과학적 연구 자유의 중요성 그리고 과학 및 기술의 발달에서 발생되는 이익을 인정하는 한편, 연구 개발이 이 선언에 명시된 윤리적 원칙의 틀 안에서 이루어져야 할 필요와 인간존엄성, 인권 및 기본적 자유를 존중할 필요를 강조한다.[15]

인간의 존엄성과 인권은 기본적인 가치이다. 이것은 인간과 관련된 어떠한 논의도 이 가치와 무관할 수 없음을 의미한다. 기술과 인간의 관계 역시 그 출발점은, 두 선언이 보여주듯, 인간의 존엄성과 인권이어야 한다. 이러한 의미에서 인간의 존엄성과 인권은 그 어떤 것보다 우선하는 가치로서 인간과 기술의 관계를 설정하는 데 있어, 특히 기술의 의미와 가치에 대한 모든 평가에 있어 근본적이고 보편적인 원칙이 된다. 물론 자유로운 연구는 보장된다. "지식의 진보에 필수적인 연구의 자유는 사상의 자유의 일부"라는 점에서 그러하다.[16] 하지만 이 자유 역시 인간의 존엄성과 인권의 가치에 우선할 수 없다. 어떠한 기술도 이 우선적 가치에 반할 수 없으며, 이 원칙에 한에서만, 기술의 연구와 활용이 가능하다. 이 점은 〈인간게놈과 인권에 관한 보편선언〉에서 보다 분명하게 기술된다.

> 특히 생물학, 유전학, 의학 분야에서 인간 게놈에 대한 어떤 연구나

**15** 〈생명윤리와 인권에 관한 보편선언〉 제2조 4항.

**16** 〈인간게놈과 인권에 관한 보편선언〉 제12조 2항.

> 그 응용도 개인, 집단, 또는 국민의 인권, 기본적 자유, 그리고 개인의 인간존엄성에 대한 존중에 우선해서는 안 된다. … 인간존엄성에 반하는 행위, 즉 인간 복제 따위는 결코 허용하지 않을 것이다. … 인간게놈에 관한 생물학, 유전학 및 의학에서의 진보로 인한 이득은 각 개인의 존엄성과 인권이 적절하게 고려되는 가운데 모두가 이용할 수 있어야 한다.[17]

기술에 대한 연구와 개발은 인간의 존엄성과 인권이라는 대원칙하에서만 제한적으로 인정될 따름이다. 물론 이 선언의 항목이 규정하고 있듯이, 기술적 진보의 결과와 이득을 인간 모두가 이용할 수 있음은 분명하다. 그렇지만 이 이득의 크기가 제아무리 크더라도, 그 성과가 인간의 존엄성과 인권을 구성하는 어떤 조건을 위배하거나 침해해서는 안 될 것이다. 하지만 여기서 유의해야 할 것은 이 대원칙이 소극적인 것이어서도 안 된다는 점이다. 이와 같은 위배와 침해가 이미 이루어진 후 사후약방문식의 대응은 또 다른 위배와 침해의 가능성을 열어둘 수 있기 때문이다. 이러한 점에서 어떠한 기술이 인간에 대하여 미칠 수 있는 이와 같은 위배와 침해의 가능성에 대해서도 우리는 매우 적극적이고 기민하게 대처해야 할 필요가 있다. 그리고 이와 같은 가능성에 대한 대처는 대원칙이 인간의 존엄성과 인권인 한에서 정당화될 수 있다.

실제로 우리나라에서도 이미 인공지능 기술에 대하여 인간의 존엄성과 인권이라는 대원칙을 도입하여 적용하고 있다. 2019년 10월 23일

**17** 인간게놈과 인권에 관한 보편선언 제10조~제12조.

한국인공지능윤리협회(Korea Artificial Intelligence Ethics Association)에서 제정 발표된 〈인공지능 윤리 헌장(The AI Ethics Charter)〉에 따르면, "인공지능은 인간의 존엄성과 인류 보편의 가치를 존중해야 한다"(제1장 제2조). 이 밖에도 2020년 12월 정부 관계부처 합동으로 발표된 〈사람이 중심이 되는 '인공지능[AI] 윤리기준'〉에서도 인공지능과 인간의 관계가 이 대원칙하에서 규정되고 있다. 먼저 이 발표의 서문에 따르면, "본 윤리기준은 '사람 중심의 인공지능' 구현을 위해 지향되어야 할 최고 가치로 '인간성(Humanity)'을 설정하고 있다. 이는 아래와 같은 사실을 의미한다. 모든 인공지능은 '인간성을 위한 인공지능(AI for Humanity)'을 지향하고, 인간에게 유용할 뿐만 아니라 나아가 인간 고유의 성품을 훼손하지 않고 보존하고 함양하도록 개발되고 활용되어야 한다."[18] 이와 같은 원칙은 그 서문에 이어지는 인공지능 윤리기준의 3대 기본원칙과 10대 핵심 요건에도 명확히 적시되어 있다. 인공지능 개발 및 활용 과정에서 고려될 원칙을 다룬 3대 기본원칙의 1항은 '인간존엄성 원칙'으로서 "인공지능은 인간의 생명은 물론 정신적 및 신체적 건강에 해가 되지 않는 범위에서 개발 및 활용되어야 한다." 또한 10대 핵심요건의 1항은 '인권보장'으로서 "인공지능의 개발과 활용은 인간의 권리와 자유를 침해해서는 안 된다"는 것이다.

이제 남은 것은 이러한 윤리 선언과 윤리 헌장 등을 과연 'AI 글쓰기'에도 적용할 수 있는가, 가능하다면 어떤 방식으로 할 것인가를 살펴보는 일이다.

**18** 〈사람이 중심이 되는 '인공지능 윤리기준'〉 https://kaiea.org/aicharter [최종 검색일: 2021.9.7.]

## 2. 인간과 기술관계의 원칙과 AI 글쓰기

2016년 유럽 리터러시 정책 네트워크(이하 ELINET)는 유럽연합(EU) 회원국들에게 모든 사람이 나이와 성별 등 어떠한 조건과 상관없이 리터러시 능력의 습득을 위한 기회가 보장되어야 함을 요구한 바 있다. 그리고 이 요구는 11개의 항목으로 구성된 〈읽고 쓰는 역량에 대한 기본권 유럽선언(Europäische Erklärung des Grundrechts auf Lese-und Schreibkompetenz)〉으로 발표되었다. 이 선언에서 우리가 주목해야 할 것은 리터러시가 '인간 전 생애 동안의 기본권(die Literalität als Grundrecht über die gesamte menschliche Lebensspanne)'[19]으로 규정되어 있다는 점이다. 아쉽게도 이 선언에는 이에 대한 근거가 자세히 설명되어 있지는 않지만, '모든 형태의 학습에 절대적인 전제조건(unabdingbare Voraussetzung für jede Form von Lernen)'이 읽고 쓰는 능력, 즉 리터러시라는 점은 명확하다. 따라서 인간의 기본적 권리를 보호하기 위하여 리터러시 역량의 학습을 위한 모든 노력이 경주되어야 함을 이 선언의 항목들은 강조하고 있다.

그런데 과연 리터러시가 인간의 기본권에 속하는 것일까? 위의 ELINET 선언에는 빠져 있는 바, 리터러시가 기본권에 속하는 역량이라고 말할 수 있는 근거는 다음과 같다. 리터러시는 지금까지 인간들이 자신의 주변세계 안에서 서로를 이해하고 나아가서 세계 자체를 이해하고 또 고유의 정신세계를 형성하는 수단이 되어왔다. 인간의 '문화'

**19** 다음을 참조할 것. Karin Kulmer, Redaktion/CONEDU, "Europäische Erklärung des Grundrechts auf Lese-und Schreibkomptenz(읽고 쓰는 역량에 대한 기본권 유럽선언)," ELINET, erwachsenenbildung.at(2016. 6. 20.) https://erwachsenenbildung.at/aktuell/nachrichten/10040-europaeische-erklaerung-des-grundrechts-auf-lese-und-schreibkomptenz.php [최종 검색일: 2022.6.27.]

는 그 대표적 산물이다. 인간을 포함한 세계의 이해와 형성의 수단으로서 리터러시는 사유를 전제로 기능한다. 문자와 말이 형식(media)이라면, 기록되고 발언되는 것, 즉 내용(content)은 인간의 사유(사고, 생각)이다. 소리를 문자로 적을 수 있게 된 이래로 리터러시는 주로 문자를 사용해서 생각을 주고받는 일 또는 능력을 통칭하는 용어가 되었다. 인간의 생각은 리터러시라는 환경에서 전달, 수용되고 나아가서 확대되기도, 심화되기도, 새로워지기도 하면서 이어져왔다. 리터러시는 비가시적인 인간의 사유가 객관적, 공적으로 교환될 수 있는 '장'을 열어주었고, 그 결과 '문화'가 형성, 발전되었다. 당연히 문화 형성과 창달의 요체는 사유이며, 그 사유는 리터러시라는 '터'에서 자라난 귀중한 열매인 것이다. 결국 리터러시가 뒷받침되지 않으면 인간의 사유는 개인의 머리(마음) 속에만 거주하는 사사로움(privacy)에 그치고 말 것이다. 리터러시를 기반으로 개인의 사유는 타인에게 전달되고, 수용되며, 그 상호과정 속에서 개인의 사유는 명료해지고 심화된다. 그리하여 또 다른 사유를 불러일으키고, 타인과의 상호작용 속에서 사유의 섞임과 융화를 통한 새로운 사유 체계의 발전을 이루어왔다. 장구한 시간에 걸친 이 같은 과정을 통해 이어져온 것이 우리 인간만이 이룩하고 또 공유하게 된 역사요, 문화세계인 것이다. 이 역사와 문화세계의 일원이 될 수 없다면, 그 존재는 인간이 아니다. 인간을 더욱 인간답게 만드는 '교육'의 기본이 '리터러시 함양'인 이유도 바로 여기에 있다.

이제 리터러시가 어째서 인간의 기본권에 속하는지가 밝혀졌다. 그것은 '리터러시의 함양'이야말로 역사와 문화 세계의 일원이 되는 선결조건이기 때문이다. 사유할 수 있기에 존엄한 것이 인간이라면, 그리고 인간을 '사유 주체'로 만들어주는 기반이 리터러시라면, 그것을 인간의 기본권에 속하는 것으로 볼 수 있지 않을까?

이상의 논의가 받아들여질 수 있다면, 다음 단계로 나아가고자 한다. 필자가 이 글에서 궁극적으로 주장하려는 것은 다음이다: AI 글쓰기의 실용화가 눈앞에 다가온 이 시점에서 저 '유전자 기술에 대한 보편 선언들'의 정신을 살리고 또 앞에서 언급한 '인공지능 기술에 대한 윤리 헌장과 기준'을 보다 구체화하는 형태의 'AI 글쓰기에 대한 윤리적 결단'이 필요하다. ELINET 선언이 말하듯이 리터러시가 인간의 기본권에 속하는 능력이라면, 이 윤리적 결단의 필요성은 디지털 전환이 초래하는 작금의 리터러시 위기 상황에서 더욱 분명해진다.

〈인간게놈과 인권에 관한 보편선언〉은 인간 복제를 결코 허용하지 않을 것을 천명한다. 그 이유는 그것이 '인간존엄성에 반하는 행위'이기 때문이다. 그럼 AI 글쓰기는 어떠한가? 이것은 '인간의 존엄성에 반하는 행위'에서 자유로운가? AI 글쓰기가 인간의 글쓰기를 대체하는 수준으로 만연하면 어쩔 것인가? 우리는 인간복제의 경우처럼 인공지능 글쓰기에 대한 적극적이고 강력한 입장과 태도를 취해야 한다. 왜냐하면 인간의 글쓰기를 인간 고유의 실존적 행위로서 이해하는 한, 그것은 인간의 존엄과 정체성을 훼손할 수 있기 때문이다. 물론 그러한 대체는 아직 현실화되지 않은 미래의 희박한 가능성으로 치부될 수 있다. 인간 복제기술이 초래할 수 있는 혼란 상황과 인공지능 기술이 초래할지 모를 그것과 직접 비교하기란 쉬운 일이 아니다. 하지만 현재 비약적 발전을 거듭하고 있는 인공지능 기술의 현주소를 제대로 인식하고 평가한다면, 그리고 유전공학 기술과 달리 AI 프로그램의 용이한, 무한 복제 가능성을 고려한다면 그에 대한 우리 결단의 필요성은 더욱 절실하다. 지금부터 우리는 AI 글쓰기가 인간의 존엄성과 인권에 반하지 않을 수 있는 가이드라인을 적극적으로 고려해야 하며, 선제적으로 도입할 필요가 있다. 그리고 이를 통해 리터러시 영역에서의 인공지능 기술의 활용 및 적용 범위와 한계를 명시적으로 규정할 필요가 있다.

## '리터러시와 인권에 관한 교육선언'의 필요성

AI 글쓰기는 분명 인공지능 기술의 활용 맥락 위에 놓여 있다. 이 맥락을 고려할 때, 어쩌면 AI 글쓰기와 인권에 관한 보편선언은 불필요할 수도 있다. 같은 맥락 위에서 인공지능에 관한 기존의 선언들은 인공지능 글쓰기에도 동일한 효력의 가이드라인을 설정하는 것이나 다름없다고 볼 수도 있기 때문이다. 하지만 이 보편선언에 대한 논의에 있어 보다 더 우선적으로 고려되어야 할 것은 AI 글쓰기가 인간 사회에 초래할 변화 그리고 리터러시 자체의 정체성이다. 대부분 세인의 관심은 전자일지 모르나 필자가 이 글에서 심각하게 고려하고자 하는 것은 후자이다.

AI 글쓰기가 다수에 의해 보편화된다면, 리터러시는 더 이상 인간만의 고유한 활동이나 능력으로 여겨지지 않을 것이다. 또 리터러시가 단지 정보를 전달하고 수용하는 '소통 기능'으로 환원가능하다면, 이 기능을 기계적으로 대체하는 것은 기술적으로 어려운 과제가 아닐 수도 있다. 결과의 측면만을 본다면, 인공지능 기술의 발전에 따라, 인간의 글쓰기와 AI 글쓰기는 구별되지 않기 때문이다. 그러나 과정의 측면을 고려하면 얘기는 크게 달라진다. 인간은 고독하고 힘든 '사유의 과정'을 거쳐서 하나의 '글'을 만들어내지만, AI가 쓴 글에는 그런 과정이 없다. 그것에는 기존에 쓰인 수많은 글로부터의 반복학습, 즉 '패턴 인지

(pattern recognition)'만이 존재한다. 그에 따른 기계적 어휘 선택과 문장 산출의 반복이 있을 뿐이다. 그렇다고 AI의 글이 어색하다거나 질이 떨어진다는 것이 아니다. 분명히 프로그램의 수준에 따라 인간의 글보다 AI의 글이 훨씬 더 나을 수 있다. 바로 그것이 문제이다.[20]

더욱이 리터러시의 역사적 문화적 의미를 간과해서도 안 될 것이다. 글을 읽고 쓰는 행위는 인간이 해도 되고 기계가 해도 무방한 '소통 기능'에 그치는 것이 아니다. 인간은 리터러시를 기반으로 그의 고유한 세계를 구성하고 펼쳐내왔으며, 인간의 역사 속에서 후대를 인간으로서 성장시켜왔다. 살아 변모하는 문화세계 속에서 거주할 수 있는 권리는 사유주체로서의 인간에게만 허용되어야 한다. 문화라는 개념이 본래 인간 고유의 것이기도 할 뿐더러, 사유를 통해서 인간은 끊임없이 스스로를 성찰하며, 또 다른 스스로를 향하여 나아가기 때문이다. 그 속에서 인간의 모든 가치와 목표가 싹트고, 자라났다. 인간 고유의 정신세계는 그렇게 형성, 계승되어온 것이다. 리터러시에 기반을 둔 '실존적 인간학'이 보장되지 않으면, 그리하여 인공지능 기술에 의해 리터러시 영역마저 대책 없이 허물어진다면, 대다수의 사람들이 더 이상 깊이 생각하고 성찰하고 고민하고 변화를 모색하지 않을 것이다. 그리고 인간의 풍부한 정신세계는 이제 후대로 창달되지 않거나 몇몇 소수만

**20** 현재 학습 수준이 기존에 쓰인 수많은 글로부터의 반복학습, 즉 '패턴 인지(pattern recognition)'에 기초해 있는 것은 분명하다. 하지만 페이스북의 챗봇 훈련 과정에서 발생하였던 '고유 언어 자발적 개발'의 사례도 염두에 둘 필요가 있다. AI 글쓰기가 그저 글쓰기 과정의 부분적 수고로움을 덜어주는 정도의 역할에 그치지 않을 수도 있다는 점을 우리는 결코 놓쳐서는 안 될 것이다. 구본권, "인공지능, 목적 이루려 스스로 언어 개발…사람은 이해 못해", 한겨레신문, 2017.6.27. 참조. https://www.hani.co.kr/arti/economy/it/800264.html#csidxf66d2770f5e4cda9e 8ca8c7eae36c01 [최종 검색일: 2022.6.27.]

의 전유물로 한정될 것이다.

리터러시에 대한 이와 같은 실존적 이해가 없다면, 인공지능이 수행하는 글쓰기는 인간의 존엄성과 인권과 무관한 하나의 노동으로 이해될 수 있다. 따라서 인공지능에 대한 기존의 선언들은 인공지능 글쓰기에 대한 가이드라인으로 충분하지도 절실하지도 않다. 이제 우리는 AI 글쓰기 가이드라인을 다시 구체적으로 설정해야만 한다. 여기서의 구체성과 절박성은 리터러시가 갖는 영향력의 범위와 연관된다. 인간의 정신, 문화 세계를 더욱 발전시키고 또 창달하기 위해서 리터러시와 밀접한 관계를 맺고 있는 인간 문화의 구체적 영역인 학계와 교육계는 과감한 윤리적 결단을 준비해야 한다. 리터러시의 기반이 허물어질 경우 새로운 학문 발전이나 문화 발전은 요원해질 것이며, 후속세대로의 창달은 더욱 희미해질 것이기 때문이다.

우리는 앞서 살펴본 한국인공지능윤리협회의 〈인공지능 윤리 헌장〉과 정부의 〈사람이 중심이 되는 '인공지능[AI] 윤리기준'〉을 참고해볼 수도 있다. 이 선언들은 기술과 인간의 존엄성과 권리의 관계에 대한 중요한 원칙을 담고 있지만, 산업계를 중심으로 인공지능 기술의 사회경제적 활용을 그 주된 대상으로 하고 있다. 또한 ELINET의 〈읽고 쓰는 역량에 대한 기본권 유럽선언〉은 리터러시와 인간존엄성 사이의 연관성은 담고 있으나, 우리가 문제로 삼고 있는 AI 글쓰기와는 직접적인 연관이 없다. 더욱이 리터러시가 왜 인간의 존엄성과 연관되는지에 대한 뚜렷한 근거도 제시하고 있지 못하다. 따라서 이 선언들을 그대로 학문 및 예술, 교육의 영역에서의 가이드라인으로 삼기에는 한계점이 존재한다. 인공지능 기술 활용 범위의 포괄성에서 그리고 활용 결과의 심층성에서 그러하다.

이러한 점에서 필자는 미래 리터러시 교육을 위한 AI 글쓰기의 활용과 관계된 구체적 가이드라인의 설정에 앞서 디지털 전환의 시대에 조응할 수 있는 '리터러시 및 그 교육에 관한 윤리적 선언'을 먼저 마련해야 할 필요가 있다고 본다. 리터러시의 본질적 의미에 기초를 둔 리터러시 교육의 원칙과 그 미래상이 제시되고, 이에 기초하여 AI 글쓰기의 활용 방안 및 지침들이 모색될 때에만, 미래 리터러시 교육의 가이드라인도 올바르게 설정될 수 있을 것이기 때문이다. 지금까지의 논의를 감안한다면, 우리가 마련해야 할 선언은 아마도 〈리터러시와 인권에 관한 교육선언(Educational Declaration on the Human Literacy and Human Rights)〉 정도로 표현해볼 수 있을 것이다.

물론 이와 같은 교육선언이 몇몇 사람의 생각만으로 만들어져 제시되어서는 안 될 것이다. 특히 인간 존재에 대하여 갖는 리터러시 및 리터러시 교육의 중요성에 비추어 볼 때, 〈리터러시와 인권에 관한 교육선언〉은 반드시 다양한 협력과 참여 그리고 숙고의 결과로서 탄생되어야 한다. 다만 이와 같은 협력과 참여 그리고 숙고가 보다 효과적으로 이루어질 수 있도록, 선언의 주요 항목들에서 다루어져야 할 기본적 방향 정도는 간략히 개관해 볼 수 있을 것이다.

잘 알려진 것처럼, 선언문은 대개 동일한 형태로 작성되지는 않는다. 오히려 각각의 선언문은 저마다의 독특한 형태와 형식으로 작성되는 것이 일반적이다. 그렇지만 선언문이 담아내야 할 기본적 내용들이 존재하며, 이에 서로 다른 형식들 속에 기본이 되어야 할 내용들이 담기게 된다. 내용의 측면에서 참고할 수 있는 선언문들은 대개 세 가지 항목으로 나누어 볼 수 있는데, 먼저 선언의 목적과 방향을 담고 있는 총칙 항목, 각 선언과 관련된 핵심적인 내용을 담고 있는 규칙 항목, 선언의 실질적 이행과 촉진을 위한 국내 및 국제적 협력과 연대를 촉구하는 협력선언 항목 등이 그것이다. 물론 이와 관련하여 〈리터러시와 인권에 관한 교육선언〉에 담길 세부적인 내용들은 참여자의 협력과 합의를 통해 구성되어야 할 것이다. 하지만 이 내용들 모두는 인간의 존엄성과 인권이라는 대원칙과 리터러시 간의 상관성에서 연원되어야 한다는 점과, 인간의 실존적 조건으로서의 리터러시의 의미를 담아내야 할 것이다.

## 맺음말: 미래 리터러시를 위한 결단과 참여를 촉구하며

네덜란드의 유명한 건축회사인 MVRDV[21]는 암스테르담의 명품거리에 자리한 명품 매장 샤넬숍의 재건축을 진행하면서 자신들이 수행한 결과를 '시적 혁신(poetic innovation)'이라 명명한 바 있다.[22] 이들이 건축주에게 요청받은 것은 기존의 건물을 샤넬 명품을 전시하고 판매하는 데 적합한 용도로 재건축하는 것이었다. 이들은 건축주의 요구를 수용하였지만, 다른 한편으로 이들은 건축주에게 자신들의 요구를 제안하고 관철시켰다.

> 사라질 것을 다시 앞으로 내세워봅시다(Let's bring back what will be demolished but develop it further).

**21** MVRDV는 네덜란드 로테르담에 있는 세계적 건축 및 도시설계 사무소이다. 이 사무소의 이름은 창립 멤버 3명 이름의 머리글자를 따서 지은 것이다. 우리나라의 '서울로 7017' 프로젝트에도 참여한 바 있다.

**22** Amy Frearson, "MVRDV replaces Chanel store's traditional facade with glass bricks that are 'stronger than concrete'," dezeen, 2016.4.20.

[10-1] 암스테르담에 재건축된 샤넬 매장

재건축의 핵심은 건물의 벽을 없애는 데 있었다. 사실 이것은 이 지역에서 진행되어온 일종의 유행이기도 하였다. 많은 명품 숍들은 상품의 빛을 투과시키기 위해 건물의 전면을 유리로 바꾸는 것이 일반적이었다. 그러나 이 건축가들은 전혀 다른 방향에서 이 건물에 접근하였다. 이들의 접근은 어떤 건축기술로 어떤 건물을 지어야 하는가의 방식이 아니었다. 이들에게 기술은 우선적 조건이 아니었다. 이들은 건물의 의미를 이해하길 원했으며, 이를 위해 이 건물이 놓이게 될 장소에 대해 먼저 이해하려 했다. 기술을 통해 이해된 그 거리는 점차 장소적 특성을 잃어가고 있었기 때문이었다. 이들은 사라져가는 테라코타 벽돌에 주목하였다([10-1 참조]). 이 벽돌은 이 지역의 장소적 특성을 가장 잘 보여주는 전통적 소재였다. 이들의 건축은 이 소재를 통해 드러나는 거리라는 장소의 풍경에서 새롭게 출발하였다. 장소에 대한 이해에서 출발하여 이 장소와의 관계 속에서 건물에 대한 구상으로 나아갔으며, 이의 구현을 위해 이들은 적용될 기술을 발견해나간 것이다. 이와 같은 새로운 방향 속에서 건물의 전면은 전통과의 연속성 속에서 미래를 구현해내었으며, 이들은 이를 '시적 혁신'이라 불렀다.

이 사례는 AI 글쓰기에 대하여 시사하는 바가 매우 크다. 현재 AI 글쓰기에 대한 일반적 태도는 저 거리의 유행을 이끌었던 접근 방식을 그대로 따르기 때문이다. 리터러시 역시 기술의 시선을 통해 접근되고 이해된다. 리터러시가 기능적인 관점에서 규정되고 이에 대한 기술적 구현이 시도되는 것도 바로 이러한 맥락에서이다. AI 글쓰기에 대한 윤리적 대처의 필요성 혹은 〈리터러시와 인권에 관한 교육선언〉의 필요성은 오히려 이러한 AI 글쓰기의 맥락에 대한 근본적 문제제기에서 시작된다. 이 필요성은 리터러시를 기능과 기술이 아닌 의미와 인간 존재의 관점에서 접근할 것을 요구한다. 그래서 이 필요성은 리터러시의 의미를 본질적 차원에서 묻는 데서 시작되었다. 그리고 우리가 지금까지 묻고 도달했던 결과를 담아낼 이 선언은 이 물음에 대한 해명의 결과를 토대로 인간과 기술이 맺어야 할 관계를 제시하고, 이 방향 속에서 우리의 미래 리터러시와 그 교육이 나아가야 할 지향점 역시 제시하게 될 것이다. 그리고 이 지향점을 토대로 어떠한 기술이 어떠한 방식으로 활용될 수 있을 것인지도 우리는 구체적으로 논의해나갈 수 있을 것이다.

디지털 전환의 시대를 맞이한 우리는 우리 인간의 세계를 새롭게 구축해나가야 하는 시점을 살아가고 있다. 그러나 세계의 변화는 인간에게 결코 낯선 것이 아니다. 인간은 그간 그의 세계를 지속적으로 변화시켜왔기 때문이다. 그리고 이 변화의 토대는 세계에 대한 끊임없는 질문과 대답이었으며, 이 과정에서 우리는 다양한 방식으로 우리의 세계와 우리 자신을 이해해왔다. 이러한 인간 정신의 역사는 곧 리터러시의 역사이며, 우리는 또 다른 역사의 변곡점에 이르게 된 것이다. 다만 우리는 우리의 익숙함 속에서 리터러시를 말 그대로 문자의 차원에서 이해함으로써, 그것을 의사소통이라는 좁은 틀에 가두어버렸다. 그러나 이 변곡점에서 우리는 리터러시가 갖는 실존적 의미에 대한 이해를 토대로 그간 리터러시가 이해되었던 틀을 과감히 확장해나아가야만 할 것이다. 이것은 우리의 역사적 익숙함에 대한 일종의 결단을 의미하며, 이 결단은 누군가의 것이 아닌 우리 모두의 것이 되어야 할 것이다. 리터러시에 대한 시적 혁신이 필요한 시대이다.

# 참고문헌

## 제1부 포스트휴먼이란 무엇인가?

### 포스트휴먼이라는 유령이 현대 문명의 주위를 배회하고 있다 이한구


김대식, 《인간 vs 기계》, 동아시아, 2016.

게오르크 헤겔, 김양순 옮김, 《정신현상학》, 동서문화사, 2011.

레이 커즈와일, 김명남·장시형 옮김, 《특이점이 온다》, 김영사, 2007.

캐서린 헤일스, 허진 옮김, 《우리는 어떻게 포스트휴먼이 되었는가》, 플래닛, 2013.

프란체스카 페란도, 이지선 옮김, 《철학적 포스트휴머니즘》, 아카넷, 2021.

프리드리히 니체, 백승영 옮김, 《차라투스트라는 이렇게 말했다》, 사색의숲, 2022.


### 포스트모던 세계와 포스트휴먼 그리고 트랜스휴머니즘 최민자


닉 보스트롬, 조성진 옮김, 《슈퍼인텔리전스: 경로, 위험, 전략》, 까치, 2017.

도미니크 바뱅, 양영란 옮김, 《포스트휴먼과의 만남》, 궁리, 2007.

로버트 페페렐, 이선주 옮김, 《포스트휴먼의 조건: 뇌를 넘어선 의식》, 아카넷, 2017.

로지 브라이도티, 이경란 옮김, 《포스트휴먼》, 아카넷, 2016.

박성원 외, 《트랜스휴머니즘 부상에 따른 과학기술 정책이슈의 탐색》(정책연구 2016-19), 과학기술정책연구원, 2016

신상규, 《호모 사피엔스의 미래: 포스트휴먼과 트랜스휴머니즘》, 아카넷, 2014.

유발 하라리, 조현욱 옮김, 《사피엔스》, 김영사, 2015.

______, 김명주 옮김, 《호모데우스》, 김영사, 2017.

이화인문과학원 엮음, 《분열된 신체와 텍스트》, 아카넷, 2017.

최민자, 《생태정치학: 근대의 초극을 위한 생태정치학적 대응》, 모시는사람들, 2007.

한국포스트휴먼연구소·한국포스트휴먼학회 편저, 《포스트휴먼 시대의 휴먼》, 아카넷, 2016.

Friedman, Norman, *Bridging Science and Spirit: Common Elements in David Bohm's*

*Physics, the Perennial Philosophy and Seth*, New Jersey: The Woodbridge Group, 1993.

Gray, Chris Hables, *Cyborg Citizen*, New York and London: Routledge Inc., 2001.

Kurzweil, Ray, *The Singularity is Near: When Humans Transcend Biology*, London: Penguin Books, 2005.

______, *The Age of Spiritual Machines: When Computers Exceed Human Intelligence*, New York: Penguin Books, 1999.

Spinoza, Benedictus de, *The Ethics, in The Benedict de Spinoza Reader*, translated from the Latin by R. H. M. Elwes, Radford VA: Wilder Publications, 2007.

*The Bhagavad Gita*, translated from the Sanskrit with an introduction by Juan Mascaro, London: Penguin Books Ltd., 1962.

Wilber, Ken, *The Marriage of Sense and Soul: Integrating Science and Religion*, New York: Broadway Books, 1998.

______, *A Brief History of Everything*, Boston: Shambhala, 2007.

______, *Integral Psychology: Consciousness, Spirit, Psychology, Therapy*, Boston, Massachusetts: Shambhala Publications Inc., 2000.

______, "No Boundary," in *The Collected Works of Ken Wilber*, vol. I, Boston & London: Shambhala, 1999.

Wolf, Fred Alan, *Dr. Quantum's Little Book of Big Ideas: Where Science Meets Spirit*, Needham, Massachusetts: Moment Point Press, 2005.

______, *Mind Into Matter: A New Alchemy of Science and Spirit*, Needham, Massachusetts: Moment Point Press, 2000.

http://humanityplus.org (2021.12.15.)

http://www.extropy.org (2021.12.15.)

http://ko.wikipedia.org/wiki/%ED%8A%B8%EB%9E%9C%EC%8A%A4%ED%9C%B4%EB%A8%B8%EB%8B%88%EC%A6%98 (2021.12.16.)

## 인공지능 시대를 보는 이론적 관점들 김환석


김환석, 〈행위자-연결망 이론에서 보는 과학기술과 민주주의〉, 《동향과 전망》 통권 83호, 한국사회과학연구회, 2011.

______, 〈코스모폴리틱스와 기술사회의 민주주의〉, 《사회과학연구》 30집 1호, 국민대 사회과학연구소, 2017.

카를 마르크스, 《자본론 1》, 김수행 옮김, 비봉출판사, 2015.

Bostrom, Nick, "A History of Transhumanist Thought," *Journal of Evolution and Technology*, Vol. 14 Issue 1, 2005.

Fuller, Steve, *Humanity 2.0: What it Means to be Human Past, Present and Future*, Palgrave Macmillan, 2011.

Glendinning, Chellis, "Notes towards a Neo-Luddite Manifesto," Utne Reader, 1990. https://theanarchistlibrary.org/library/chellis-glendinning-notes-toward-a-neo-luddite-manifesto

Jones, Steve E., *Against Technology: From the Luddites to Neo-Luddism*, New York: Routledge, 2006.

Haraway, Donna J., *Simians, Cyborgs, and Women: The Reinvention of Nature*, New York: Routledge, 1991/도나 해러웨이, 민경숙 옮김, 《유인원, 사이보그, 그리고 여자》, 동문선, 2002.

Hayles, N. Katherine, *How We Became Posthuman: Virtual Bodies in Cybernetics, Literature, and Informatics*, Chicago: The University of Chicago Press, 1999/캐서린 헤일스, 허진 옮김, 《우리는 어떻게 포스트휴먼이 되었는가》, 플래닛, 2013.

Hayles, Katherine, Niklas Luhmann, William Rasch, Eva Knodt and Cary Wolfe, "Theory of a Different Order: A Conversation with Katherine Hayles and Niklas Luhmann," *Cultural Critique*, No. 31. The Politics of Systems and Environments, Part II. Autumn, 1995.

Kaczynski, Theodore, "Industrial Society and Its Future," The Washington Post: Unabomber Special Report, 1995. http://www.washingtonpost.com/wp-srv/

national/longterm/unabomber/manifesto.text.htm

Latour, Bruno, "Give Me a Laboratory and I Will Raise the World" in Karin Knorr-Cetina & Michael Mulkay, eds., *Science Observed: Perspectives on the Social Study of Science*, London: Sage, 1983/브뤼노 라투르, 김명진 옮김, 〈나에게 실험실을 달라, 그러면 내가 세상을 들어올리리라〉, 《과학사상》 제44호, 범양사, 2003.

______, *The Pasteurization of France*, Cambridge: Harvard University Press, 1988.

______, *We Have Never Been Modern*, trans. Catherine Porter, Cambridge: Harvard University Press, 1993/브뤼노 라투르, 홍철기 옮김, 《우리는 결코 근대인이었던 적이 없다》, 갈무리, 2009.

______, *Pandora's Hope*, Cambridge: Harvard University Press, 1999.

Law, John, "Actor-Network Theory and Material Semiotics" in Turner B. S. (ed.), *The New Blackwell Companion to Social Theory*, Oxford: Blackwell, 2008.

Wolfe, Cary, "In Search of Post-Humanist Theory: The Second-Order Cybernetics of Maturana and Varela," *Cultural Critique*, No. 30, The Politics of Systems and Environments, Part I. Spring, 1995.

______, *What Is Posthumanism?*, Minneapolis: University of Minnesota Press, 2010.

# 제2부 포스트휴먼 수용론

## 체계적인 인공지능 윤리 목광수

김유민, 목광수, 〈플로리디(Luciano Floridi) 정보 윤리학의 위치와 성격: 과도기로서의 공존 윤리〉, 《철학논총》 제104집, 2021.

김유민, 목광수, 〈플로리디(Luciano Floridi) 정보 윤리학의 자연주의 재구성: 자연주의적 오류 비판을 넘어서〉, 《범한철학》 제100권 1호, 2021.

목광수, 〈윌 킴리카의 동물권 정치론에 대한 비판적 고찰〉, 《철학》 제117집, 2013.

______, 〈도덕적 지위에 대한 기존 논의 고찰〉, 《윤리학》 5권 2호, 2016.

______, 〈인공지능 시대의 정보 윤리학: 플로리디의 '새로운' 윤리학〉, 《과학철학》 제20권 3호, 2017.

______, 〈인공지능 시대의 적합한 인격 개념: 인정에 근거한 모델을 중심으로〉, 《철학논총》 제90집, 2017.

______, 〈인공적 도덕 행위자 설계를 위한 고려사항: 목적, 규범, 행위지침〉, 《철학사상》 제69호, 2018.

______, 〈도덕의 구조: 인공지능 시대 도덕 논의의 출발점〉, 《철학사상》 제73호, 2019.

______, 〈과학기술 시대의 윤리 층위 구분과 층위들 사이의 관계 규명: 인공지능 윤리를 중심으로〉, 《범한철학》 제98집, 2020.

신상규, 〈인공지능, 또 다른 타자〉, 이중원 편, 《인공지능의 윤리학》, 한울아카데미, 2019.

임미원, 〈'인격성'의 개념사적 고찰〉, 《법철학연구》 제8권 제2호, 2005.

김선희, 《사이버시대의 인격과 몸》, 아카넷, 2004.

악셀 호네트, 문성훈·이현재 옮김, 《인정투쟁》, 동녘, 1996.

제러미 벤담, 고정식 옮김, 《도덕과 입법의 원리 서설》, 나남, 2011.

Avineri, Shlomo, *Hegel's Theory of Modern State*, Cambridge University Press, 1974.

Donaldson, Sue and Will Kymlicka, *Zoopolis: a political theory of animal rights*, Oxford University Press, 2011.

Floridi, Luciano, *The Ethics of Information*, Oxford University Press, 2013.

Hegel, G.W.F., *The Ethics of Information*, 1817/1830.

Ikäheimo, Heikki and Arto Laitinen, "Analyzing Recognition: Identification, Acknowledgement and Recognitive Attitudes Towards Persons," In *Brink and Owen* (eds.) (2007), 2007.

Ikäheimo, Heikki, "Recognizing Persons," *Journal of Consciousness Studies* Vol. 14 (5-6), 2007.

Kurki, Visa A.J, "Why Things Can Hold Rights: Reconceptualizing," *the Legal Personhood: Animals, Artificial Intelligence and the Unborn*, Springer, 2017.

Moor, James, "Four Kinds of Ethical Robots," *Philosophy Now*, Vol. 72, 2009.

Rawls, John, *Political Liberalism*, Columbia University Press, 1993.

Warren, Mary, "Moral Status," In R.G. Frey and Christopher Heath Wellman (eds.), *A Companion to Applied Ethics*, Blackwell Publisher, 2003.

**존엄에 관하여 오흥명**

손제연, 〈위상적 개념으로서의 인간존엄〉, 《법철학연구》 제21권 1호, 한국법철학회, 2018.

오흥명, 〈미와 선의 상호연관에 관하여-칸트의 미학과 윤리학에 대한 비판적 일고〉, 《철학과 현상학 연구》 제80집, 한국현상학회, 2019.

이경란, 〈기술과학 시대의 포스트휴먼 담론들〉, 《기독교사상》 제712호, 대한기독교서회, 2018.

김선희, 《사이버시대의 인격과 몸》, 아카넷, 2004.

김용해, 《인간존엄성의 철학》, 서강대학교출판부, 2015.

김재희, 《시몽동의 기술철학》, 아카넷, 2017.

닉 보스트롬, 조성진 옮김, 《슈퍼인텔리전스》, 까치, 2017.

레이 커즈와일, 김명남 옮김, 《특이점이 온다》, 김영사, 2007.

로베르 르그로, 〈근대적 인간의 탄생〉, 츠베탕 토도로프 외, 전성자 옮김, 《개인의 탄생》, 기파랑, 2006.

로지 브라이도티, 이경란 옮김, 《포스트휴먼》, 아카넷, 2015.

린 헌트, 전진성 옮김, 《인권의 발명》, 돌베개, 2009.

마이클 로젠, 공진성·송석주 옮김, 《존엄성》, 아포리아, 2016.

목광수, 〈인공지능시대에 적합한 인격 개념〉, 이중원 편, 《인공지능의 존재론》, 한울아카데미, 2018.

미셸린 이샤이, 조효제 옮김, 《세계인권사상사》, 도서출판 길, 2005.

새뮤얼 모인, 공민희 옮김, 《인권이란 무엇인가》, 21세기북스, 2011.

슈테판 헤어브레히터, 김연순 외 옮김, 《포스트휴머니즘》, 성균관대학교출판부, 2012.

신상규, 《호모사피엔스의 미래》, 아카넷, 2014.

앨런 라이언, 남경태·이광일 옮김, 《정치사상사》, 문학동네, 2017.

이종관, 《포스트휴먼이 온다》, 사월의책, 2017.

이중원 편, 《인공지능의 존재론》, 한울아카데미, 2018.

이혜영 외, 《트랜스휴머니즘과 포스트휴머니즘》, 한국학술정보, 2018.

제리 카플란, 신동숙 옮김, 《인공지능의 미래》, 한스미디어, 2017.

토머스 홉스, 진석용 옮김, 《리바이어던》, 나남출판사, 2008.

토머스 필벡, 이화인문과학원 편, 〈포스트휴먼 자아: 혼합체로의 도전〉, 《인간과 포스트휴머니즘》, 이화여자대학교출판문화원, 2013.

Aristotle, transl. by W.R. Ross, *Metaphysics*, Princeton University Press, Princeton, 1984.

Boethius, transl. by H.F. Stewart, "A Treatise Against Eutyches and Nestorius," *The Theological Tractates*, London, Heinemann, 1918.

Donahoe, E. & Metzger, M.M., "Artificial Intelligence and Human Rights" in *Journal of Democracy* Vol. 30, National Endowment for Democracy and Johns Hopkins University Press, 2019.

Duewell, M., "Human dignity: concepts, discussions, philosophical perspectives," in *American Journal of International Law*, American Society of International Law, 2014.

Heidegger, M., *Sein und Zeit*, Max Niemeyer Verlag, Tuebingen, 2001.
Hobbes, T., *Leviathan* vol. 2, ed. by Noel Malcolm, Clarendon Press, Oxford, 2012.
Kant, I., *Grundlegung der Metaphysik der Sitten*, Felix Meiner Verlag, Hamburg, 2016.
______, *Kritik der Praktischen Vernunft*, Felix Meiner Verlag, Hamburg, 2003.
Locke, J., *The Second Treatise of Government*, The Liberal Arts Press, New York, 1952.
More, M., "The Philosophy of Transhumanism," *The Transhumanist Reader*, ed. by Max More, Natasha Vita-More, Wiley-Blackwell, Oxford, 2013.
Association, Transhumanist FAQ, 2001. https://humanityplus.org/transhumanism/transhumanist-faq
Déclaration des Droits de l'Homme et du Citoyen de 1789. https://www.conseil-constitutionnel.fr/sites/default/files/as/root/bank_mm/anglais/cst2.pdf
The World Transhumanist Association, The Transhumanist Declaration, 1998(2009년 개정). https://humanityplus.org/transhumanism/transhumanist-declaration/ United States Declaration of Independence/https://www.archives.gov/founding-docs/declaration-transcript
UN 〈세계인권선언문〉 https://www.ohchr.org/EN/UDHR/Pages/Language.aspx?LangID=kkn World Transhumanist

### 포스트휴먼 시대의 예술 최병학

김대식, 《인간 vs 기계》, 동아시아, 2016.
김은령, 《포스트휴머니즘의 미학》, 그린비, 2012.
노르베르트 볼츠, 김태옥·이승협 옮김, 《미디어란 무엇인가》, 한울아카데미, 2011.
롤랑 바르트, 김웅권 옮김, 《S/Z》, 동문선, 2006.
마셜 맥루한, 박정규 옮김, 《미디어의 이해》, 커뮤니케이션북스, 1999.
마쓰오 유타카, 박기원 옮김, 《인공지능과 딥러닝》, 동아엠앤비, 2015.
마정미, 《포스트휴먼과 탈근대적 주체》, 커뮤니케이션북스, 2014.
빌렘 플루서, 김성재 옮김, 《피상성 예찬: 매체 현상학을 위하여》, 커뮤니케이션북스,

2004.
이안 제임스, 홍영경 옮김, 《속도의 사상가 폴 비릴리오》, 앨피, 2013.
전혜숙, 《포스트휴먼 시대의 미술》, 아카넷, 2015.
최병학, 《테오-아르스: 재현 신학과 현시 신학》, 인간사랑, 2016.
캐서린 헤일스, 허진 옮김, 《우린 어떻게 포스트 휴먼이 되었는가: 사이버네틱스와 문화, 정보 과학의 신체들》, 열린책들, 1999.
폴 비릴리오, 이재원 옮김, 《속도와 정치》, 그린비, 2004.
한국포스트휴먼연구소, 《포스트휴먼 시대의 휴먼》, 아카넷, 2015.
정여울, "인공지능에게는 무의식이 없다", 중앙일보, 2016.10.22.
Badmington, N., *Cultural Studies and the Posthumanities*, New Cultural Studies. Ed. Gary Hall and Clare Birchall, *New Cultural Studies: Adventures in Theory*, Athens GA: University of Georgia Press, 2006.
Biskind, P., *Easy Riders, Raging Bulls: How the Sex-Drugs-and-Rock 'N' Roll Generation Saved Hollywood*, New York: Simon & Schuster, 1998.
Clark, A., *Natural-Born Cyborgs: Minds, Technologies, and the Future of Human Intelligence*, Oxford: Oxford University Press, 2003.
Emerson, R. W., "Experience," *The Portable Emerson*, Ed., Carl Bode and Malcolm Cowley, New York: Penguin, 1981.
Esposito, R., Trans. Timothy Campbell, *Bios: Biopolitics and Philosophy*, Minneapolis and London: University of Minnesota Press, 2008.
Haraway, D. J., *Simians, Cyborgs, and Women: The Reinvention of Nature*, New York: Routledge, 1991.
Hassan, I., "Prometheus as Performer: Toward a PosthumanistCulture?" In: Benamou, M. and Caramello, C. (Eds)., *Performance in Postmodern Culture*, Coda Press: Madison, 1997.
Hayles, N. K., *How We Became Posthuman*, Chicago and London: The University of Chicago Press, 1999.
Herbrechter, S., *Posthumanism: A Critical Analysis*, London and New York:

Bloomsbury, 2013.

Kurzweil, R., *The Age of Spiritual Machines: When Computers Exceed Human Intelligence*, New York: Viking, 1999.

Lecourt, D., *Humain, posthumain*, Paris: PUF, 2003.

LeWitt, S., "Paragraphs on Conceptual Art," U.S.: *Artforum* 5, no. 10., 1967.

Rikowski, G. Alien, "Life: Marx and the Future of the Human," *Historical Materialism*, vol. 11, no. 2, 2003.

Russell, S. & Novig, P., *Artificial Intelligence: A Modern Approach*, U.S.: Pearson, 2003.

**포스트휴먼 시대의 교육과 학습의 변화　박휴용**

박휴용, 〈포스트휴먼 학습자의 존재론적 이해와 학습이론 패러다임의 변화〉, 《교육방법연구》 31(1), 2019a.

______, 〈인본주의적 교육과정 인식론에 대한 열린 고찰: 포스트휴머니즘적 비판〉, 《열린교육연구》 28(5), 2020.

______, 《4차산업혁명과 인공지능 시대의 포스트휴먼 학습론》, 전북대출판문화원, 2021.

______, 《포스트휴머니즘과 교육의 미래》, 전북대출판문화원, 2019b.

Barad, K., *Meeting the Universe Halfway*, Duke University Press, 2007.

Bijker, W. E., Hughes, T. P., & Pinch, T. (Eds.), *The social construction of technological systems: New directions in the sociology and history of technology*, MIT press, 2012.

Bloom, B. S., *Taxonomy of educational objectives* (Vol. 1: Cognitive domain), New York: McKay, 1956.

Capra, F., *The web of life: A new synthesis of mind and matter*, Harper Collins, 1996.

Clark, A., *Natural born cyborgs: Minds, technologies, and the future of human intelligence*, Oxford Unviersity Press, 2003.

Don Ihde, *Postphenomenology and Technoscience*, SUNY Press, 2009.

Gladden, M. E., *The Posthuman Management Matrix: Understanding the Organizational Impact of Radical Biotechnological Convergence*, 2016.

Hansen, M. B., *Feed-forward: On the future of twenty-first-century media*, University of Chicago Press, 2015.

Harman, G., *Object-oriented ontology: A new theory of everything*, London: Penguin, 2018.

Latour, B., *We Have Never Been Modern*, Hemel Hempstead, England: Harvester Wheatsheaf, 1993.

Matthew James Kings, "Object-Oriented Baudrillard? Withdrawal and Symbolic Exchange," *Open Philosophy*, 2019.

Siemens, G., "Connectivism", *Foundations of Learning and Instructional Design Technology*, 2017.

Simonsen, K., "In quest of a new humanism: Embodiment, experience and phenomenology as critical geography," *Progress in Human Geography*, 37(1), 2013, pp. 10-26.

Snaza, N., Appelbaum, P., Bayne, S., Carlson, D., Morris, M., Rotas, N., "Toward a posthuman education," *Journal of Curriculum Theorizing*, 30(2), 2014, pp. 39-64.

Thrift, N., *Spatial Formations*, London: Sage, 1996.

______, *Non-representational theory: Space, politics, affect*, Routledge, 2008.

# 제3부 포스트휴먼 경계론

## 강한 인간척도주의에서 약한 인간척도주의로 유헌식


강순전, 〈헤겔에 있어서 개념의 절대성과 맥다월의 개념의 무한성 테제〉, 2018년 한국헤겔학회 국제학술대회 발표집, 2018.

고인석, 〈인공지능 시대의 인간: "나는 무엇인가?"〉, 철학연구회 2017년 춘계학술대회 발표문, 2017.

구본권, 〈인공지능 시대가 가져올 변화와 과제〉, 한국포스트휴먼연구소(편), 《포스트휴먼 시대의 휴먼》, 아카넷, 2016.

김건우, 〈포스트휴먼의 개념적, 규범학적 의의〉, 한국포스트휴먼연구소(편), 《포스트휴먼 시대의 휴먼》, 아카넷, 2016.

김진석, 〈'약한' 인공지능과 '강한' 인공지능의 구별문제〉, 《철학연구》 117집, 2017a.

______, 〈'강한' 인공지능에 대한 인간주의적 대응의 분석〉, 《니체연구》 32집, 2017b.

박찬국, 〈인간과 인공지능의 미래: 인간과 인공지능의 존재론〉, 한국포스트휴먼연구소(편), 《인공지능과 새로운 규범》, 아카넷, 2018.

박충식, 〈생명과 몸과 마음의 존재로서의 인공지능〉, 한국포스트휴먼연구소(편), 《제4차 산업혁명과 새로운 사회윤리》, 아카넷, 2017.

______, 〈성찰적 인공지능〉, 《인공지능과 새로운 규범》, 아카넷, 2018.

백종현, 〈포스트휴먼 사회와 휴머니즘의 문제〉, 한국포스트휴먼연구소(편), 《포스트휴먼 시대의 휴먼》, 아카넷, 2016.

______, 〈제4차 산업혁명과 사회윤리적 과제〉, 한국포스트휴먼연구소(편), 《제4차 산업혁명과 새로운 사회윤리》, 아카넷, 2017.

손화철, 〈포스트휴먼 시대의 기술철학〉, 한국포스트휴먼연구소(편), 《포스트휴먼 시대의 휴먼》, 아카넷, 2016.

______, 〈인공지능 시대의 과학기술 거버넌스〉, 한국포스트휴먼연구소(편), 《인공지능과 새로운 규범》, 아카넷, 2018.

신상규, 〈인공지능, 새로운 타자의 출현인가?〉, 《철학과 현실》 통권 제112호, 철학과 현실사, 2017.
유헌식, 〈미디어로서의 '생각하는 기계'와 인간척도주의〉, 《철학연구》 124호, 철학연구회, 2019.
이봉재, 〈인공지능과 인간중심주의〉, 《대동철학》 31집, 2005.
이승종, 〈자연언어와 인공지능〉, 《철학연구》 34집, 1994.
이진경, 〈인공지능과 철학적 인간학〉, 《마르크스연구》 14, 2017.
천현득, 〈인간향상을 통한 포스트휴먼되기〉, 한국포스트휴먼연구소(편), 《포스트휴먼 시대의 휴먼》, 아카넷, 2016.
닉 보스트롬, 조성진 옮김, 《슈퍼인텔리전스》, 까치, 2017.
대니얼 데닛, 유자화 옮김, 《의식의 수수께끼를 풀다》, 옥당, 2013.
______, 이재희 옮김, 《마음의 진화》, 사이언스북스, 2016.
레이 커즈와일, 〈인간과 기계의 병합: 우리는 매트릭스를 향해 가고 있나〉, 글렌 예페스 엮음, 《우리는 매트릭스 안에 살고 있나》, 굿모닝미디어, 2003.
______, 김명남(외) 옮김, 《특이점이 온다》, 김영사, 2017a.
______, 윤영삼 옮김, 《마음의 탄생》, 크레센도, 2017b.
로버트 페페렐, 이선주 옮김, 《포스트휴먼의 조건: 뇌를 넘어선 의식》, 아카넷, 2017.
빌라야누르 라마찬드란·샌드라 블레이크스리, 신상규 옮김, 《두뇌실험실》, 바다출판사, 2007.
유발 하라리, 김명자 옮김, 《호모데우스-미래의 역사》, 김영사, 2017.
이수영·민병직 옮김, 《우리는 매트릭스 안에 살고 있나》, 굿모닝미디어, 2003.
임마누엘 칸트, 백종현 옮김, 《판단력비판》, 아카넷, 2009.
______, 백종현 옮김, 《형이상학 서설》, 아카넷, 2012.
존 브록만(편), 이영기 옮김, 《위험한 생각들》, 갤리온, 2007.
하대청, 〈웨어러블 자기추적 기술의 각본과 윤리: 초연결 시대의 건강과 노동〉, 한국포스트휴먼연구소(편), 《제4차 산업혁명과 새로운 사회윤리》, 아카넷, 2017.
______, 〈루프 속의 프레카리아트: 인공지능 속 인간 노동과 기술정치〉, 《인공지능과 새로운 규범》, 한국포스트휴먼연구소(편), 아카넷, 2018.
Hegel, G. W., *Wissenschaft der Logik I*, Felix Meiner, 1990.

Kulp, M., *Menschliches und maschinelles Denken*, Gottingen: Vendenhoeck & Ruprecht, 1968.

Mcluhan, M., *Understanding Media*, London: Routrage, 2004.

Michie, D. & Johnston, R., *Der kreative Computer-Kunstliche Intelligenz und menschliches Wissen*, Hamburg: Rasch und Rohring, 1985.

Ramge, Th., *Mensch und Maschine-Wie Kunstliche Intelligenz und Roboter unser Leben verändern*, Stuttgart: Reclam, 2018.

Rich, E., *Artificial Intelligence*, McGraw-Hill Book Co., 1983.

Schank, R. C. mit P.G. Childers, *Die Zukunft der kunstlichen Intelligenz-Chancen und Risiken*, Koln: DuMont Buchverlag, 1986.

Schwab, K., *Die Vierte Industrielle Revolution*, Pantheon, 2016.

**인공지능과 법인격　이상용**

계승균, 〈법규범에서 인공지능의 주체성 여부〉, 《법조》 제724호, 2017.

고상룡, 〈법인론의 재검토 소고〉, 《성균관법학》 창간호, 1987.

고인석, 〈로봇이 책임과 권한의 주체일 수 있는가〉, 《철학논총》 제67권, 2012.

권영준, 〈계약법의 사상적 기초와 그 시사점〉, 《저스티스》 제124호, 한국법학원, 2011.

김영두, 〈인공지능과 자유의지〉, 연세법학회 제60회 학술대회 '인공지능시대의 법적 과제' 자료집, 2017.

김진우, 〈인공지능에 대한 전자인 제도 도입의 필요성과 실현방안에 관한 고찰〉, 《저스티스》 171권, 2019.

박찬운, 〈동물보호와 동물복지론-유럽 상황을 중심으로〉, 《법조》 제59권 1호, 법조협회, 2010.

변순용, 송선영, 〈로봇윤리의 이론적 기초를 위한 근본 과제 연구〉, 《윤리연구》 제88권, 2013.

송호영, 〈법인의 활동과 귀속의 문제〉, 《민사법학》 제31호, 2006.

유선봉, 〈동물권 논쟁〉, 《중앙법학》 제10권 2호, 2008.
이경규, 〈인(人) 이외의 존재에 대한 법인격 인정과 인공지능의 법적 지위에 관한 소고〉, 《법학연구》 제21권 1호, 인하대학교 법학연구소, 2018.
이기수, 〈법인의 본질〉, 《상법논총(정희철 선생 정년 기념)》, 박영사, 1985.
이상용, 〈인공지능과 계약법-인공지능에 의한 계약과 사적자치의 원칙〉, 《비교사법》 제23권 4호, 한국비교사법학회, 2016.
이홍민, 〈법인의 본질〉, 《법과 정책》 제22권 제3호, 2016.
임미원, 〈인격권 개념의 기초적 고찰〉, 《민사법학》 제36권, 한국민사법학회, 2007.
정채연, 〈법패러다임 변화의 관점에서 인공지능과 법담론: 법에서 탈근대성의 수용과 발전〉, 《법과 사회》 제53권, 법과사회이론학회, 2016.
곽윤직, 《민법총칙》 신정수정판, 박영사, 2001.
한국인공지능법학회 편, 《인공지능과 법》, 박영사, 2019.
Allen, Tom & Robin Widdison, "Can Computers make contracts?," *9 Harvard Journal of Law & Technology*, 1996.
Bostrom, Nick, *Superintelligence: Paths, Dangers, Strategies* (Kindle Edition), Oxford University Press, 2014.
Brenner, S. W., "Humans and Humans: Technological Enhancement and Criminal Responsibility," *BUJ Sci. & Tech. L.*, HeinOnline, vol. 19, 2013.
Chalmers, David J., "Facing up to the problem of consciousness," *Journal of consciousness studies* 2.3, 1995.
Chopra, Samir & Laurence White, "Artificial agents-personhood in law and philosophy," *Proceedings of the 16th European Conference on Artificial Intelligence*, IOS Press, 2004.
Churchland, Paul M. & Patricia Smith Churchland, "Could a machine think?," *Scientific American* 262.1, 1990.
Dennett, Daniel C., "Quining qualia," in *Readings in Philosophy and ognitive Science*, ed., Alvin Goldman, MIT Press, 1993.
Duck, Michael J., "Newton and Goethe on colour: Physical and physiological

considerations," *Annals of Science* 45.5, 1988.

Frankfurt, H., "Alternate possibilities and moral responsibility," *Journal of Philosophy*, no. 66, 1969.

Girgen, Jen, "The Historical and Contemporary Prosecution and Punishment of Animals," 9 Animal L. 97, 2003.

Gray, J. C., *The nature and sources of the law*, Macmillan, 1921.

Grim, Patrick, "Free will in context: A contemporary philosophical perspective," *Behavioral sciences & the law* vol. 25, no. 2, 2007.

Hubbard, F. Patrick, "Do Androids Dream?: Personhood and Intelligent Artifacts," 83 Temp. L. Rev. 2011, p. 405, p. 407, p. 419.

Joo, Hyun Kyong & Chea Yun Jung, "Inclusion of Non-human Beings as Legal Persons," The 10th Beyond Humanism Conference, Wroclaw, Poland, 2018. 7. 19.

Lehmann, "Der Begriff der Rechtsfähigkeit", AcP 207, 2007.

Putnam, Hilary, "The nature of mental states," *Readings in philosophy of psychology* 1, 1980.

Searle, John R., "Minds, brains, and programs," *Behavioral and Brain Sciences* 3.03, 1980.

Solum, Lawrence B., "Legal Personhood for Artificial Intelligences," 70 N.C. L. Rev. 1231, 1258, 1992.

Srivastava, Anila, "Mean, Dangerous, and Uncontrollable Beasts," Mediaeval Animal Trials, 40 Mosaic, 2007, 127.

### 인공지능 시대와 미래 리터러시의 방향 원만희 · 김종규

김종규, 원만희, 〈인공지능 글쓰기와 리터러시에 대한 실존적 고찰〉, 《동서철학연구》 제99호, 2021, 521-544쪽.

루이스 멈포드, 문종만 옮김, 《기술과 문명》, 책세상, 2013.

카렐 차페크, 김희숙 옮김, 《로봇》, 모비딕, 2019.

구본권, "인공지능, 목적 이루려 스스로 언어 개발…사람은 이해 못해", 한겨레신문,

2017.6.27. https://www.hani.co.kr/arti/economy/it/800264.html [최종 검색일: 2022.6.30.]

과학기술정보통신부, 〈사람이 중심이 되는 '인공지능[AI] 윤리기준'〉, 2020.12. www.4th-ir.go.kr〉article〉download [최종 검색일: 2022.6.30.]

한국인공지능윤리협회, 〈인공지능 윤리 헌장(The AI Ethics Charter)〉, 2021.9.7. https://kaiea.org/aicharter [최종 검색일 2019.10.23.]

Cassirer., Ernst, "Form und Technik," *Symbol, Technik, Sprache, Aufsätze aus d. Jahren 1927-1933*. Hrsg. von Ernst Wolfgang Orth u. John Michael Krois, Hamburg: Meiner, 1985, pp, 39~91.

ELINET, Europäische Erklärung des Grundrechts auf Lese- und Schreibkompetenz, 2016.6.20. https://erwachsenenbildung.at/aktuell/nachrichten/10040-europaeische-erklaerung-des-grundrechts-auf-lese-und-schreibkomptenz.php [최종 검색일: 2022.6.30.]

Frearson., Amy, "MVRDV replaces Chanel store's traditional facade with glass bricks that are 'stronger than concrete'," dezeen, 2016.4.20. https://www.dezeen.com/2016/04/20/crystal-houses-amsterdam-chanel-store-mvrdv-glass-facade-technology [최종 검색일: 2022.6.30.]

Musk., Elon, REVEALS Tesla Bot, 2021.8.20. https://www.youtube.com/watch?v=HUP6Z5voiS8 [최종 검색일: 2022.6.30.]

UNESCO, Universal Declaration on the Human Genome and Human Rights(인간 게놈과 인권에 관한 보편선언), 한국유네스코 위원회, 11 November 1997. https://en.unesco.org/themes/ethics-science-and-technology/human-genome-and-human-rights [최종 검색일: 2022.6.30.]

UNESCO, Universal Declaration on Bioethics and Human Rights(생명윤리와 인권에 관한 보편선언), 한국유네스코 위원회, 2005.10.19. https://en.unesco.org/themes/ethics-science-and-technology/bioethics-and-human-rights [최종 검색일: 2022.6.30.]

문명연구 총서 4

# 인공지능과 포스트휴먼


초판 1쇄 발행 2022년 9월 15일
초판 2쇄 발행 2024년 7월 15일

지은이 이한구, 김종규, 김환석, 목광수, 박휴용, 신중섭, 오홍명, 원만희, 유헌식, 이상용, 최민자, 최병학
펴낸이 김진상
책임 편집 윤민혜
디자인 김민경

펴낸곳 경희대학교 출판문화원
주소 서울시 동대문구 경희대로 26
전화 02-961-0106~8
팩스 02-961-0291
설립 1960년 9월 16일 제5-8호
등록 1977년 11월 8일 제6-5호
홈페이지 www.khupress.com
전자우편 press@khu.ac.kr





ISBN 978-89-8222-729-5 (94300)
978-89-8222-662-5 (94300) 세트